Kohlhammer Urban
-Taschenbücher

Band 559

Grundriss der Psychologie
Band 10

eine Reihe in 22 Bänden
herausgegeben von
Herbert Selg und Dieter Ulich

Diese neue, in sich geschlossene Taschenbuchreihe
orientiert sich konsequent an den Erfordernissen des
Studiums. Knapp, übersichtlich und verständlich
präsentiert jeder Band das Grundwissen einer Teildisziplin.

Band 1
H. E. Lück
Geschichte der Psychologie

Band 2
D. Ulich
Einführung in die Psychologie

Band 3
H. Selg/J. Klapprott/R. Kamenz
Forschungsmethoden der Psychologie

Band 4
G. Vossel/H. Zimmer
Psychophysiologie

Band 5
D. Ulich/P. Mayring
Psychologie der Emotionen

Band 6
F. Rheinberg
Motivation

Band 7
R. Guski
Wahrnehmung

Band 8
W. Hussy
Denken und Problemlösen

Band 12
H. M. Trautner
Allgemeine Entwicklungspsychologie

Band 14
T. Faltermaier/P. Mayring/W. Saup/P. Strehmel
Entwicklungspsychologie des Erwachsenenalters

Band 15
G. Bierbrauer
Sozialpsychologie

Band 17
Hermann Liebel
Angewandte Psychologie

Band 18 und 19
B. Sieland
**Klinische Psychologie
I: Grundlagen
II: Intervention**

Band 20
H.-P. Nolting/P. Paulus
Pädagogische Psychologie

Band 22
L. v. Rosenstiel/W. Molt/B. Rüttinger
Organisationspsychologie

Franz J. Schermer

Lernen und Gedächtnis

3., überarbeitete
und erweiterte Auflage

Verlag W. Kohlhammer

Die Deutsche Bibliothek – CIP-Einheitsaufnahme

Grundriss der Psychologie : eine Reihe in 22 Bänden / hrsg. von Herbert Selg und Dieter Ulich. –
Stuttgart : Kohlhammer.
  (Urban-Taschenbücher ; ...)
Literaturangaben

Bd. 10. Schermer, Franz J.: Lernen und Gedächtnis. –
3., überarb. u erw. Aufl. – 1998

Schermer, Franz J.:
Lernen und Gedächtnis / Franz J. Schermer. –
3., überarb. u. erw. Aufl. – Stuttgart : Kohlhammer, 2002
  (Grundriß der Psychologie ; Bd. 10)
  (Urban-Taschenbücher ; Bd. 559)
  ISBN 3-17-017534-9

Dieses Werk einschließlich aller seiner Teile ist urheberrechtlich geschützt. Jede Verwendung außerhalb der engen Grenzen des Urheberrechts ist ohne Zustimmung des Verlags unzulässig und strafbar. Das gilt insbesondere für Vervielfältigung, Übersetzungen, Mikroverfilmungen und für die Einspeicherung und Verarbeitung in elektronischen Systemen.

3., überarbeitete und erweiterte Auflage 2002

Alle Rechte vorbehalten
© 1991 W. Kohlhammer GmbH Stuttgart
Gesamtherstellung:
W. Kohlhammer Druckerei GmbH + Co. Stuttgart
Printed in Germany

Inhalt

1 Einführung 9

  1.1 Zum Alltagsverständnis von Lernen und Gedächtnis 9

  1.2 Lernen und Gedächtnis als Themen der Psychologie 10

  1.3 Ein kurzer Blick in die Geschichte 15
      1.3.1 Einflüsse aus Philosophie und Naturwissenschaft 15
      1.3.2 Psychologische Schulen 17

  1.4 Forschungsparadigmen 20
      1.4.1 Lernpsychologie 20
      1.4.2 Gedächtnispsychologie 22

2 Lernen durch Kontiguität 25

  2.1 Klassische Konditionierung: Pawlow 25
      2.1.1 Standardexperiment 25
      2.1.2 Ausweitung, Differenzierung und Rückbildung bedingter Reaktionen 27
      2.1.3 Formen bedingter Reaktionen 31
      2.1.4 Theorie der höheren Nerventätigkeit 32
      2.1.5 Weiterentwicklungen 33
      2.1.6 Anwendung in der Klinischen Psychologie 35

  2.2 Lernen von Bewegungen: Guthrie 39

  2.3 Stimulus-Auswahl-Theorie: Estes 41

  2.4 Bewertung 44

3 Lernen durch Verstärkung 46

  3.1 Gesetz des Effektes: Thorndike 46

  3.2 Systematische Verhaltenstheorie: Hull 49

3.3	Operantes Konditionieren: Skinner	53
	3.3.1 Experimentelle Analyse des Verhaltens	53
	3.3.2 Grundlegende Lernprinzipien	55
	3.3.3 Positive Verhaltenskontrolle	57
	3.3.4 Aversive Verhaltenskontrolle	67
	3.3.5 Anwendungsbeispiele	76
3.4	Bewertung	80

4 Lernen durch Beobachtung ... 82

4.1	Vorbemerkungen	82
4.2	Sozial-kognitive Lerntheorie: Bandura	83
	4.2.1 Modellernen	84
	4.2.2 Selbstregulation	92
	4.2.3 Selbstbezogene Gedanken	96
4.3	Bewertung	101

5 Reproduktive Gedächtnisforschung: Die Tradition von Ebbinghaus ... 103

5.1	Lernmaterial und dessen Kontrolle	103
5.2	Lern- und Prüfsituationen	106
5.3	Befunde der klassischen Gedächtnisforschung	109
5.4	Praktische Anwendung: Einfache Lernhilfen	112
5.5	Bewertung	113

6 Gedächtnissysteme und Verarbeitungstiefen ... 116

6.1	Mehrspeichermodelle	116
6.2	Sensorisches Gedächtnis	118
6.3	Kurzzeitgedächtnis und Arbeitsgedächtnis	121
6.4	Langzeitgedächtnis	128
6.5	Empirische Belege für die Unterscheidung von Speichern	132

6.6	Mehrebenenansatz (»levels of processing«)	134
6.7	Bewertung	137

7 Semantisches Gedächtnis: Repräsentation von Wissen ... 140

7.1	Vorbemerkungen	140
7.2	Repräsentation von Begriffen	142
7.3	Repräsentation von Begriffsrelationen	146
	7.3.1 Merkmalsvergleichsmodell	146
	7.3.2 Semantische Netzwerkmodelle	147
	7.3.3 Neuronale Netzwerkmodelle	151
7.4	Propositionales Wissen	157
7.5	Schemata und Skripts	160
7.6	Bewertung	164

8 Interpretationen des Vergessens ... 167

8.1	Spurenzerfallstheorie	167
8.2	Interferenztheorie	169
8.3	Vergessen und Emotion	173
8.4	Vergessen von Prosatexten	176
8.5	Bewertung	177

9 Gedächtnisentwicklung ... 179

9.1	Gedächtnisstrategien	179
9.2	Metagedächtnis	182
9.3	Bewertung	185

10 Implizites Gedächtnis ... 187

10.1	Implizite Gedächtnistests	189
10.2	Empirische Befunde	192

10.3 Theoretische Modelle: Prozeß versus System 196

10.4 Bewertung 201

Literaturverzeichnis 203

Sachregister 217

1 Einführung

1.1 Zum Alltagsverständnis von Lernen und Gedächtnis

Der Begriff des Lernens wird bereits im Alltagsverständnis in vielfältiger Weise benutzt. Aufs engste ist er wohl mit der Institution Schule verknüpft, in der das Lernen für viele Jahre zur hauptsächlichen Beschäftigung wird. So erinnert sich der Erwachsene an Fremdsprachengrammatik, komplizierte mathematische und physikalische Formeln, Geschichtszahlen und vieles mehr, womit er sich als Schüler auseinandersetzen mußte. Da diese Auseinandersetzung oft mit einem gerüttelten Maß an Anstrengung verbunden ist, wurden und werden immer wieder alternative Lernmethoden angepriesen, welche vorgeben, den Schüler ohne große Mühe und Anstrengung, quasi im Schlaf, zu beträchtlichem Wissenszuwachs zu führen.

Neben der Aneignung von Wissen verstehen wir im Alltag unter Lernen auch die Aneignung bestimmter motorischer Fertigkeiten, wie sie z. B. für das Führen eines Fahrzeuges oder die Ausübung einer Sportart notwendig sind. Die gedankliche Verbindung zur Schule kommt in diesem Zusammenhang sprachlich noch deutlich in Wörtern wie *Fahr-, Flug-, Tennis-, Reitschule* etc. zum Ausdruck.

Sind die genannten Lernsituationen noch an eine vermittelnde Person, den Lehrer, gebunden, kennt die Alltagssprache auch eine weitere Bedeutungsart des Lernbegriffs, die ohne den Bezug zu einem persönlichen Lehrer auskommt und in Aussagen wie »*Jemand hat aus einer bestimmten Situation etwas gelernt*«, deutlich wird. Gemeint ist ein Einstellungs- oder Verhaltenswandel aufgrund vorausgegangener – oft schmerzlicher – Erfahrungen.

Der Alltagsgebrauch des Lernbegriffs orientiert sich demnach weitgehend an den Inhalten, die gelernt werden: Wissen, Fertigkeiten, Einstellungen etc. Wie wir sehen werden, spielen die Inhalte auch bei der wissenschaftlichen Betrachtung des Lernens eine Rolle, sie bedürfen aber weiterer Spezifizierungen, denen im Alltag nicht explizit nachgegangen wird.

Während das Thema »*Lernen*« in unserem Alltag eine dominierende Stellung einnimmt, fällt eine vergleichsweise undifferenzierte Auseinandersetzung mit dem Thema »*Gedächtnis*« auf. Die Gedächtnisfunktionen des Merkens, Behaltens und Erinnerns werden uns in der Regel erst bewußt, wenn sie uns im Stich lassen und dadurch unsere Handlungsroutine stören, oder wenn wir auf Personen mit auffallend guten Gedächtnisleistungen treffen. Zwar unterscheiden wir auch bezüglich des Gedächtnisses verschiedene Inhalte und sprechen beispielsweise von einem guten Personen- oder Zahlengedächtnis, aber im großen und ganzen scheint das Alltagsbewußtsein über das Gedächtnis eher qualitativ strukturiert und mit einer schlichten Differenzierung in »gut« bzw. »schlecht« meist zufrieden zu sein.

An den Inhalten der beobachtbaren Gedächtnisausfälle lassen sich aber schon im alltäglichen Bereich die Komplexität des Gedächtnisses und seine grundlegende Bedeutung für unser Handeln erkennen: So geht das Identitätserleben, d. h. die Antwort auf die Frage: »Wer bin ich?«, ohne Gedächtnis verloren, wie spektakuläre Zeitungsberichte oder Filme gelegentlich drastisch vor Augen führen. Routinehandlungen (z. B. Lesen, Einkaufen, Verabredungen einhalten) werden durch Gedächtnisausfälle blockiert, frühere Erfahrungen sind plötzlich nicht mehr zugänglich, räumliche Orientierung (Weg zur Arbeit etc.) und Problemlösen werden erschwert oder gänzlich unmöglich. Diese wenigen Beispiele mögen genügen, die Bedeutung des Gedächtnisses für planvolles Handeln und routiniertes Verhalten zu veranschaulichen.

1.2 Lernen und Gedächtnis als Themen der Psychologie

Mit der alltagssprachlichen Verwendung des Begriffs »Lernen« haben wissenschaftliche Definitionsversuche den Aspekt der Veränderung gemeinsam. Von Lernen sprechen wir in der Psychologie nur dann, wenn gegenüber einem früheren Zustand eine Veränderung eingetreten ist. Anders als im Alltagsverständnis ist die Richtung dieser Veränderung jedoch beliebig, d. h. sie muß sich nicht auf eine Verbesserung oder einen Gewinn beziehen, sondern kann auch Verschlechterungen oder Verluste beinhalten. Lernprozesse können also dazu führen, daß einmal beherrschte Verhaltensweisen gestört oder beeinträchtigt werden. So mag ein Autofahrer durch einen Unfall lernen, sich vor dem Fahren zu ängstigen und in der Folge zu einem gewissen Grad seine routinierte Fahrweise verlieren. Sein verkrampftes Fahrverhalten hat er durch den Unfall gelernt.

Ohne Veränderung gibt es somit kein Lernen, aber nicht jede Veränderung stellt schon ein Lernergebnis dar! Damit eine Veränderung als lernbedingt angesehen werden kann, muß sie wenigstens zwei Bedingungen erfüllen: Sie muß

- auf Erfahrung und/oder Übung des Organismus zurückgehen und
- überdauernd, d. h. längere Zeit verfügbar sein.

Das bedeutet, daß einige Änderungen nicht unter den Lernbegriff fallen. So liegt kein Lernen vor, wenn z. B. Reifung, der Einfluß von Medikamenten, Intoxikationen, strukturelle Veränderungen des Gehirns oder Ermüdung für eine Veränderung verantwortlich gemacht werden können (vgl. z. B. Bower & Hilgard 1983).

Bei *reifungsbedingten* Veränderungen führen innerorganismische Wachstumsimpulse – und nicht Erfahrung bzw. Übung – zur Entwicklung und Differenzierung der anatomisch-physiologischen Ausstattung des Organismus. Das Konzept der Reifung spielt deshalb in der frühesten Kindheit eine entscheidende Rolle und stellt ein bedeutsames entwicklungspsychologisches Erklärungsprinzip dar. Nach Heckhausen (1974) kann Reifung als Ursache eines Verhaltens angenommen werden, wenn dessen Erwerb universell und in einem relativ eng begrenzten Zeitraum beobachtet wird (z. B. das Laufenlernen ab etwa 1 Jahr), Training oder Übung den Erwerb nicht beschleunigen (so hat es wenig Sinn, beim Kleinkind das Laufenlernen zu trainieren) und die einmal erworbenen Verhaltensweisen weiterhin bestehen bleiben. Reifung kommt also ohne äußeres Dazutun zustande, da wir das Wachstum des Organismus in der Regel nicht beeinflussen können.

Als weitere nicht unter den Lernbegriff fallende Änderungen sind noch jene zu nennen, die auf eine kurz- oder langfristig wirksame *Veränderung physiologischer Reaktionssysteme* zurückgehen, wie sie durch den Einfluß von Medikamenten (z. B. reduziertes Reaktionsvermögen), Drogenkonsum (z. B. Wahrnehmungstäuschungen), Intoxikationen (z. B. Bewegungsstörungen) oder einfach Ermüdung (z. B. Verlangsamung des Handlungsablaufs) hervorgerufen wird.

Während alle Definitionsversuche des Lernens den Aspekt der Veränderung betonen, fallen jedoch deutliche Unterschiede auf bei der Antwort auf die Frage: »Was unterliegt beim Lernen einer Veränderung?«. Je nach Sichtweise kann Lernen definiert werden als

- *Veränderung von Verhaltensweisen und Verhaltensmöglichkeiten* oder als
- *Veränderung von kognitiven Strukturen.*

Bis etwa Mitte der 60er Jahre dominierte in der Psychologie unter dem Einfluß des Behaviorismus und Neobehaviorismus (s. Kap. 1.3.2) eine *verhaltensorientierte,* funktionale Definition des Lernens. In diesem Zusammenhang spricht man von Lernen, wenn eine beobachtbare Änderung in den Verhaltensweisen eines Organismus eingetreten ist.

Der Verhaltensbegriff wurde dabei anfangs sehr eng gefaßt und bezog sich primär auf den äußerlich sicht- und beobachtbaren Teil, d. h. das motorische Verhalten (was der Lernende tut). Innerorganismische Aspekte (z. B. Kognition und Emotion) wurden zwar programmatisch ausgeklammert, schlichen sich aber – wie wir sehen werden – immer wieder ein. Im Laufe der Zeit subsumierte man schließlich unter dem Verhaltensbegriff alle psychischen Modalitäten (also motorische, kognitiv-emotionale und physiologische Äußerungsformen), unter der Voraussetzung, daß diese Inhalte methodisch eindeutig erfaßt (operationalisiert) werden konnten. Da gelernte Verhaltensweisen nicht unbedingt auch ausgeführt werden müssen, war es nötig, den Lernbegriff bereits auf eine Veränderung des Verhaltenspotentials auszudehnen. Auf diese Weise sprengte man die durch den orthodoxen Behaviorismus gesetzten Fesseln.

Wird Lernen aus einer *kognitiven* Sicht betrachtet, stehen Veränderungen kognitiver Strukturen (z. B. der Erwerb von Wissen) im Vordergrund (vgl. Shuell 1986), die zumeist auf der Basis eines Informationsverarbeitungsansatzes analysiert werden. Der Organismus gilt dabei als System, das Informationen aufnimmt, bewertet, mit bestehenden Informationseinheiten in Beziehung setzt und zur Regulierung bzw. Optimierung seines Verhaltens einsetzt. Das Hauptaugenmerk derartiger Lernpsychologie liegt auf der Analyse struktureller innerorganismischer Aspekte. »Kognitive Konzeptionen des Lernens zentrieren sich jedoch auf den Erwerb von Wissen und Wissensstrukturen anstatt auf das Verhalten an und für sich« (Shuell 1986, S. 413). Verhaltensänderung wird dabei als eine Folge des Lernprozesses gesehen und darf nicht mit diesem gleichgesetzt werden. Da der Lernvorgang selbst nicht beobachtet werden kann, ist die Veränderung im Verhalten aber die einzige Möglichkeit seines Nachweises.

Der funktionalen, verhaltenstheoretischen und der strukturellen, kognitiven Fassung des Lernbegriffs ist die Annahme gemeinsam, daß am Zustandekommen von Lernprozessen sowohl externale, umweltbezogene als auch internale, innerorganismische Aspekte beteiligt sind. Definitionsgemäß betonen dabei verhaltenstheoretisch ausgerichtete Lernpsychologen die externalen, kognitiv ausgerichtete Lernpsychologen demgegenüber die internalen Faktoren.

Genauso wie das Lernen ist auch das Gedächtnis ein sog. hypothetisches Konstrukt, d. h. unserer direkten Beobachtung nicht zugänglich und muß aus seinen Effekten erschlossen werden. Am deutlichsten, wenngleich nicht am vollständigsten, kann das Gedächtnis über seine bewahrende (konservierende) Funktion definiert werden: Mit Hilfe seines Gedächtnisses ist der Organismus in der Lage, aufgenommene Eindrücke (Informationen) aufzubewahren und zu einem späteren Zeitpunkt zu erinnern. Damit sind die drei grundsätzlichen Aspekte bereits angesprochen, nämlich das Einprägen (Enkodieren bzw. Verschlüsseln), Behalten und Abrufen von Information. Unabhängig aus welcher Perspektive Gedächtnispsychologie betrieben wird, geht es dabei immer um diese drei Aspekte, die in unterschiedlicher Gewichtung analysiert werden.

Die *Enkodierung* von Information setzt voraus, daß sich die Person dieser Information zuwendet, ihre Aufmerksamkeit und Wahrnehmung darauf ausrichtet und die zu behaltenden Eindrücke verarbeitet. Bei dieser Verarbeitung werden die wahrnehmungsgebundenen Eindrücke in eine andere Form übertragen. Umgangssprachlich formuliert setzt das Gedächtnis voraus, daß wir Informationen bemerken, was jedoch nicht unbedingt mit absichtlich-bewußter Aufmerksamkeitszuwendung Hand in Hand gehen muß, da viele Informationen unbeabsichtigt, quasi »nebenbei« und sogar unbewußt aufgenommen werden können.

Während die Enkodierung noch weitgehend an Wahrnehmung und Aufmerksamkeit gebunden ist, handelt es sich bei der *Speicherung* (Retention) dieser Information um die genuinste Gedächtnistätigkeit. Die populäre Vorstellung, bei dem Gedächtnis handele es sich um einen Speicher, in dem eingehende Informationen aufbewahrt werden, wird jedoch in der Psychologie nur als eine Metapher verwendet, mit deren Hilfe wir versuchen, uns ein Bild vom Gedächtnis zu machen. Speicherungsvorgänge sind genausowenig direkt beobachtbar wie Kodierungsprozesse, sie müssen über *Abrufergebnisse* (Erinnerungen) rekonstruiert werden. Gelungene oder mißlungene Erinnerungen geben dabei Aufschluß über die Gedächtnistätigkeit.

Die experimentelle Erforschung von Gedächtnisphänomenen orientiert sich an den genannten Funktionen. Sie unterscheidet zwischen einer *Präsentationsphase* (Darbietung des zu behaltenden Inhaltes), dem zwischen Einprägung und Erinnerung liegenden *Behaltensintervall* und der *Prüfphase,* in welcher die Versuchsperson (Vp) die dargebotenen Informationen nennen soll, so daß eine Entscheidung über das Behalten bzw. Vergessen möglich wird.

Aus dem bisher Gesagten geht hervor, daß Lernen und Gedächtnis eng miteinander verbunden sind und sich teilweise als Phänomene inhaltlich überlappen. Dies hat gelegentlich zu einer – insbesondere in älteren Lehrbüchern anzutreffenden – austauschbaren Verwendung beider Begriffe geführt, wobei je nach theoretischer Position des Autors einmal der Gedächtnis-, ein andermal der Lernbegriff favorisiert wurde. In der Tat findet man eine überraschende inhaltliche Identität zwischen der kognitiv ausgerichteten Definition von Lernen und bestimmten Traditionen innerhalb der Gedächtnisforschung, so daß in einigen Bereichen die synonyme Verwendung beider Begriffe auch durch die Forschungspraxis bestätigt zu werden scheint. So steht z. B. die Bezeichnung »*Verbales Lernen*« für ein lange Zeit bedeutendes gedächtnispsychologisches Forschungsparadigma.

Trotz dieser nicht unbeträchtlichen Konfundierung beider Phänomene ist es wenig sinnvoll, den Lern- und Gedächtnisbegriff synonym zu verwenden, da beide in ihrem Kern unterschiedliche Sachverhalte thematisieren (vgl. Foppa 2000). Lernen betont die dauerhafte Veränderung, die nur dann von Dauer sein kann, wenn sie im Gedächtnis verankert ist. Damit wird das Gedächtnis zu einer notwendigen Voraussetzung für Lernprozesse. Ohne Gedächtnis gibt es kein Lernen, und zwar auch dann nicht, wenn in verhaltenstheoretischen Forschungstraditionen der Bezug zu Gedächtnisphänomenen oft gänzlich unterbleibt. Gedächtnisphänomene sind andererseits aber nicht zwingend an Lernprozesse gebunden. Die Erinnerung an ein Urlaubserlebnis, das einige Jahre zurückliegt, ist eindeutig als Gedächtnisphänomen identifizierbar. Wir werden sie aber kaum als ein Beispiel für einen Lernprozeß auffassen, obwohl der erinnerte Sachverhalt selbst durch Lernen, d. h. durch Erfahrung, zustandegekommen sein dürfte. Zentriert sich also der Lernbegriff auf den Aspekt der Veränderung, so zentriert sich der Gedächtnisbegriff auf die Aspekte der Speicherung und der Verfügbarkeit von Information.

1.3 Ein kurzer Blick in die Geschichte

1.3.1 Einflüsse aus Philosophie und Naturwissenschaft

Fragt man nach den für die Lern- und Gedächtnispsychologie relevanten Impulsen aus der Philosophie, so stößt man auf die Disziplin der Erkenntnistheorie (Epistemologie), die den Fragen nach Ursprung, Grenzen und Funktionen unseres Wissens nachgeht. Die vielfältigen hierzu vorgeschlagenen Modelle können auf zwei Grundpositionen zurückgeführt werden, die bereits in der griechischen Philosophie der Antike diskutiert wurden, nämlich die rationalistische und die empiristische Auffassung (zur Geschichte der Psychologie siehe z. B. Pongratz 1984).

Vertreter des *Rationalismus* sehen in unseren Denkprozessen die zuverlässigste und gültige Basis für Erkenntnis, d. h. sie gehen davon aus, daß gültiges Wissen nicht über unsere Sinneserfahrung zustandekommen kann, sondern erschlossen (erdacht) werden muß. So nahm z. B. Platon (427–347 v. Chr.), einer der ersten Protagonisten dieser Position, die Existenz einer Welt von Ideen an, welche durch die in der sensorisch wahrnehmbaren Wirklichkeit anzutreffenden Objekte nur unvollkommen repräsentiert sind. Infolge dieses unvollkommenen Abbildes der Ideenwelt durch die dingliche Wirklichkeit ist es für Platon auch nicht möglich, über Sinneseindrücke zu wahrer Erkenntnis zu gelangen. Letzteres kann für ihn lediglich über die Vernunft erreicht werden. Die rationalistische Position wurde unter anderem von Descartes (1596–1650) und Leibniz (1646–1716) weiterentwickelt.

Demgegenüber nehmen die *Empiristen* genau die konträre Position ein. Für sie ist die wahrnehmbare Wirklichkeit kein schlechtes Abbild irgendwelcher dahinterstehender Seinsformen und verweist damit auch nicht auf etwas anderes. Die Wahrnehmung der Wirklichkeit genügt deshalb den Empiristen, um zu gültigem Wissen zu gelangen, vorausgesetzt es werden bestimmte methodische Regeln bei der Informationssammlung (Beobachtung und Messung) eingehalten. Eines der ersten empiristischen Modelle stammt von Aristoteles, dessen Analyse des Gedächtnisses zu den wichtigen Assoziationsgesetzen führte: Aristoteles (384–322 v. Chr.) zufolge ruft die Erinnerung eines Ereignisses dann die Erinnerung eines anderen Ereignisses hervor, wenn beide ursprünglich in räumlich-zeitlicher Nähe stattfanden *(Gesetz der Kontiguität)* oder einander ähnlich *(Gesetz der Ähnlichkeit)* bzw. einander entgegengesetzt *(Gesetz des Kontrastes)* sind. Die erfahrene Wirklichkeit entscheidet damit über unser Wissen bzw. unser Bild von der Welt. Im 17. Jahrhundert fand der Empirismus u. a. in Hobbes (1588–1679), Locke (1632–1704) und Hume (1711–1776) vehemente Verfechter.

In unserem Zusammenhang kann auf eine differenzierte Weiterentwicklung dieser Grundpositionen nicht eingegangen werden. Es sei jedoch erwähnt, daß sich bereits Kant (1724–1804) in seinem Kritizismus um eine Überbrückung des Gegensatzes beider Positionen bemühte. Neuerdings wurde die rivalisierende Haltung beider Ansätze durch den von dem englischen Philosophen Popper (1973) entwickelten *kritischen Rationalismus* in gewissem, insbesondere für die Sozialwissenschaften fruchtbar gewordenem Umfang einer Synthese zugeführt.

Von naturwissenschaftlicher Seite waren Anregungen aus der Physiologie und Biologie für die spätere Entwicklung der Lern- und Gedächtnispsychologie von Bedeutung. Bereits im 18. Jahrhundert postulierte beispielsweise Thomas Reid (1717–1796), daß spezifische Hirnregionen für bestimmte psychische Funktionen, z. B. Gedächtnis, Wahrnehmung, Sprache etc. verantwortlich sind. In seiner *Phrenologie* ging Franz Josef Gall (1758–1828) zu Beginn des 19. Jahrhunderts fälschlicherweise davon aus, daß die Schädelform eines Menschen Aufschluß über die bei ihm besonders ausgeprägten Gehirnareale erlaube und – damit korrespondierend – als Diagnostikum seiner besonders ausgeprägten psychischen Funktionsbereiche genutzt werden könne. Es dauerte aber noch einige Zeit, bis Physiologen erste empirische Belege für die *Lokalisierung psychischer Funktionen* im Gehirnsubstrat liefern konnten.

Herausragend war dabei der Beitrag von Broca (1824–1880), dem es gelang, ein Sprachzentrum im Gehirn zu identifizieren, dessen Störung (z. B. durch einen Tumor) trotz funktionsfähiger Sprechwerkzeuge zum Verlust der Sprachfähigkeit (Aphasie) führte. Durch derartige Forschungen wurden Fragen nach der anatomisch-physiologischen Grundlage von Lern- und Gedächtnisphänomenen angeregt, die infolge der zunehmend verbesserten Untersuchungsmethoden bis in die jüngste Zeit untersucht werden.

Darwins (1809–1882) Abstammungslehre des Menschen *(Evolutionstheorie)* stellte schließlich die bis dahin geltende kategoriale Trennung von tierischem und menschlichem Verhalten in Frage und betonte die zwischen Mensch und Tier bestehenden Gemeinsamkeiten. Die in seinem Modell implizit enthaltene Transpositionismus-Annahme, d. h. die Hypothese, daß aus dem Tierversuch stammende Befunde auch für den Humanbereich Gültigkeit besitzen, führte besonders in der Lernpsychologie zu einem intensiven Studium tierischen Verhaltens mit dem Ziel, universell gültige, grundlegende Lernprinzipien aufzufinden.

1.3.2 Psychologische Schulen

In der ersten psychologischen Schule des 20. Jahrhunderts, dem *Strukturalismus*, sah man eine Hauptaufgabe der Psychologie darin, allgemeingültige Gesetze über die Inhalte des Bewußtseins aufzustellen. Als bevorzugte Forschungsmethode diente dabei die Selbstbeobachtung (Introspektion), bei der sich eine Person bezüglich eines bestimmten Verhaltens selbst beobachtet. Besonderen Wert legten die Strukturalisten bei der Datenerhebung darauf, daß die Versuchspersonen (Vpn) ihre unmittelbare Erfahrung mitteilten und nicht ihr Wissen über den zu beurteilenden Sachverhalt. Hierzu waren aufwendige Schulungen der Vpn notwendig. Wenn man allgemeine, für alle Individuen gültige Gesetzmäßigkeiten des Bewußtseins sucht, dann sind z. B. durch Erfahrung gewonnene Unterschiede zwischen den Individuen, wie sie z. B. durch Lernprozesse hervorgerufen werden, von geringerem Interesse. So verwundert es nicht, daß von strukturalistischer Seite Lernen eher als eine Störgröße, denn als ein ernsthaft zu erforschendes Phänomen betrachtet wurde.

Versuchten die Strukturalisten, die »Bausteine« des geistigen Lebens in ihrer reinen Form, quasi isoliert, zu analysieren, interessierten sich demgegenüber die Vertreter der zweiten großen Schule im 20. Jahrhundert, die *Funktionalisten* unter der Führung von William James (1842–1910), für die Anpassungsprozesse des Organismus in seiner Auseinandersetzung mit der Umwelt. Sie studierten deshalb die psychischen Funktionen in ihrer Tätigkeit. So ging es ihnen nicht mehr um die Inhalte des Bewußtseins an und für sich, sondern um ihre Bedeutung bei der Anpassung an unterschiedliche Umweltgegebenheiten. Lernen wurde damit zu einem wichtigen Untersuchungsthema, wie die Arbeiten von Thorndike (s. Kap. 3.1) zeigen werden. Neben der Selbstbeobachtung fand bei den Funktionalisten, nicht zuletzt wegen des intensiven Studiums tierischen Verhaltens, auch die Fremdbeobachtung Anwendung.

Die einflußreichste und bis in die Gegenwart hineinreichende psychologische Richtung, der *Behaviorismus* (von amerik. *behavior:* Verhalten), übernimmt von den Funktionalisten das Interesse an Fragen der Organismus-Umwelt-Anpassung, lehnt aber deren Studium der Bewußtseinsinhalte vollständig ab und proklamiert das Verhalten als ausschließlichen Gegenstand der Psychologie. Die behavioristische Richtung nimmt ihren Ausgang an der John-Hopkins-Universität, an der J. B. Watson lehrt. In seiner Schrift »Psychology as the Behaviorist Views it« erteilt er 1913 der auf Introspektion basierenden Bewußtseinspsychologie eine radikale Absage und versucht, alles Subjektive aus der Psychologie zu verbannen. Die Existenz von Bewußtseinsphänomenen wird zwar nicht geleugnet, da sie jedoch nur über die Selbstbeobachtung zugänglich sind, können sie Watson zufolge nicht Gegenstand der auf Objektivität ausgerichteten psychologischen Wissenschaft sein. Diese muß sich mit den angeborenen oder/und erworbenen (erlernten) Reiz-Reaktions-Verbindungen beschäftigen, welche die grundlegenden Elemente des Verhaltens darstellen und in der anatomisch-physiologischen Ausstattung des Organismus wurzeln. Pongratz (1984) charakterisiert diesen Behaviorismus deshalb durch folgende fünf Aspekte: Psychologie wird als Naturwissenschaft verstanden (objektivistisches Axiom), Psychisches wird auf die Physiologie reduziert (physiologistisches Axiom), höhere Funktionen (z. B. Denken) werden auf elementare (z. B. Muskelbewegungen) zurückgeführt (molekularistisches Axiom), aus dem Tierversuch stammende Daten werden auch für den Humanbereich als gültig erachtet (transpositionistisches Axiom), und es wird angenommen, daß Verhaltenseinheiten durch Assoziationen miteinander verbunden werden (mechanistisches Axiom).

Eine derartig extreme Position ließ sich nicht über lange Zeit halten, so daß in der Folgezeit deutliche konzeptuelle Liberalisierungen eintraten. So wurden im *Neobehaviorismus* (etwa von 1930 bis 1950) sogenannte *intervenierende Variablen* als hypothetische Größen eingeführt, mit deren Hilfe beobachtbare Sachverhalte erklärt werden sollten. Auf diese Weise wurden innerorganismische Variablen (z. B. Vorstellungen) in die behavioristische Analyse eingeführt. Darüber hinaus war die Zeit des Neobehaviorismus von Versuchen gekennzeichnet, umfassende theoretische Modelle zu entwickeln, z. B. die systematische Verhaltenstheorie von Hull (s. Kap. 3.2).

Schließlich wird in gegenwärtigen behavioristischen Positionen der Verhaltensbegriff derart ausgedehnt, daß auch Aspekte des Erlebens Berücksichtigung finden. Läßt sich also hinsichtlich der Grundgedanken eine zunehmende konzeptuelle Öffnung und Erweiterung feststellen, so verbindet alle Behavioristen das starke Interesse am Phänomen des Lernens, so daß man die Geschichte des Behaviorismus auf weite Strecken als eine Geschichte der Lernpsychologie verstehen kann.

Eine derzeit wichtige psychologische Strömung heißt *Kognitive Psychologie* und stellt – im Gegensatz zu den aufgeführten Richtungen – keine Schule im engeren Sinn dar, sondern vielmehr ein für die psychologische Disziplin forschungsleitendes Paradigma. Im Zentrum dieser Sichtweise steht das Modell der Informationsverarbeitung, in dem kognitive, d. h. an der Erkenntnisgewinnung beteiligte geistige Prozesse in eine Reihe aufeinanderfolgender Phasen zerlegt werden. Hussy (1984, S. 33) kennzeichnet das Gebiet der Kognitiven Psychologie folgendermaßen:»Die *Kognitive Psychologie* (Kognitionspsychologie) beschäftigt sich – umfassend ausgedrückt – also damit, wie Personen Informationen aus der Umwelt gewinnen, wie solche Informationen im menschlichen Organismus repräsentiert (dargestellt) und transformiert (umgewandelt), wie sie gespeichert und zur Steuerung der Aufmerksamkeit und des Verhaltens herangezogen werden.« Inhaltlich geht es dabei um Themen wie Wahrnehmung, Gedächtnis, Denken, Sprache etc., also um Bereiche, die von der behavioristischen Tradition vernachlässigt wurden.

Im Gegensatz zur traditionellen allgemeinpsychologischen Analyse erforschen kognitive Psychologen die genannten Bereiche häufig explizit unter dem Aspekt ihrer alltäglichen, natürlichen Funktionsweise. Sie versuchen nämlich, ihre Erkenntnisse und Modelle aus der Alltagspraxis zu entwickeln und für diese zu nutzen und haben hierfür den Begriff der *ökologischen Validität* geprägt. Dieser besagt, daß psychologische Erkenntnis nicht nur im Rahmen von Laborsituationen, sondern auch im Rahmen von Alltagssituationen Relevanz besitzen soll.

Als Wurzeln der Kognitiven Psychologie nennen verschiedene Autoren (vgl. z. B. Best 1986; Anderson 1988) übereinstimmend folgende:

- das insbesondere während des 2. Weltkrieges entwickelte Gebiet der psychologischen Arbeitsgestaltung (»human factors research«), bei dem es um die Optimierung der Mensch-Maschine-Interaktion geht,
- die Computerwissenschaft, die es ermöglichte, intelligentes Verhalten im Rahmen der künstlichen Intelligenzforschung oder der Computersimulation zu analysieren,
- die Linguistik, die sich mit Struktur und Organisation der Sprache beschäftigt.

Als Geburtsstunde der Kognitiven Psychologie gilt das Erscheinen von Neissers Buch »Cognitive Psychology« im Jahre 1967. Standen zum damaligen Zeitpunkt vor allem Wahrnehmung und Aufmerksamkeit im Mittelpunkt des Interesses, so finden wir heute eine intensivere Auseinandersetzung mit den »höheren« geistigen Prozessen wie Denken und Sprache. Es versteht sich von selbst, daß die heute betriebene Gedächtnisforschung ein wesentliches Gebiet der Kognitiven Psychologie ausmacht. Im Unterschied zum behavioristischen Ansatz bemüht man sich um die Konzipierung eines komplexen Systems, dessen Struktur- und Prozeßkomponenten das kognitive Geschehen angemessen abbilden sollen. Die kognitive Analyse ist demnach strukturell und nicht funktional ausgerichtet.

1.4 Forschungsparadigmen

1.4.1 Lernpsychologie

Die in diesem Band zu besprechende lernpsychologische Forschungspraxis läßt sich in drei grundlegende Positionen oder Paradigmen einteilen, nämlich in einen kontiguitäts- und einen verstärkungsbezogenen sowie einen sozial-kognitiven Zweig. Innerhalb eines jeden Paradigmas wurden wiederum mehrere theoretische Modelle entwickelt, die in unterschiedlichem Ausmaß das Forschungsfeld beeinflußten.

In diesem Band wird jeder der drei Hauptströmungen ein eigenes Kapitel zugeteilt, das ausführlich die Position eines ihrer führenden Vertreter behandelt und auf weitere Ansätze nur am Rande eingeht. Für Kontiguitäts- und Verstärkungstheorien war und ist zum Teil auch heute noch die Ausrichtung an einem behavioristischen Forschungsideal (s. Kap. 1.3.2) bestimmend, während sozial-kognitive Lernpsychologen ihre Grundhaltung eher aus der Kognitiven Psychologie ableiten bzw. zwischen behavioristischer und kognitivistischer Sichtweise eine vermittelnde Haltung einnehmen.

a) Vertreter des Kontiguitätsparadigmas sehen vor allem in der *zeitlich-räumlichen Nähe* (Kontiguität) zwischen einem Reiz (S = »stimulus«) und einer Reaktion bzw. einem Verhalten (R = »reaction«) eine ausreichende Bedingung für das Zustandekommen eines Lernprozesses. Sie untersuchen primär die Beziehungen zwischen einem Verhalten und den ihm vorausgehenden Bedingungen (S-R-Analyse).

Die Grundlagen entwickelte Pawlow in seiner Lehre der bedingten Reflexe, derzufolge das Kontiguitätsprinzip die Anpassung des Organismus an neue Umweltbedingungen mit Hilfe des vorhandenen Reaktionsrepertoires ermöglichen soll. Wie zu zeigen sein wird, lernt der Organismus dabei seine genetisch determinierte Ausstattung (Reflexe) in neuen Situationen zu nutzen. Die von manchen Autoren (z. B. Hergenhahn 1982) für dieses Lernprinzip gewählte Bezeichnung »assoziationistisch« halte ich für unglücklich gewählt, da dem Assoziationismus auch in anderen Paradigmen grundlegende Bedeutung zukommt, wenngleich nicht als ausreichender (hinreichender), sondern zumeist nur als notwendiger Bedingung für die Entstehung von Lernprozessen. In der Wissenschaftstheorie nennt man eine Bedingung dann *notwendig,* wenn ohne sie ein bestimmtes Ergebnis nicht möglich ist, andererseits aber noch weitere Voraussetzungen erfüllt sein müssen, um dieses Ergebnis zu bewirken. Im Unterschied dazu ist für das Zustandekommen eines Sachverhaltes eine *hinreichende* Bedingung ausreichend.

b) Verstärkungstheoretiker richten ihr Hauptaugenmerk auf die Bedeutung der *Folgen eines Verhaltens*. Sie nehmen dabei an, daß bestimmte Konsequenzbedingungen (C = »consequences«) eine Stabilisierung oder Erhöhung, andere dagegen eine Rückbildung des vorausgehenden Verhaltens nach sich ziehen. Es geht ihnen vor allem um ein Verständnis des Zusammenhangs von Verhalten (R) und seinen Folgen (C). Die einflußreichste Position innerhalb dieses Paradigmas stammt von dem Lernpsychologen Skinner, dem es gelang, die praktische Relevanz seiner Konzeption in vielen Anwendungsbereichen zu belegen. Konsequenzbedingungen werden auch im Alltag, z. B. in Form von Lob und Tadel, bei der Erziehung zur Einflußnahme eingesetzt, wenngleich sie dabei oftmals nicht zu dem gewünschten Erfolg führen, da ihre Anwendung meist unsystematisch und intuitiv erfolgt. Die Verstärkungstheoretiker konnten jedoch zeigen, welche Aspekte beachtet und kontrolliert werden müssen, will man ein Verhalten erfolgreich über seine Folgen beeinflussen.

c) Sozial-kognitiv ausgerichtete Lerntheorien betonen die Bedeutung von *Wahrnehmungen, Gedanken und Bewertungen* des Organismus für den Lernprozeß. Ihren Vertretern zufolge wirken Reize und Konsequenzen nicht mechanisch aufgrund ihrer physikalischen Qualität, sondern auf der Grundlage ihrer subjektiven Bedeutung für den Lernenden. Den gleichen Wirklichkeitsausschnitt nehmen zwei Personen unterschiedlich wahr, je nachdem welche *Erwartungen* sie damit verbinden: Eine Person, die nach einer Bushaltestelle sucht, wird in einer Stadt nur nach dem Halteschild Ausschau halten, während sie Gasthausschilder, die dem hungrigen Stadtbummler sofort ins Auge fallen, gänzlich übersieht! Bewußtseinsprozesse rücken damit bei kognitiven Lerntheoretikern ins Blickfeld, da sie mitbestimmen, was aus der vielfältigen Wirklichkeit als Reiz bzw. Konsequenz aufgenommen wird.

Die Befunde des Kontiguitäts- und Verstärkungsansatzes können demnach in das kognitive Paradigma integriert werden, wenngleich sie eine wesentliche Ergänzung erfahren, wie am Beispiel der sozial-kognitiven Theorie von Bandura aufzuzeigen sein wird, da nun kognitive Prozesse (z. B. die Wahrnehmung) ausreichen, um Lernen in Gang zu setzen.

1.4.2 Gedächtnispsychologie

Während die verschiedenen Hauptströmungen der Lernpsychologie in unterschiedlichen und zum Teil voneinander unabhängigen Traditionen wurzeln, zeigt sich in der Gedächtnispsychologie eine etwas andere Entwicklung. Die großen Paradigmen sind hier – vereinfacht gesprochen – eher in einem Zyklus sich gegenseitig ablösender bzw. ergänzender Forschungsbemühungen entstanden, der als zunehmende Differenzierung in der Konzeptualisierung des Gedächtnisphänomens aufgefaßt werden kann.

Folgende Strömungen, denen in diesem Band wiederum jeweils ein eigenes Kapitel gewidmet ist, lassen sich unterscheiden:

a) Von den Anfängen bis in die sechziger Jahre dominierte in der Gedächtnispsychologie eine recht einfache, durch die Arbeiten von Ebbinghaus geprägte Vorstellung des Gedächtnisapparates: Er wurde als mehr oder weniger undifferenzierter Speicher *(Einspeichermodell)* betrachtet, in dem Informationen aufbewahrt werden. Das Interesse der Gedächtnispsychologen zentrierte sich dabei ausschließlich auf die Leistungsfähigkeit und Güte dieses Speichers, welche durch Veränderungen im einzuprägenden Lernmaterial »getestet« wurde. Diesem Unterfangen verdanken wir eine Reihe auch heute noch eingesetzter Prüf- und Lernverfahren, mit deren Hilfe man versuchte, Gesetzmäßigkeiten der Speicherung aufzudecken. Nicht zuletzt weil hier mehr die »äußeren Umstände« (z. B Einprägebedingungen, Lernmaterialien…) als das Gedächtnis selbst untersucht wurden, besteht eine gewisse Parallelität zur Lernpsychologie, die sich auch in der für dieses Forschungskonzept eingebürgerten Bezeichnung »Verbales Lernen« niederschlägt.

b) Im Zuge der »kognitiven Wende« richtete sich die Aufmerksamkeit der Gedächtnisforscher Mitte der sechziger Jahre auf verschiedene Aspekte der Informationsverarbeitung und wandte sich damit Fragen nach der *Struktur* und der *Arbeitsweise* des Gedächtnisses zu. Die Analyse des zeitlichen Verlaufs von Prozessen der Informationsaufnahme und Speicherung (z. B. Wie lange muß eine Information dargeboten werden, um gedächtnismäßig erfaßt zu werden? Wieviele Informationseinheiten kann man sich unmittelbar behalten? Wann ist eine Information auch langfristig verfügbar?...) führte zur Annahme verschiedener Stadien und damit der Ausdifferenzierung des Gedächtnisses in voneinander unterscheidbare Komponenten, denen verschiedene Aufgaben und Funktionen zugesprochen wurden (*Mehrspeichermodelle*). Seither wird wenigstens zwischen dem Kurz- und dem Langzeitgedächtnis unterschieden. Daneben untersuchten einige Forscher, wie sich die Art und Weise der Informationsverarbeitung (Auf welche Aspekte der Information wird besonders geachtet?) auf die Gedächtnisleistung auswirkt. Sie fanden mehrere Möglichkeiten der Verarbeitung, welche mit einer unterschiedlichen Behaltensleistung einhergehen (*Mehrebenenansatz*).

c) Die nächste Differenzierung in den Forschungsbemühungen betraf Fragen nach den gespeicherten Inhalten. Während man bis Anfang der 70er Jahre mehr oder weniger stillschweigend davon ausging, daß in unserem Gedächtnis Erfahrungen abgespeichert sind, die wir einmal erlebt haben, »entdeckte« man nun, daß auch für unser *Wissen* Gedächtnisleistungen vonnöten sind. Damit war eine wichtige Unterscheidung in die Diskussion eingeführt, nämlich diejenige zwischen episodischem und semantischem Gedächtnis. Das seit den Anfängen der Gedächtnispsychologie untersuchte episodische Gedächtnis besitzt »autobiographischen« Charakter, d. h. es speichert Informationen, die an einem bestimmten Ort und zu einem bestimmten Zeitpunkt erfahren wurden (Episoden). Demgegenüber sind im semantischen Gedächtnis (Wissensgedächtnis) Wissensbestände festgehalten (z. B. Wortbedeutungen, Regeln, Formeln, Fakten aus den verschiedensten Wissensgebieten...). Im Rahmen der Untersuchungen zum semantischen Gedächtnis interessierte man sich z. B. für die Form der Repräsentation einfacher Wortbedeutungen als auch komplizierter Texte und bezog in die Analyse viele Befunde aus anderen Bereichen – insbesondere der Sprach- und Denkpsychologie – mit ein. Das Gedächtnis wurde nun quasi interdisziplinär und in seiner Beziehung zu anderen kognitiven Erscheinungsweisen untersucht.

d) In den 80er Jahren entwickelte sich als wichtiger Forschungsbereich der Gedächtnispsychologie die Untersuchung der *Entwicklung des Gedächtnisses* im Verlauf der Lebensspanne. Es ist verständlich, daß die in diesem Zusammenhang analysierten Fragestellungen erst systematisch aufgegriffen wurden, nachdem über die »Mechanik« und die »Inhalte« des Gedächtnisses ein gewisser Fundus an Erkenntnissen vorlag. Forschungen zur Gedächtnisentwicklung konnten den engen Zusammenhang von Gedächtnis und Intelligenz bzw. Wissen aufzeigen. Besondere Bedeutung erlangten Studien, die das Wissen über das eigene Gedächtnis und sein Funktionieren (sog. Metagedächtnis) zum Gegenstand haben. Hier gelang es, qualitativ unterschiedliche Entwicklungssequenzen nachzuweisen.

e) Während alle vorgenannten Auseinandersetzungen mit Gedächtnisphänomenen die bewußte und absichtliche Einprägung und Erinnerung eines Inhaltes voraussetzen, wandte sich Anfang der neunziger Jahre die Forschung der Untersuchung jener Gedächtniserscheinungen zu, welche ohne Bewußtheit und Absicht zustande kommen und für die sich die Bezeichnung *implizites Gedächtnis* durchgesetzt hat. Unter diesen Begriff werden dabei sehr unterschiedliche Phänomene subsumiert, denen aber die »unbewußte Informationsverarbeitung« gemeinsam ist. Der damit verbundene Perspektivenwechsel zog es nach sich, daß sowohl bezüglich der Erfassung impliziter Gedächtnisphänomene als auch ihrer Erklärung neue Wege gesucht werden mußten. Die Entwicklung eigener Untersuchungsverfahren (sog. implizite Gedächtnistests) und die Postulierung spezifischer Gedächtnissysteme und -prozesse waren die Folge. Ein erheblicher Forschungsaufwand betrifft die Herausarbeitung von Unterschieden bei der absichtlichen und unabsichtlichen Einprägung und Erinnerung, d. h. die Gegenüberstellung von expliziten und impliziten Gedächtnisleistungen.

Im Gegensatz zu den eher stagnierenden Bemühungen im Bereich der traditionellen Lerntheorien besteht in der Gedächtnispsychologie derzeit nach wie vor eine rege und anhaltende Forschungsaktivität, deren differenzierte Darstellung jedoch den Rahmen einer Einführung überschreiten würde. Aus diesem Grund bleiben z. B. Modellvorstellungen und Befunde zum Phänomen der falschen Erinnerung (»false memory«), zur Bedeutung des Gedächtnisses im Alltag und zur Physiologie des Gedächtnisses in diesem Text ausgespart.

2 Lernen durch Kontiguität

2.1 Klassische Konditionierung: Pawlow

Während seiner Arbeiten zur Verdauungsphysiologie beobachtete Pawlow (1849 – 1936) bei seinen Versuchstieren die Absonderung von Speichel bereits *vor* der eigentlichen Versuchsphase, nämlich der Darbietung des Futters, dem natürlichen Auslöser für die Speichelsekretion. Die genaue Analyse dieses Phänomens führte ihn zu den bahnbrechenden Forschungen zum bedingten Reflex, über die er 1903 auf dem Internationalen medizinischen Kongreß in Madrid unter dem Titel »Experimentelle Psychologie und Psychopathologie bei Tieren« erstmals referierte (siehe Pawlow, Ausgewählte Werke, S. 113-125).

2.1.1 Standardexperiment

An der klassischen Versuchsanordnung Pawlows, der Speichelkonditionierung beim Hund, sollen die Grundbegriffe dieses Lernparadigmas erläutert werden:

Abb. 1: Versuchsanordnung nach Pawlow

Vor Beginn des Versuchs wird das Tier an den von äußeren Reizen abgeschirmten Versuchsraum gewöhnt. Während der eigentlichen experimentellen Prozedur ist es bandagiert, um den Versuchsablauf störende Bewegungen zu unterbinden. Eine operativ angebrachte Fistel ermöglicht dem Experimentator die exakte Messung der abgesonderten Speichelmenge (siehe Abb. 1).

Im ersten Versuchsstadium wird dem Hund Fleischpulver eingegeben und die daraufhin unwillkürlich erfolgende Speichelsekretion festgehalten. Das Fleischpulver wirkt dabei als angeborener Auslöser, *unbedingter Reiz* (UCS = »unconditioned stimulus«; von lateinisch: conditio – Bedingung) genannt, für die *unbedingte Reaktion* (UCR = »unconditioned reaction«) des Speichelflusses. Dieser Vorgang stellt eine angeborene Reiz-Reaktions-Verbindung dar und kann noch nicht als Lernen bezeichnet werden.

Im zweiten Versuchsstadium (Erwerbs- oder Trainingsphase) werden mehrmals gleichzeitig der UCS (Futter) und ein *neutraler Reiz* (NS = »neutral stimulus«) dargeboten, z. B. ein Ton. Neutralität bedeutet hierbei die Unfähigkeit zur Speichelreflexauslösung, welche Pawlow prüfte, indem er den neutralen Reiz (Ton) alleine vor der Erwerbsphase darbot und sich vergewisserte, daß daraufhin keine unbedingte Reaktion (Speichelfluß) erfolgte. In der Erwerbsphase reagiert das Versuchstier wegen des anwesenden UCS mit der UCR.

Aufgrund dieser mehrmaligen UCS-NS Koppelung folgt im dritten Stadium des Experiments als Ergebnis die Speichelabsonderung allein auf die Darbietung des Tones. Dieser wird nun *bedingter Reiz* (CS = »conditioned stimulus«) genannt und der durch ihn ausgelöste Speichelfluß *bedingte Reaktion* (CR = »conditioned reaction«), um deutlich zu machen, daß an seiner Auslösung kein UCS (Futter) beteiligt war.

Voraussetzung	UCS (Futter)	⟶	UCR (Speichel)
Erwerb	NS + UCS (Ton + Futter)	⟶	UCR (Speichel)
Ergebnis	NS = CS (Ton)	⟶	CR (Speichel)

Abb. 2: Schematische Zusammenfassung des klassischen Konditionierens

Bei der klassischen Konditionierung wird somit eine im Verhaltensrepertoire befindliche Reaktion durch einen ehemals neutralen Stimulus ausgelöst, d. h. das Versuchstier lernt, auf einen neuen Reiz mit einem verfügbaren Verhalten zu antworten. Abbildung 2 faßt die wesentlichen Stadien des Erwerbs einer bedingten Reaktion schematisch zusammen.

Die relevanten Parameter zur Ausbildung einer bedingten Reaktion sind demnach einerseits der zeitliche Abstand und die Dauer von NS und UCS, sowie andererseits die Anzahl notwendiger gemeinsamer Koppelungen. Der Frage nach dem optimalen Zeitintervall zwischen CS und UCS wollen wir in einem eigenen Abschnitt nachgehen.

Bezüglich der Anzahl notwendiger gemeinsamer Darbietungen von CS und UCS, also der Dauer der Erwerbsphase, ist festzuhalten, daß sie sowohl innerhalb als auch zwischen verschiedenen Arten sehr großen Schwankungen unterliegt und von einer einzigen Koppelung bis zu mehreren hundert Versuchsdurchgängen reichen kann. So schreiben Angermeier & Peters (1973, S. 37): »Es gibt wenig Anhaltspunkte dafür, wie oft der bedingte Reiz mit dem unbedingten Reiz gepaart werden muß, um wirksam zu sein.« Darüber hinaus eignet sich nicht jeder beliebige Reiz – wie Pawlow ursprünglich annahm – als CS.

Grundvoraussetzung für bedingte Reaktionen bildet jedoch in jedem Fall eine begrenzte Anzahl in der Primärausstattung – d. h. von Geburt an vorhandener – genetisch festgelegter Reiz-Reaktions-Verbindungen, die sog. unbedingten Reflexe (z. B. Schluck-, Speichel-, Beuge-, Schreck-, Lidschlagreflex).

2.1.2 Ausweitung, Differenzierung und Rückbildung bedingter Reaktionen

Generalisation und Diskrimination

Die einfachste und ohne weiteres Zutun stattfindende Form der Ausweitung liegt im Fall der *Reizgeneralisation* vor. Hierunter versteht man die Tatsache, daß bedingte Reaktionen nicht nur durch den während der Erwerbsphase verwendeten CS ausgelöst werden, sondern auch durch Stimuli, welche diesem ähnlich sind. Je nach verwendetem CS kann sich die Ähnlichkeit auf physikalische oder psychologische, quantitative oder qualitative Aspekte beziehen.

Wurde z. B. eine CR auf einen Ton von 1800 Hz ausgebildet, so wird sie auch durch Töne von 1600 oder 2000 Hz hervorgerufen, wenngleich in etwas schwächerer Form. Die Intensität der CR variiert dabei in Abhängigkeit von der Ähnlichkeit des Reizes mit dem ursprünglich verwendeten CS. Je unähnlicher ein Stimulus dem »Original-CS« ist, desto schwächer fällt die CR aus. Graphisch läßt sich dieser Zusammenhang, *Generalisationsgradient* genannt, folgendermaßen darstellen:

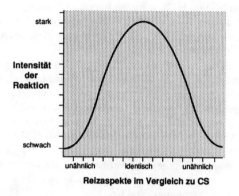

Abb. 3: Generalisationsgradient

Die Bedeutung der Generalisation ist vor allem in einer erhöhten Anpassungsleistung des Organismus an die Umwelt zu sehen, da er sich nicht ständig auf kleine Schwankungen auf der Stimulusseite neu einstellen muß.

Während durch das Prinzip der Generalisation das Spektrum der auslösenden Reize erweitert wird, bewirkt die *Diskrimination* den gegenteiligen Effekt, nämlich die Einengung der bedingten Reaktion auf einen ganz begrenzten Stimulusbereich, z. B. den Speichelfluß des Hundes lediglich auf einen Ton von 1800 und nicht von 2000 oder 1600 Hz. Experimentell läßt sich dies am einfachsten durch eine Ausdehnung der Erwerbsphase, also sehr viele CS-UCS-Koppelungen erreichen, d. h. bei entsprechend langer Übung nimmt die Generalisation von alleine ab. Im Labor erreicht man Diskrimination auch durch den gezielten Einsatz des UCS: Bietet man z. B. sowohl Töne von 1800, 2000, 1600...Hz an, läßt den UCS aber nur auf den Ton von 1800 Hz folgen, so reagiert das Versuchstier bald nur noch auf den Ton von 1800 Hz mit Speichelsekretion. Eine Differenzierung gelingt um so leichter, je unterschiedlicher die verwendeten zu diskriminierenden Reize sind, und sie wird mit zunehmender Ähnlichkeit der Reize zeitaufwendiger. Ist das Versuchstier jedoch nicht mehr in der Lage, die zu unterscheidenden Stimuli auseinanderzuhalten, also durch die Diskriminationsaufgabe überfordert, kann es zu sog. *experimentellen Neurosen* kommen. So berichtet Pawlow (Ausgewählte Werke, S. 176-183) von einem Versuch, bei dem zuerst eine bedingte Reaktion (Speichelfluß) auf einen Lichtkreis (CS) ausgebildet wurde, der auf eine vor dem Versuchstier stehende Scheibe projiziert wurde. Im anschließenden Diskriminationsprozeß bot der Experimentator den Kreis mit dem UCS (Futter), eine Ellipse (Halbachsenverhältnis 2:1) jedoch ohne UCS dar, so daß sich eine Diskrimination einstellte, d. h. der Hund reagierte auf den Kreis mit der CR und zeigte auf die Ellipse hin keine bedingte Reaktion. Die Diskrimination wurde nun schrittweise immer stärker verfeinert, das Halbachsenverhältnis der Ellipse also dem Kreis angeglichen. Bei einem Verhältnis der Halbachsen von 9:8 reagierte der Hund plötzlich ungewohnt: Er wurde in seinem Gestell motorisch sehr unruhig, winselte und verlor zum Teil bereits gut beherrschte bedingte Reaktionen. Die Versuchsanordnung führte bei ihm zu einem Verhalten, das Pawlow experimentelle Neurose nannte.

Konditionierung höherer Ordnung

Das Prinzip der Konditionierung höherer Ordnung hat bereits Pawlow beobachtet, jedoch wurde ihm erst in den 70er und 80er Jahren durch die Arbeitsgruppe um Rescorla (1973, 1980) intensivere Aufmerksamkeit zuteil.

Es handelt sich dabei um die Ausbildung bedingter Reaktionen, bei denen ein bedingter Reiz (CS) die Funktion des UCS übernimmt. Konditionierungen höherer Ordnung bauen immer auf einer Konditionierung erster Ordnung auf, bei der ein NS durch gemeinsame Darbietung mit dem UCS zum CS wird. In einer zweiten Trainingsphase wird der CS_1 (z. B. Ton) mit einem weiteren neutralen Reiz (z. B. Lichtsignal) gemeinsam ohne den UCS präsentiert. Als Resultat führt nun der zweite neutrale Reiz ebenfalls zur bedingten Reaktion, wird also zu einem bedingten Stimulus zweiter Ordnung (CS_2). Setzt man nun diesen CS_2 in einer dritten Trainingsphase quasi als UCS ein und bietet ihn wieder mit einem neuen neutralen Reiz (z. B. taktiler Stimulus), so gewinnt auch dieser dritte Reiz die Fähigkeit zur Auslösung der bedingten Reaktion (CS_3). Weder CS_2 noch CS_3 wurde mit dem UCS gemeinsam dargeboten, dennoch entwickeln sie sich zu konditionierten Auslösern. Konditionierungen höherer Ordnung entstehen demnach durch Substitution des UCS durch den CS der vorausgehenden Trainingsphase. In Versuchen mit Hunden gelangen Konditionierungen dritter, in Humanstudien sogar siebter Ordnung. Da – wie noch zu zeigen sein wird – bedingte Reaktionen langfristig nur bestehen bleiben, wenn dem CS wenigstens gelegentlich der UCS folgt, dieses Vorgehen sich aber bei der Ausbildung von Konditionierungen höherer Ordnung per definitionem verbietet, verlangt die Ausbildung derartiger Reaktionen vom Experimentator besonderes Geschick hinsichtlich der optimalen Gestaltung der Lernphasen.

Rescorla (1973, S. 131-138) ging der Frage nach, was bei der Konditionierung zweiter (höherer) Ordnung eigentlich gelernt werde und nennt drei Möglichkeiten:

a) der CS_2 kann zur Erwartung des CS_1 führen,
b) die Vorstellung des UCS aktivieren oder
c) unmittelbar mit der von UCS und CS_1 ausgelösten Reaktion verbunden sein.

Trifft die erstgenannte Möglichkeit zu, so muß sich eine bedingte Reaktion n-ter Ordnung mit der Löschung (s. u.) der Reaktion n_{-1}-ter Ordnung ebenfalls zurückbilden. Dies konnte jedoch von Rizley & Rescorla (1972) nicht bestätigt werden: Nach Rückbildung (Löschung) des Reflexes erster Ordnung blieb die darauf aufbauende Reaktion zweiter Ordnung bestehen. In anderen Untersuchungen bildete sich aber mit der bedingten Reaktion erster Ordnung auch diejenige zweiter Ordnung zurück. Diese unterschiedliche Befundlage weist auf differentielle Effekte hin, die z. B. reiz- und/oder artspezifisch verursacht sein können.

Löschung und Spontanerholung

Wurde eine bedingte Reaktion ausgebildet, so bedarf es zu ihrer Beibehaltung gelegentlicher weiterer Koppelungen des CS mit dem UCS. Dieser Sachverhalt veranlaßte Pawlow, den UCS als einen Bekräftiger (Verstärker) zu interpretieren. Bleibt die Bekräftigung vollständig aus, kommt es zu einer sukzessiven Rückbildung der konditionierten Reaktion, d. h. der CS verliert allmählich seine reflexauslösende Fähigkeit. Den Rückgang einer bedingten Reaktion aufgrund fehlender CS-UCS-Koppelung nennt man *Extinktion* oder *Löschung*. Experimentell läßt sich dies erreichen, indem der CS entweder so oft hintereinander ohne UCS dargeboten wird, bis die CR nicht mehr auftritt oder ununterbrochen ohne UCS präsentiert wird, bis die CR erloschen ist (vgl. Foppa 1968, S. 254). Einige Zeit nach dieser Prozedur tritt die CR u. U. aber wieder spontan auf den CS hin auf, trotz dessen ausgebliebener Verstärkung durch den UCS, also ohne weiteres Training.

Diese *Spontanerholung* ist aber von geringerer Intensität als die ursprüngliche CR und bildet sich in wiederholten Tests bald vollständig zurück.

Analog der Generalisation beim Erwerb einer bedingten Reaktion bleibt auch die Löschung nicht auf den CS beschränkt, sondern bezieht ebenso die ihm ähnlichen Reize mit ein (*Löschungsgeneralisation*). Wie schnell eine Löschung im Einzelfall stattfindet, hängt u. a. von der Form der bedingten Reaktion (s. u.) und der Anzahl vorausgegangener CS-UCS-Koppelungen ab. Der Widerstand gegen eine Löschung ist dabei im allgemeinen um so stärker, je intensiver die CR ursprünglich ausgebildet war. In einigen – insbesondere klinischen – Ausnahmefällen kann dieser Widerstand fast bis zur Immunität gegenüber einer Löschung reichen und verlangt dann eine therapeutische Intervention.

2.1.3 Formen bedingter Reaktionen

Die Leichtigkeit des Zustandekommens bedingter Reaktionen wird wesentlich durch die zwischen CS und UCS bestehenden zeitlichen Verhältnisse – Interstimulusintervall (ISI) genannt – bestimmt. In der experimentellen Literatur werden deshalb bedingte Reaktionen aufgrund dieser Zeitaspekte klassifiziert und in verschiedene Formen und Typen differenziert.

Beginnt der CS mit dem USC und endet auch mit diesem, spricht man von einer *simultan bedingten* Konditionierung. Tritt der CS *vor* dem UCS auf und verläuft dann parallel zu ihm, handelt es sich um eine *verzögerte* Konditionierung. Ein solches Vorgehen stellt die übliche Praxis dar. Bei zu langer Verzögerung ergibt sich dabei u. U. die Schwierigkeit, echte bedingte Reaktionen von sog. alpha- und beta-Reaktionen zu unterscheiden. Letztere stellen Reflexe dar, die in der Latenzphase (Zeit von der Darbietung des CS bis zum Auftreten der CR) beobachtet werden und den bedingten Reflexen gleichen. Die Latenzzeit der bedingten Reaktionen ist bei diesem Vorgehen in etwa proportional der zeitlichen Verzögerung.

Während bei simultaner und verzögerter Konditionierung CS und UCS sich überschneiden, ist dies bei den nachfolgend beschriebenen Prozeduren nicht der Fall.

Bei der *Spurenkonditionierung* endet der CS vor Beginn des UCS, wobei je nach Länge dieses Intervalls zwischen einer kurzspurigen (Intervall: 0–5 sec) und einer langspurigen (Intervall: $\geq$ 60 sec) Konditionierung unterschieden wird.

Erscheint der CS nach dem UCS, so spricht man von einer *rückwärts bedingten* Reaktion, die Pawlow noch für unmöglich hielt. Zwar lassen sich derartige Reaktionen ausbilden, jedoch sind sie im allgemeinen schwächer und unbeständiger als die davor aufgeführten Formen.

Die referierten Befunde zum optimalen Zeitintervall zwischen CS und UCS ergaben sich aufgrund der experimentellen Vorgehensweise und warten »immer noch auf eine theoretische Erklärung« (Bower & Hilgard 1983, S. 87). Je nach den in der Konditionierung angesprochenen Reaktionssystemen (z. B. Skelettmuskulatur, Speichelfluß...) resultieren unterschiedliche optimale Intervalle. Eine Sonderstellung scheinen dabei Geschmacksaversionen einzunehmen, bei denen selbst bei einem Zeitintervall von mehreren Stunden bereits eine einmalige Koppelung zu einer stabilen klassisch bedingten Reaktion führen kann (Garcia-Effekt).

2.1.4 Theorie der höheren Nerventätigkeit

Die dargelegten beobachtbaren und replizierbaren Befunde zum Paradigma der klassischen Konditionierung versucht Pawlow (siehe z. B. Ausgewählte Werke) selbstverständlich durch Rückgriff auf physiologische Parameter zu erklären. Seine diesbezüglichen Ausführungen basieren jedoch nicht auf physiologischen Messungen, sondern werden ausschließlich aus Verhaltensdaten erschlossen. Obwohl diese Annahmen nicht mehr aufrechterhalten werden können – so schreibt Kussmann (1977, S. 48): »Pawlows Versuch, das beobachtete Verhalten physiologisch zu erklären, ist bis heute nicht gelungen.« –, seien einige Grundannahmen kurz referiert, da sie lange Zeit für Erklärungsversuche derartiger Lernvorgänge paradigmatisch waren und die Perspektive erhellen, aus der zum damaligen Zeitpunkt Lernforschung betrieben wurde.

Pawlow nahm an, durch den dargebotenen UCS werde in einem spezifischen Bereich der Großhirnrinde eine *Erregung* (Aktivität) ausgelöst, welche jede andere zum gleichen Zeitpunkt bestehende schwächere kortikale Erregung an sich ziehe. Aufgrund der geschilderten kontrollierten Laborbedingungen ging er davon aus, daß gleichzeitige kortikale Erregungen – z. B. die vom CS ausgelöste – von geringerer Intensität sein müßten, als die vom UCS bewirkte. Durch die Anziehung bestehender neuronaler Aktivität hin zur stärkeren sollen temporäre neuronale Bahnungen zwischen diesen verschiedenen Bereichen der Großhirnrinde durch Zuschaltung der Nervenleitungen über Synapsen erreicht werden.

Diese temporären Bahnungen wurden als das physiologische Substrat der bedingten Reflexe erachtet, für welche Pawlow die Bezeichnung »Höhere Nerventätigkeit« wählte, im Gegensatz zur »Niederen Nerventätigkeit« der unbedingten Reflexe.

Eine Erregung soll jedoch nicht auf einen Punkt im Cortex beschränkt bleiben, sondern zur Ausweitung (*Irradiation*) in die unmittelbar anliegenden Bereiche tendieren, wobei ihre Intensität mit zunehmender Entfernung vom Fokus der Erregung geringer werde. Somit sind bei Aktivierung durch den CS auch die umliegenden Areale des Cortex mit der Bahn des bedingten Reflexes – wenn auch in schwächerer Form – verbunden. Wie leicht erkennbar ist, versucht Pawlow mit dem Prinzip der Irradiation das Phänomen der Generalisierung zu erklären: Dem CS ähnliche Reize sind in benachbarten Hirnregionen repräsentiert, welche durch die von ihm ausgelöste Erregung miteinbezogen werden. Da die Irradiation zunehmend schwächer wird, muß auch mit zunehmender Stimulusunähnlichkeit die Stärke der CR abnehmen.

Erregung ist jedoch für Pawlow nur die eine Seite des physiologischen Geschehens, daneben nimmt er auch noch verschiedene Hemmungsprozesse an. So macht er *innere Hemmungen* für das Phänomen der Löschung und Differenzierung verantwortlich. Bei der Löschung bezieht sich der Hemmungsprozeß auf das gesamte mit dem CS in Verbindung stehende Gebiet des Cortex, wohingegen im Falle der Diskrimination eine strenge Abgrenzung zwischen erregtem und gehemmtem Cortexbereich bestehen soll.

2.1.5 Weiterentwicklungen

Für die derzeitige Forschung zur klassischen Konditionierung ist das 1972 von Rescorla und Wagner vorgeschlagene Assoziationsmodell immer noch von besonderer Bedeutung. Seine stark vereinfacht dargestellten Grundannahmen lauten (vgl. Klein 1987, S. 65f):

a) Für die Assoziationsstärke zwischen CS und UCS gibt es jeweils ein Maximum, das durch den verwendeten UCS determiniert wird.

b) Der in einem bestimmten Lerndurchgang mögliche Zuwachs an Assoziationsstärke wird durch die aus den vorangegangenen Lerndurchgängen erreichte Assoziationsstärke mitbestimmt.

c) Die Stärke der Konditionierung wird durch den verwendeten CS und UCS mitfestgelegt.

d) Zusätzlich zu b) wird das Ausmaß einer Konditionierung in einem bestimmten Lerndurchgang auch noch durch das Ausmaß vorhergehender Konditionierungen des verwendeten UCS mit anderen CS reguliert.

Mit Hilfe dieses Modells lassen sich einige bei der klassischen Konditionierung beobachtbare Phänomene recht gut erklären, z. B. das *Blockierungs-Phänomen* (»blocking«) oder der *»UCS preexposure effect«*.

»Blockierung« bedeutet, daß die bestehende Assoziation eines konditionierten Reizes (CS_1 = z. B. Licht) mit einem unkonditionierten (UCS, z. B. Schock) die Ausbildung der Auslösung dieses Reflexes durch einen weiteren Reiz (CS_2, z. B. Ton) dann verhindert, wenn CS_1 und CS_2 gemeinsam mit dem UCS gepaart werden. Rescorla und Wagner zufolge hat CS_1 bereits die meiste oder ganze Assoziationsstärke auf sich gezogen, so daß für CS_2 quasi nichts mehr übrig bleibt.

Beim »UCS preexposure effect« verhindert oder erschwert die vor der Konditionierung erfolgende Konfrontation mit dem UCS ohne den CS die Ausbildung einer konditionierten Reaktion auf den später dargebotenen CS. Rescorla und Wagner interpretieren diesen Befund folgendermaßen: Die Darbietung des UCS ohne den CS erfolgt unter bestimmten situativen Gegebenheiten, auf die sich ein Teil der begrenzten Assoziationsstärke bezieht. Damit wird die für den CS noch verbleibende Assoziationsstärke unter diesen situativen Gegebenheiten reduziert, die Konditionierung also erschwert.

Das Rescorla-Wagner-Modell hat jedoch bei der Erklärung anderer Phänomene Schwierigkeiten. So gelingt es z. B. mit den Parametern dieses Ansatzes nicht vorherzusagen, daß die Darbietung des später verwendeten CS vor der Erwerbsphase dessen Wirkung als konditionierter Reiz verzögern kann (sog. *»CS preexposure effect«*). Unter Bezug auf Mackintoshs (1975, 1983) kognitives Erklärungsmodell der klassischen Konditionierung wird dieser Befund jedoch verständlich. Anders als Rescorla und Wagner, die den Konditionierungseffekt ausschließlich auf physikalische Charakteristika der verwendeten Stimuli zurückführen, dem Individuum also eine passive Rolle zukommen lassen, betont Mackintosh die aktive Beteiligung des Organismus am Konditionierungsprozeß über sein kognitives System. Im Zentrum seiner Theorie stehen deshalb die Begriffe *Aufmerksamkeit* und *Vorhersagbarkeit*. Mackintosh postuliert, daß der lernende Organismus nach Informationen sucht, die ihm das Auftreten relevanter Ereignisse signalisieren. Ein als irrelevant eingeschätzter Stimulus wird dabei nicht (mehr) beachtet. Genau das ist aber beim »CS preexposure effect« seiner Meinung nach der Fall: Da bei der ersten Präsentation dem späteren CS kein UCS folgt, wird er als unbedeutend eingeschätzt und ihm später keine Aufmerksamkeit mehr geschenkt. Auch für das »Blocking«-Phänomen ergibt sich in Mackintoshs Ansatz eine neue Interpretation: Wird ein bestimmtes Ereignis (UCS) bereits durch ein anderes (CS_1) hinreichend präzise vorhersehbar, kommt weiteren Signalen (CS_2) wegen ihrer Redundanz keine Bedeutung mehr zu, d. h. sie werden übersehen.

Über weitere kognitive Modelle informieren Wasserman & Miller (1997). Zwischenzeitlich wurde auch versucht, die Befunde der klassischen Konditionierung mit denjenigen der Kognitionswissenschaft zu vernetzen (Lachnit 1993). Ein derartiger »Brückenschlag« vermag bislang unverbundene Forschungsbereiche gegenseitig nutzbar zu machen.

Diese kurzen Ausführungen zu neueren Forschungsthemen mögen genügen, um deutlich zu machen, daß es sich bei der klassischen Konditionierung um mehr handelt als die schlichte Präsentation zweier Reize.

2.1.6 Anwendung in der Klinischen Psychologie

Angst als klassisch bedingte Reaktion

Der Versuch, klassische Konditionierung als Modell für die Entstehung mancher Ängste heranzuziehen, beginnt 1920 mit einem für die Psychologie nicht gerade rühmlichen Experiment, das Watson zusammen mit seiner Assistentin Rayner durchführte. In dieser Studie »gelang« die Konditionierung einer Furchtreaktion auf einen ehemals neutralen Reiz (NS = Ratte), indem dieser wenige Male mit einem plötzlich und unerwartet auftretenden lauten Geräusch (UCS) gekoppelt wurde. Die Versuchsperson, der 11 Monate alte Albert, reagierte nach diesem Vorgehen bereits auf den Anblick der Ratte mit deutlich erkennbarer Schreck- bzw. Angstreaktion (CR), während er vor der Konditionierung gerne mit dem Tier spielte. Die bedingte Reaktion blieb nicht auf die Ratte beschränkt, sondern generalisierte auch auf ähnliche Stimuli (z. B. Kaninchen, Hund, Pelzmantel...) und blieb über längere Zeit erhalten. Watson und Rayner belegten damit die Gültigkeit des Paradigmas der Klassischen Konditionierung für bestimmte emotionale Reaktionen, wenngleich an ihrem Experiment bereits einige Unschärfen bei der Übertragung der Laborbefunde auf die komplexe Alltagswirklichkeit deutlich werden. So erfolgt auf den UCS (Geräusch) als UCR eine Schreckreaktion (heftiges Zusammenzucken), während als CR Weinen und Abwenden vom Tier beobachtet wird. Streng genommen müßte als CR die Schreckreaktion eintreten. Berücksichtigt man aber die Qualität des verwendeten UCS, so wird das Auftreten der Emotion »Angst« verständlich: Im Gegensatz zu dem Vorgehen von Pawlow handelt es sich im Falle des kleinen Albert um einen unangenehmen (aversiven) Reiz, der wegen seiner Assoziation zu Schmerz und Gefahr Signalwirkung für die emotionale Reaktion der Angst übernimmt.

Watson und Rayner konnten die von ihnen empfohlenen Behandlungsmaßnahmen nicht mehr einsetzen, so daß die erste lernpsychologisch fundierte Behandlung einer Phobie noch einige Jahre auf sich warten ließ: 1924 gelang es M. C. Jones, eine auf natürliche Weise entstandene Kaninchenphobie bei dem dreijährigen Peter zu eliminieren. Die dabei eingesetzten Methoden – wie z. B. die schrittweise Heranführung des gefürchteten Objekts unter angenehmen situativen Rahmenbedingungen – entsprachen dabei bereits in vielen Punkten den heute in der Verhaltenstherapie üblichen Strategien.

Ein umfassendes Modell bezüglich der Entstehung bestimmter Formen klinischer Angst (Phobie) auf der Grundlage des hier dargestellten Lernmodells legten Eysenck und Rachman (1971, S. 76) unter anderem mit folgenden experimentell bestätigten Thesen vor:

»1. Phobien sind erlernte Reaktionen.

2. Reize erhalten phobische Eigenschaften, wenn sie zeitlich und räumlich mit einer furchterregenden Situation verbunden werden.

3. Neutrale Reize, die in der furchterregenden Situation wesentlich sind und/oder währenddessen auf die Person einwirken, können mit größerer Wahrscheinlichkeit phobische Eigenschaften entwickeln als schwache oder irrelevante Reize.

4. Eine Wiederholung der Assoziation zwischen der Furcht-Situation und den neuen phobischen Reizen verstärkt die Phobie.

5. Assoziationen zwischen intensiven Furcht-Situationen und neutralen Reizen bewirken mit größerer Wahrscheinlichkeit phobische Reaktionen.

6. Es erfolgt eine Generalisierung des ursprünglich phobischen Reizes auf ähnliche Reize.«

Einen ausführlichen Literaturüberblick zum Erwerb von Angst und Phobie beim Menschen durch das Lernprinzip der klassischen Konditionierung findet der interessierte Leser bei Davey (1992). Im Rahmen des Ansatzes von Eysenck und Rachman ist vor allem die Kenntnis möglicher, zu Angst führender, unkonditionierter Reize (UCS) von Bedeutung, da sie das Umfeld bestimmen, innerhalb dessen konditionierte Angstreaktionen zu erwarten sind. Rachman und Bergold (1976, S. 38–39) nennen als unbedingte angstauslösende Reize folgende Klassen:

- Sinnesreize, die zu Überstimulation führen (z. B. intensive Geräusche) und Entzug einer optimalen Reizung (z. B. Sinnesdeprivation)
- Reize, die miteinander unvereinbare motivationale Tendenzen bewirken (z. B. Annäherungs- und Vermeidensreaktionen)
- Schmerzhafte Stimuli
- In der Stammesgeschichte (Phylogenese) festgelegte Reizaspekte (z. B. können bestimmte Tiere wie Spinnen/Schlangen Furcht hervorrufen, ohne vorherige negative Erfahrungen mit diesen Tieren)
- Bestrafung und Bedrohung ausdrückendes Verhalten von Sozialpartnern (z. B. Tadel, Kritik, Bloßstellung etc.)

Wie diese Aufstellung zeigt, kann eine Vielzahl situativer Gegebenheiten zu unbedingten Angstreaktionen führen. Demgegenüber scheint das Spektrum der konditionierten Reize stärker eingeschränkt zu sein. So gelang es nicht, Angstreaktionen bei Kindern auf Haushaltsgegenstände oder bestimmte Spielsachen (z. B. Bauklötze) zu konditionieren und auch klinische Ängste zentrieren sich um relativ wenige Auslöseaspekte. Seligman (1972) hat zur Erklärung dieses Sachverhalts das Konzept der *Bereitschaft* (»preparedness«) vorgeschlagen, demzufolge sich Stimuli in ihrer Fähigkeit, zu bedingten Auslösern für Angstreaktionen werden zu können, infolge phylogenetisch bedingter Einflüsse unterscheiden. Reize, die am Pol »preparedness« liegen, sollen leicht zu konditionalen Angstauslösern werden können, da sie in der Evolution wegen ihrer Gefahrensignalisierung mit Vorteilen in der Umweltanpassung verbunden waren. Demgegenüber sollen Reize am entgegengesetzten Pol (»contrapreparedness«) keine oder nur sehr schwer bedingte Reaktionen bewirken. Bei zu Übelkeit führenden Stimuli gelang sogar die Ausbildung einer stabilen bedingten Reaktion, obwohl die UCR (Übelkeit/Erbrechen) erst viel später (eine bis mehrere Stunden) nach Darbietung des CS auftrat. Dieser »Garcia-Effekt« fand in der Landwirtschaft eine interessante Anwendung: Wölfe, welche die Schafherden amerikanischer Farmer dezimierten, wurden mit zu Übelkeit führendem Lammfleisch und unpräpariertem Kaninchenfleisch geködert. Die so auf den Geschmack des Lammfleisches konditionierte Aversion hatte zur Folge, daß die Wölfe fortan von den Schafen abließen und nur noch Kaninchen nachstellten (Gustavson, Garcia, Hankins & Rusiniak 1974)!

Neben der wahrscheinlich genetisch determinierten unterschiedlichen Assoziabilität von Reizen wird die Ausbildung bedingter Reaktionen auch durch Persönlichkeitsmerkmale beeinflußt. So konnte Eysenck die leichtere Konditionierbarkeit von Personen nachweisen, die hohe Werte im Bereich der von ihm unterschiedenen und testpsychologisch ermittelten Persönlichkeitsdimensionen »Introversion« und »Neurotizismus« aufweisen, im Gegensatz zu Individuen mit hoher Ausprägung des Merkmals »Extraversion« (vgl. Eysenck & Rachman 1971, Kap. 2 und 3). Phylo- als auch ontogenetisch bedingte Faktoren üben demnach einen moderierenden Einfluß auf die Konditionierbarkeit aus.

Auch für die Modifikation klinischer Ängste war das klassische Konditionierungsparadigma von Bedeutung. So wurden aus ihm Interventionsstrategien wie die Methoden der Reizkonfrontation abgeleitet, bei denen gemäß dem Löschungsprinzip ein angstauslösender Reiz (z. B. Hund) so lange ununterbrochen dargeboten wird, bis die bedingte Reaktion (CR = Angst) in Anwesenheit des CS zurückgeht (vgl. z. B. Fiegenbaum & Tuschen 2000). Selbstverständlich muß dabei darauf geachtet werden, daß kein UCS (z. B. Biß) auftreten kann!

Daß es sich bei dieser Strategie nicht um »Erfindungen« der Lernpsychologen handelt, zeigt folgendes Zitat aus »Dichtung und Wahrheit« von J. W. Goethe: »Besonders aber ängstigte mich ein Schwindel, der mich jedesmal befiel, wenn ich von einer Höhe herunterblickte. Allen diesen Mängeln [Goethe berichtet noch von weiteren Ängsten] suchte ich abzuhelfen, und zwar, weil ich keine Zeit verlieren wollte, auf eine etwas heftige Weise. ... Ich erstieg ganz allein den höchsten Gipfel des Münsterturms und saß in dem sogenannten Hals, unter dem Knopf oder der Krone, wie mans nennt, wohl eine Viertelstunde lang, bis ich es wagte, wieder heraus in die freie Luft zu treten, wo man auf einer Platte, die kaum eine Elle ins Gevierte haben wird, ohne sich sonderlich anhalten zu können, stehend das unendliche Land vor sich sieht, indessen die nächsten Umgebungen und Zieraten die Kirche und alles, worauf und worüber man steht, verbergen. ... Dergleichen Angst und Qual wiederholte ich so oft, bis der Eindruck mir ganz gleichgültig ward...« (Goethe 1975, S. 417).

Die wesentlichen Merkmale der Reizkonfrontation, nämlich direkte Auseinandersetzung mit dem CS durch dessen intensive und lang anhaltende Präsentation kommen in diesem Bericht anschaulich zum Ausdruck.

2.2 Lernen von Bewegungen: Guthrie

Edwin R. Guthrie (1886–1959) lehrte von 1914 bis 1956 an der University of Washington und veröffentlichte 1935 erstmals sein Hauptwerk »The Psychology of Learning«. In seiner wissenschaftstheoretischen Position ist Guthrie stark vom damaligen Zeitgeist geprägt und somit als Behaviorist zu bezeichnen, da er nur beobachtbare Verhaltensweisen als Gegenstand der Psychologie zuläßt. Anders als sein Zeitgenosse Watson verzichtet er weitgehend auf den Bezug zu physiologischen Variablen und läßt auch die für den traditionellen Behaviorismus typische Neigung zur experimentellen Arbeit vermissen. Anders als beim induktiven Vorgehen seiner Kollegen, das bei Beobachtungen seinen Ausgang nimmt und erst in einem zweiten Schritt allgemeine Gesetzmäßigkeiten daraus ableitet, entwickelt Guthrie seine Theorie auf eher *deduktivem* Weg: Er formuliert ein allgemeines Gesetz und sucht erst danach nach dessen Bestätigung. Lernen bezieht sich nach Guthrie auf Muskelbewegungen und Drüsensekretion. Sein grundlegendes Lerngesetz lautet: »Eine Kombination von Reizen, die mit einer Bewegung einherging, wird bei ihrer Wiederkehr dazu neigen, diese Bewegung nach sich zu ziehen« (1960, S. 23). Mit Hilfe dieses *Kontiguitätsgesetzes* versucht Guthrie alle Lernprozesse zu erklären und kommt dabei zu recht geistreichen, aber mit anderen Theorien zum Teil auch in starkem Widerspruch stehenden Schlußfolgerungen.

Auf die Frage: Was wird gelernt? antwortet Guthrie also: Bewegungen, die mit bestimmten Reizen assoziiert sind. Im Unterschied zur klassischen Konditionierung hält er keine Trainingsphase für nötig, um einen Lerneffekt zu erreichen, sondern postuliert ein Lernen nach dem *Alles-oder-Nichts-Prinzip*: Die Verbindung zwischen Reizen und einer Bewegung soll bereits bei einer einmaligen Erfahrung in voller Stärke zustande kommen. Auf den ersten Blick erscheint dieses Postulat befremdlich und mit unserer Alltagserfahrung in Widerspruch, die der Übung beim Lernen eine wesentliche Bedeutung zumißt. Niemand wird beispielsweise nach dem ersten Versuch das Radfahren beherrschen. Guthrie löst diesen Widerspruch durch die Unterscheidung von *Bewegungen*

(»movements«) und *Handlungen* (»acts«) bzw. *Fertigkeiten* (»skills«). Für ihn werden nur Bewegungen gelernt und nur für diese soll das Alles-oder-Nichts-Gesetz gelten. Handlungen und Fertigkeiten setzen sich demgegenüber aus vielen Bewegungen zusammen und verlangen folgerichtig entsprechend viele Lernprozesse. Auf das Beispiel des Radfahrens bezogen, bedeutet dies, daß die das Radfahren ausmachenden Bewegungen (z. B. Halten des Lenkers, Aufsitzen, Bedienung der Pedale etc.) einzeln gelernt werden und durch zunehmendes Üben neue Bewegungen hinzukommen. Verbesserungen in der Leistung haben Guthrie zufolge also mit unterschiedlichen *Lernergebnissen* zu tun, die sich aus verschiedenen *Lerninhalten* (Bewegungen) zusammensetzen können.

Somit nimmt Guthrie in der Einteilung des Lernprozesses eine andere Haltung ein als z. B. Pawlow, der ein komplexes Lernergebnis (Speichelfluß) untersucht. Während für Pawlow die Ausbildung der bedingten Reaktion *einen* Lernakt darstellt, sieht Guthrie darin die Wirkung *vieler* Lernprozesse. Neben der Unterscheidung von Bewegungen und Handlungen nennt Guthrie noch die *Veränderung der Reizkonstellation* als eine Ursache für die Übung, um bestimmte Ergebnisse zu erreichen. So muß beim Radfahren z. B. die Benutzung der Lenkstange in vielen unterschiedlichen Situationen (Geradeausfahrt, Links-Rechtskurve etc.) beherrscht werden. Erst wenn dem Lernenden alle notwendigen Situationen bekannt sind, hat er die Fertigkeit des Radfahrens erworben.

Guthries Erklärung des Verlernens einer Gewohnheit oder eines Verhaltens, also der Löschung bzw. Extinktion, besticht ebenfalls durch ihre Einfachheit: Verhaltensweisen bleiben so lange im Repertoire des Individuums, bis sie durch neue ersetzt werden. Verlernen wird auf diese Weise zum *Neulernen*. Löschung hat nun nichts mehr mit dem Ausmaß der seit dem Erwerb eines Verhaltens verstrichenen Zeit, der Realisierung des Verhaltens oder ausbleibender Koppelung des CS mit dem UCS zu tun, sondern nur damit, daß auf eine bestimmte Reizsituation hin eine neue Reaktion assoziiert wird. Analog zum schrittweisen Erlernen komplexer Verhaltensweisen (»acts«, »skills«) erfolgt auch das Verlernen von Gewohnheiten graduell und zieht sich so lange hin, bis alle alten Reiz-Reaktions-Aspekte durch neue ersetzt sind.

Aus heutiger Sicht betrachtet verbleibt Guthrie in seiner Argumentation zu allgemein und in seiner Begriffsbildung zu vage und kann deshalb unterschiedlichste experimentelle Befunde anscheinend in seinen Ansatz integrieren. Wenngleich er wohl kaum als profunder Experimentator oder Theoretiker eingeschätzt werden kann, so ist seine Bedeutung andererseits auch nicht als gering zu werten. Sieht man Guthries Ausführungen nicht als strenge Theorie an, sondern betrachtet sie unter dem Aspekt der Anregung möglicher Fragestellungen, kommt ihnen durchaus eine wichtige Rolle zu.

2.3 Stimulus-Auswahl-Theorie: Estes

Trotz – oder vielleicht gerade wegen – seiner Vagheit war Guthries Modell für den Psychologen Estes Anstoß zum Versuch einer mathematischen Formalisierung der darin enthaltenen Grundideen. Die dabei entstandene »*Stimulus-Auswahl-Theorie*« galt als wichtige mathematische Analyse des Lernens und soll hier kurz in ihrem Bezug zur klassischen Konditionierung und zu Guthrie skizziert werden. Im Rahmen dieser Einführung müssen wir uns auf eine solche – eher historische – Darstellung des mathematischen Ansatzes in der Lernpsychologie beschränken und können auf Weiterentwicklungen sowie Ausdifferenzierungen dieses Forschungsbereiches nicht eingehen.

Die mathematische Analyse des Lernens bezieht sich auf empirische Daten, wie sie in Lernexperimenten gewonnen werden und versucht, derartiges Datenmaterial in die Sprache der Mathematik zu übersetzen und auf diese Weise zu präzisieren. Hierbei wird angenommen, die Ergebnisse der Experimente seien bedingt durch den Einfluß einer Population (Gesamtheit) zufallsbedingter Einzelelemente. Lernen wird dabei unter statistischer, wahrscheinlichkeitstheoretischer Perspektive betrachtet, wobei die Grundannahme vorherrscht, ein Lernergebnis könne nicht vollständig vorausgesagt werden, sondern nur mit einer bestimmten Wahrscheinlichkeit. Die möglichst exakte Bestimmung dieser Wahrscheinlichkeit durch Definition relevanter Parameter macht sich die mathematische Lerntheorie zur Aufgabe.

Estes (siehe z. B. 1950, 1959) nimmt nun an, daß in jedem Lerndurchgang eines Experimentes die zu lernende Reaktion nur auf eine *Stichprobe* aus der Summe aller möglichen Stimuluselemente assoziiert wird. Eine konkrete Lernsituation ist in diesem Modell durch eine sehr große, aber endlich begrenzte Anzahl möglicher Stimuli definiert, wobei die Stimuli sich auf materielle, physikalische und soziale sowie inner- und außerorganismische Aspekte beziehen können. In ihrer Gesamtheit machen sie die (objektive) *Stimulus-Situation (S)* aus. Wegen ihrer Vielschichtigkeit und Komplexität ist die Stimulus-Situation, also die Gesamtheit (Population) aller Einzelreize in einem Lernprozeß nicht vollständig wirksam, sondern nur eine *Auswahl* (Stichprobe) aus ihr. Dabei kommt bei einem Lerndurchgang jedem Element der Population die gleiche Wahrscheinlichkeit zur Auswahl zu. Elemente, die bei einem Lerndurchgang »gezogen« wurden, können auch bei späteren Lerndurchgängen wieder ausgewählt werden, d. h. nach dem Lernen kehren sie wieder in die Grundgesamtheit (S) zurück. Die Summe aller in einem Lernprozeß möglichen Reaktionen auf seiten des Lernenden teilt Estes in zwei Kategorien: Reaktionen, die im Sinne des Lernergebnisses als richtig klassifiziert werden *(A1-Reaktionen)* und alle anderen und damit falschen Reaktionen *(A2-Reaktionen)*. Wie unmittelbar einsichtig, lassen sich alle möglichen Reaktionen einer der beiden Klassen zuordnen. Durch den Lernprozeß verändert sich das Verhältnis von A_2- zu A_1-Reaktionen im Hinblick auf die Stimuluselemente, insofern zunehmend mehr Elemente die richtige A_1-Reaktion nach sich ziehen.

In seinen früheren Arbeiten schloß sich Estes in der Erklärung dieses Sachverhaltes Guthrie an: Wird ein Lerndurchgang durch eine A_1-Reaktion beendet, werden die Elemente der Reizstichprobe infolge des Kontiguitätsprinzips in Zukunft diese A_1-Reaktion hervorrufen. Die Wahrscheinlichkeit des Auftretens einer A_1-Reaktion entspricht dem Verhältnis von auf A_1 konditionierten Stimuluselementen in der gezogenen Stichprobe und natürlich auch in S. In Anlehnung an ein von Hergenhahn (1982, S. 224f) berichtetes Beispiel seien einige Annahmen der Stimulus-Auswahl-Theorie verdeutlicht. Es handelt sich dabei um drei hypothetische Lerndurchgänge für eine aus 30 Stimuluselementen bestehende Lernsituation (siehe Abb. 4).

Zu Beginn des ersten Versuchs sind noch alle 30 Elemente in S mit der falschen (A_2) Reaktion verbunden (deshalb weiß gezeichnet). Im ersten wie auch in den folgenden beiden Versuchen wird aus der Gesamtmenge der 30 Stimuli eine Auswahl von 5 Elementen getroffen, die infolge des Lernprozesses nach den jeweiligen Durchgängen eine A_1-Reaktion nach sich ziehen (deshalb nun schwarz gezeichnet). Auf diese Weise vergrößert sich nach jedem Versuch die Menge der mit A_1 verbundenen Elemente in S. Der Nettowechsel von A_2 nach A_1 steigt jedoch nicht kontinuierlich an, da die in einem Versuch ausgewählten Elemente in darauf folgenden Versuchen wieder gezogen werden können. So beträgt der Wechsel von A_2 nach A_1 im ersten Durchgang unseres Beispiels 100%, im letzten jedoch – wegen der drei bereits zu Beginn des Versuchs auf A_1 konditionierten Elemente in der Stichprobe – nur noch 40%.

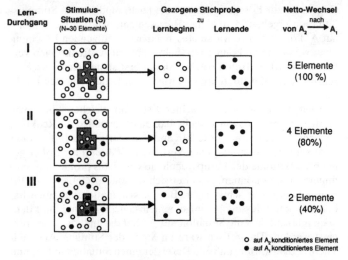

Abb. 4: Beispiel zur Stimulus-Auswahl-Theorie (mod. nach Hergenhahn, 1982, S. 225)

Wie lassen sich nun in diesen theoretischen Kontext die verschiedenen Phänomene des Lernens einordnen?

Generalisation wird z. B. in dem Ausmaß erwartet, in dem eine neue Lernsituation mit einer früheren Stimuluselemente gemeinsam hat, auf welche bereits eine A_1-Reaktion ausgebildet wurde. Je mehr derartige gemeinsame Stimuluselemente vorhanden sind, desto höher ist die Wahrscheinlichkeit für die Ausführung einer A_1-Reaktion unter den neuen Bedingungen.

Auch die *Spontanerholung* kann ohne besondere Mühe in Estes Modell übersetzt werden. Hierzu ist es notwendig, anzunehmen, daß die Gesamtheit der eine bestimmte Lernsituation kennzeichnenden Reizelemente über verschiedene Lerndurchgänge nicht konstant ist, also S einer gewissen Variabilität unterliegt. So ist z. B. die Konzentration des Lernenden eine Variable, die nicht immer in gleicher Intensität zur Wirkung gelangt, ebenso dessen momentanes physisches und psychisches Wohlbefinden (z. B. Kopfschmerz, Angst etc.). Variabilität ergibt sich auch für die situativen äußeren Bedingungen der Lernsituation (Temperaturschwankungen, Lärmeinfluß etc.). Derartige Besonderheiten der einzelnen Lerndurchgänge führen zu unterschiedlichen Situationselementen der einzelnen Lernversuche. So kann sich für die Erwerbsphase im

Gegensatz zur Löschungsphase eine leicht modifizierte Stimulus-Situation ergeben, d. h. einige Reizelemente wurden im Training auf A_1 konditioniert, waren aber bei der nachfolgenden Löschung nicht wirksam und konnten deshalb nicht mit A_2-Reaktionen verbunden werden. Treten solche Stimuli erst später nach durchgeführter Löschung auf, führen sie wieder zur konditionierten Reaktion.

Auch die *Löschung* betrachtet Estes im gleichen Sinne wie Guthrie, wenn er davon ausgeht, daß eine ehemalige A_1-Reaktion zu einer A_2-Reaktion wurde. Mit anderen Worten, das Individuum lernt statt des alten ein neues Verhalten. Während die bisher genannten Befunde der Lernpsychologie von Estes problemlos assimiliert werden können, gestaltet sich die Interpretation der *Diskrimination* etwas schwieriger. Bei Diskriminationsaufgaben haben zwei Stimulussets ja einige gemeinsame Elemente, und dennoch muß auf die eine Situation mit A_1, auf die andere mit A_2 reagiert werden. Theoretisch wäre im Sinne der Stimulus-Auswahl-Theorie zu erwarten, daß alle Reize der einen Situation mit A_1 und alle anderen mit A_2 verbunden werden. Da aber einige Elemente in beiden Situationen vorkommen, ist diese Möglichkeit auszuschließen. Es bedarf einiger von Estes geleisteter Zusatzannahmen, sei es dergestalt, daß das Individuum lernt, die in beiden Stimuluspopulationen auftauchenden Elemente nicht zu beachten, oder aber, daß es sich auf Reizmuster und nicht auf Einzelelemente konzentriert. Beide Zusatzannahmen verlangen eine Berücksichtigung kognitiver Faktoren, die in einem ausschließlich assoziativen Ansatz (den Estes in dieser Form nur anfangs vertrat) noch nicht enthalten sind.

2.4 Bewertung

Die dargestellten Modelle der Kontiguitätstheorie wurzeln, neben den im folgenden Kapitel zu behandelnden verstärkungstheoretischen Ansätzen, in der Tradition behavioristisch ausgerichteter Psychologie, bemühen sich also um eine Spezifizierung der Beziehungen zwischen Reiz und Reaktion (S-R-Ansätze). Diese Beziehung wird fast ausschließlich durch die bestehende räumlich-zeitliche Nähe beider Variablen erklärt und Kontiguität damit als hinreichende Bedingung für das Zustandekommen eines Lerneffektes aufgefaßt. Die damit zwangsläufig verbundene Vernachlässigung innerorganismischer Aspekte (z. B. kognitive und motivationale Einflüsse) führt zur Annahme einer weitgehend passiven

Rolle des Organismus im Lernprozeß, die bereits in Pawlows Standardexperiment in Form der »Ruhigstellung« des Hundes augenfällig wird.

Fragt man nach dem Gültigkeitsbereich des Kontiguitätsmodells, so sind in seiner klassischen Variante vor allem Lerneffekte zu nennen, die sich auf physiologische Manifestationsaspekte beziehen. Dabei können sowohl Regulationsprozesse des vegetativen als auch zentralnervösen Nervensystems betroffen sein. Unter anwendungsbezogener Perspektive waren deshalb vor allem emotionale und psychosomatische Fragestellungen tangiert. Klassische Konditionierung läßt sich von sehr niedrigen Arten (z. B. der Meeresschnecke »Aplysia«) bis hin zum Menschen nachweisen und stellt damit ein grundlegendes Prinzip einfacher Anpassung des Organismus an sich ändernde Umweltbedingungen dar. Aus der Beobachtung gleicher Befunde über die verschiedenen Arten hinweg darf jedoch nicht auf die Beteiligung jeweils gleicher Prozesse geschlossen werden. In einem heuristischen Entwurf hat Walker (1987, S. 93ff) verschiedene mögliche Repräsentationsebenen von Reizen beschrieben, auf die sich dieses Lernparadigma beziehen kann. Die von Walker vorgeschlagene Einteilung erlaubt die Ableitung gezielter Hypothesen und läßt die Vielfalt noch offener Fragestellungen erkennen.

Die Unzulänglichkeit des in diesem Kapitel behandelten Lernmodells in der Organismus-Umwelt-Anpassung wird spätestens dann deutlich, wenn die Problemlösung eine aktive Auseinandersetzung verlangt. Dieser Fragestellung wenden sich die im nächsten Kapitel zu behandelnden Ansätze zu.

3 Lernen durch Verstärkung

3.1 Gesetz des Effektes: Thorndike

Etwa zur gleichen Zeit wie Pawlow erarbeitete E. L. Thorndike (1874–1949) ein für die Lernpsychologie ebenso grundlegendes Paradigma, dessen Einfluß bis in die heutige Forschungssituation reicht und den zweiten »main stream« der Lernpsychologie, die *Verstärkungsansätze*, einleitet. Edward L. Thorndike studierte u. a. bei William James in Harvard und promovierte an der Columbia Universität zum Thema: »Animal Intelligence: An Experimental Study of the Associative Processes in Animals«, mit dem er seine Nähe zum Assoziationismus – von ihm Konnektionismus genannt – und damit zum Kontiguitätsansatz betont. Zeitlich-räumliche Nähe ist für seine Lerntheorie aber nur eine notwendige und noch nicht hinreichende Bedingung für das Zustandekommen eines Lerneffektes, d. h. Thorndike spezifiziert einige Bedingungen, unter denen das gleichzeitige Zusammentreffen bestimmter Reiz- und Reaktionsaspekte für die Zukunft verhaltenswirksam wird.

Psychologiegeschichtlich betrachtet, repräsentiert Thorndike den *Funktionalismus* (vgl. Kap. 1.3.2), der psychische Vorgänge unter dem Gesichtspunkt ihrer Zweckmäßigkeit im Sinne einer verbesserten Anpassung an die Umwelt untersucht.

Thorndikes erstes wissenschaftliches Interesse gilt der Beobachtung von Tieren in einer Problemsituation, das ihm den Ärger seiner Wirtin eingebracht haben soll, die ihm verbot, im Schlafzimmer Hühner zu halten. Der um Rat angegangene Lehrer William James konnte weder an der Universität noch in einem Museum geeignete Räumlichkeiten zur Verfügung stellen und erlaubte deshalb seinem Schüler die Durchführung der Studien im Keller seiner Privatwohnung.

In der von Thorndike zum Studium von Lernvorgängen bei Tieren eingeführten Versuchsanordnung wird ein hungriges Tier, z. B. eine Katze, in einen Käfig gesperrt, den es von innen durch bestimmte Manipulationen an den Verriegelungen öffnen kann, um zu dem vor dem Käfig stehenden gefüllten Futternapf zu gelangen. Im Grunde genommen geht es in Thorndikes Ansatz um drei Problembereiche, die an der Versuchsanordnung bereits deutlich werden, nämlich die Bedeutung *motivationaler Faktoren*, die *Aktivität des Organismus* sowie insbesondere die auf diese Aktivität folgenden *Konsequenzbedingungen*:

- Das beobachtete Tier befindet sich in hungrigem Zustand, d. h. es besteht ein starkes Bedürfnis nach Befriedigung dieses Triebes. Eine derartige Motivation stellt die Voraussetzung für den Lernprozeß dar. Katzen, die in gesättigtem Zustand in den Problemkäfig gegeben wurden, eigneten sich wegen ihrer Inaktivität nicht als Versuchstiere. Je stärker jedoch der motivationale Anreiz (Hunger), desto intensiver versucht das Tier im allgemeinen, aus dem Käfig zu gelangen.
- Die Versuche, aus dem Käfig zu kommen, manifestieren sich anfangs – aus der Sicht des Beobachters – in ungerichteter, zielloser Aktivität des Tieres, d. h. es führt relativ beliebige Reaktionen (z. B. Kratzen, Beißen, Umherlaufen etc.) aus. Nach längerer Zeit kommt es beiläufig zur (zufälligen) Öffnung des Käfigs, da sich einige der gezeigten Reaktionen als zielführend – also den Käfig öffnend – erweisen. Thorndike nennt diesen Prozeß, der nach zunehmender Erfahrung mit dem Problemkäfig langsam aber relativ kontinuierlich kürzer ausfällt, *Versuch und Irrtum* (»trial and error«): Von den vielen unergiebigen Verhaltensweisen werden immer mehr unterlassen, bis das Tier schließlich nur noch die zielerreichenden Manipulationen an den Verriegelungen ausführt. Aus der Beobachtung des kontinuierlichen und nicht sprunghaften Rückgangs der irrelevanten Verhaltensweisen schließt Thorndike aus, daß seine Versuchstiere aufgrund von »Überlegung« zu dem richtigen Ergebnis kommen.
- Die zunehmende Einengung der Verhaltensweisen auf die zur Öffnung des Käfigs relevanten, setzt Thorndike in Beziehung zu den auf das Öffnen des Käfigs folgenden Konsequenzen, nämlich dem mit dem Nahrungsverzehr verbundenen befriedigenden Zustand des Tieres.

Hierzu formuliert er das *Effektgesetz* (»law of effect«): »Von mehreren Reaktionen auf die gleiche Situation hin werden diejenigen, welche bei dem Tier von Befriedigung begleitet oder dicht gefolgt sind, bei Gleichheit aller anderen Bedingungen stärker mit der Situation verbunden, so daß, wenn die Situation wieder eintritt, sie wahrscheinlicher eintreten werden; diejenigen, welche bei dem Tier von Unbehagen begleitet oder dicht gefolgt sind, werden – bei Gleichheit aller anderen Bedingungen – ihre Verbindung mit der Situation schwächen, so daß, wenn die Situation wieder eintritt, sie mit geringerer Wahrscheinlichkeit eintreten. Je größer die Befriedigung oder das Unbehagen, desto größer die Stärkung oder die Schwächung der Verbindung« (Thorndike 1911, S. 244).

Das Gesetz des Effektes erklärt also die Assoziationsstärke von Situation und Verhalten mit dessen befriedigenden bzw. unbefriedigenden Konsequenzbedingungen. Unter einem *befriedigenden Zustand* (»satisfying state of affairs«) versteht Thorndike einen solchen, den das Versuchstier durch seine Reaktionen zu erreichen und beizubehalten, in jedem Falle aber nicht zu vermeiden trachtet. Damit versucht er eine behaviorale Definition, die nicht direkt auf innerorganismische Zustände (z. B. Gefühle) eingeht. Analog wird »*discomfort*« – oder wie Thorndike sich auch ausdrückt, ein »annoying state of affairs« – durch Beobachtung des Verhaltens definiert, nämlich die Wahrnehmung von Flucht- und Vermeidensreaktionen, also dem Versuch des Tieres, die Situation zu beenden.

In seinen frühen Arbeiten vertritt Thorndike noch das *Gesetz der Übung* (»law of exercise«), demzufolge die Assoziation zwischen Reiz und Reaktion, auch unabhängig von den Konsequenzen, infolge von *Handlungswiederholung* (»law of use«) zustande kommen kann. Wird die Übung nicht fortgeführt, soll es zu Abschwächung und Vergessen kommen (»law of disuse«; *Gesetz des Nichtgebrauchs*). Dem Gesetz der Übung zufolge soll eine Reaktion um so effektiver gelernt werden, je häufiger, unmittelbarer und forcierter sie trainiert wird.

In späteren Arbeiten modifiziert Thorndike (vgl. z. B. 1932) seine Lerntheorie und verwirft das Gesetz der Übung vollständig, nachdem er beobachtet, daß sich in der Leistung von Versuchspersonen keine Verbesserung einstellte, wenn diese – ohne Erfolgsrückmeldung – versuchten, nur durch Übung (Wiederholung) ein bestimmtes Ergebnis zu erzielen. In einem Experiment zur Unterbindung jedweder Form eines relevanten Feedbacks verband er seinen Versuchspersonen die Augen und gab ihnen dann die Aufgabe, eine 10 cm lange Linie zu ziehen. Gab der Versuchsleiter keinerlei Hinweise über die Güte der jeweils gezeigten Leistung, gelang es den Versuchspersonen trotz vieler Versuche nicht, eine Linie der gewünschten Länge zu ziehen. Wurde die Versuchsperson jedoch jeweils über das Ergebnis ihres Versuchs informiert, erreichte sie schnell die gewünschte Linienlänge auch ohne visuelles Feedback. Aus diesem Befund läßt sich jedoch nicht jede Form der Übung ablehnen, was natürlich auch Thorndike bekannt war, sondern nur das »sinnlose« Wiederholen. Ist sich der Betroffene der Richtigkeit seiner Übungen bewußt, kann diese durchaus einen

Wert besitzen und wird auch durch das Bewußtsein der Richtigkeit belohnt (innere bestätigende Reaktion), wie jeder aus seinen Erfahrungen vom Vokabellernen weiß. Nach Thorndikes Ansatz handelt es sich in diesem Fall um eine Verschränkung von Effekt- und Übungsgesetz.

Auch am Effektgesetz nimmt Thorndike Änderungen vor, insofern er in seinen Publikationen nach 1930 nur noch den angenehmen Konsequenzbedingungen einen assoziationsstärkenden Einfluß zuspricht, dagegen die unangenehmen Verhaltenskonsequenzen nicht mehr als geeignet ansieht, Reiz-Reaktions-Verbindungen zu schwächen.

3.2 Systematische Verhaltenstheorie: Hull

C. L. Hull (1884–1952) lehrte ab 1929 als Professor für Psychologie an der Yale Universität. Er interessierte sich anfangs für Begabungsforschung, statistische Methoden und Testverfahren, danach beschäftigte er sich intensiv mit Hypnose und Suggestibilität und konzipierte schließlich die systematische Verhaltenstheorie. Es handelt sich dabei in seiner letzten Fassung (1952) um ein System von 17 Postulaten und 15 Korollarien (Annahmen) sowie 133 auf beobachtbare Sachverhalte bezogene Theoreme (Sätze).

Der Ansatz wird zumeist in der formalisierten Sprache von Gleichungen vorgetragen, das Vorgehen als *hypothetico-deduktiv* bezeichnet, da aus allgemeinen Annahmen empirisch überprüfbare Aussagen abgeleitet werden. Als grundlegendes Erklärungsprinzip wird in der Hullschen Lerntheorie die *Verstärkung* (»reinforcement«) angesehen, welche ursprünglich als Trieb- oder Bedürfnisreduktion aufgefaßt und in Postulat IV des Systems operationalisiert wird (Hull 1943, S. 178). Über dieses Prinzip werden, analog zu der von Thorndike vertretenen Auffassung, Reiz-Reaktions-Verbindungen – von Hull »*habits*« genannt – gelernt. Entsprechend seiner neobehavioristischen Grundposition betont Hull die Bedeutung innerorganismischer Variablen für das Zustandekommen einer Reaktion und führt sie in seinem Modell als *intervenierende Variablen* ein. Hierunter versteht man nicht unmittelbar der Beobachtung zugängliche, aber durch ihre postulierte und beobachtbare Wirkung analysierbare Variablen. Hulls Verhaltenstheorie enthält nun Aussagen über funktionale Beziehungen innerhalb dieser intervenierenden Variablen sowie zwischen den beobachtbaren Eingangsgrößen (*unabhängige Variablen*, z. B. Reizintensität (S), Anzahl vorangegangener Belohnungen (N)...) und den Ausgangsgrößen (*abhängige Variablen*, z. B. Reaktionslatenz ($_st_R$) und -amplitude (A)...). Durch eine quantitative und damit meßbare Festlegung der Auswirkung der hypothetisch angenommenen intervenierenden Variablen auf das Lernergebnis versucht Hull die vermuteten innerorganismischen Vorgänge einer empirischen Überprüfung zugänglich zu machen. Treten in den beobachtbaren Reaktionsaspekten (abhängige Variablen) die erwarteten Effekte auf, so kann dies als Bestätigung der zugrundeliegenden Annahmen gesehen werden.

Anhand der intervenierenden Variable des *effektiven Reaktionspotentials* sei Hulls Denkweise entsprechend der »Principles of Behavior« (1943) exemplarisch vorgestellt und anschließend eine Möglichkeit ihrer Anwendung an einem von Yates (1958) berichteten Fall illustriert.

Beim *Reaktionspotential* ($_sE_R$) handelt es sich um eine intervenierende Variable, von der Hull annimmt, daß sie die abhängige Variable der Reaktionsstärke, z. B. ausgedrückt in der *Reaktionslatenz* ($_st_R$) (Zeitdauer von Darbietung des Stimulus bis zur Reaktionsausführung) oder der *Reaktionsamplitude* (A), unmittelbar beeinflußt. Das Reaktionspotential selbst wird vor allem durch zwei Variablen festgelegt, nämlich die *Habitstärke* ($_sH_R$) einerseits und die *(An-)Triebstärke* (D) andererseits. Die Habit- oder Gewohnheitsstärke wird dabei durch die Anzahl bisheriger Verstärkungen (N) bestimmt, d. h. sie wächst mit den Erfolgen in der Lernphase. Unter Antriebstärke (D = syn. Triebniveau) versteht Hull die Summe primärer (angeborener) und sekundärer (erlernter) Einzeltriebe und Bedürfnisse, die er als unspezifischen »Energielieferanten... für alle Gewohnheiten« (Hilgard & Bower 1983, S. 152) ansieht. In seinen Experimenten beeinflußt er die Antriebstärke, z. B. durch Kontrolle der Nahrungs- und Flüssigkeitszufuhr, definiert D also in Abhängigkeit der Deprivationsdauer. Die Wirkung von $_sH_R$ und D ist nach Hull multiplikativer Art, d. h. beide Parameter müssen einen Wert größer als Null annehmen, soll die Reaktionsausführung wahrscheinlich werden. Ohne eine hinreichende Bedürfnislage (D) wird demnach keine Reaktion ausgeführt, auch wenn $_sH_R$ für diese Reaktion einen hohen Wert einnehmen sollte. In Hulls Formelsprache ausgedrückt, ergibt sich für das Reaktionspotential folgende Gleichung:

$$_sE_R = {_sH_R} \times D$$

Den dargestellten, eine Reaktionsausführung fördernden Parametern, stehen jedoch Hemmungsprozesse gegenüber, die Hull (1943, S. 300) in den Postulaten VIII und IX operationalisiert. Er unterscheidet darin zum einen die *reaktive Hemmung* (I_R), die mit Beginn einer Reaktionsausführung einsetzt, bei deren Weiterführung anwächst und sich während der Reaktionspausen wieder abbaut. Da diese Reaktionsmüdigkeit negative Triebqualität besitzt, wird ihre Beendigung verstärkend erlebt. Reaktive Hemmung ist demnach als eine Motivationsvariable konzipiert, womit es Hull möglich wird, Hemmung als einen Lernprozeß zu betrachten (vgl. das nachfolgende Beispiel). Die allzulange kontinuierliche Wiederholung eines Verhaltens führt demnach zu einem Anstieg von I_R, woraus sich das Einlegen von Pausen während der Lernphase ableiten läßt (sog. *verteiltes*, im Gegensatz zum *massierten Üben*).

Die zweite Form der Hemmung in Hulls System – die *konditionierte Hemmung* ($_sI_R$) – besagt, daß Reize, die mit der Reduktion reaktiver Hemmung verbunden sind, selbst Hemmungsqualität erhalten. Genauso wie die reaktive wirkt auch die konditionierte Hemmung dem Reaktionspotential entgegen. Beide Hemmungsarten summieren sich zum Hemmungspotential ($\dot{I}_R$), wie folgende Formel ausweist:

$$\dot{I}_R = I_R + {_sI_R}$$

Subtrahiert man vom Reaktionspotential ($_sE_R$) das Hemmungspotential ($\dot{I}_R$), so ergibt sich das effektive Reaktionspotential ($_s\bar{E}_R$):

$$_s\bar{E}_R = (_sH_R \times D) - (I_R + {_sI_R})$$

Wie sich eine derartige, auf den ersten Blick eher befremdlich wirkende Lerntheorie im Rahmen der angewandten Psychologie nutzen läßt, sei nun anhand eines Beispiels aus der verhaltenstherapeutischen Praxis verdeutlicht. Yates (1958) berichtet von einer Patientin mit schweren Tics, die er mit einer aus dieser Formel abgeleiteten Interventionsstrategie behandelte. Die Frau suchte wegen Zuckens der Nase, Räuspern, Magenkontraktion und Blinzeln eine psychotherapeutische Behandlung. Ihr Problemverhalten trat erstmals auf, als sie sich im Alter von elf Jahren im Rahmen einer Zahnbehandlung einer Anästhesie unterziehen mußte. Während des Aufsetzens der Anästhesiemaske über Mund und Nase überfiel sie plötzlich eine intensive Erstickungsangst, so daß Yates die Tics als Teile einer ursprünglich unkonditionierten Angstreaktion auf dieses Trauma interpretierte.

Überträgt man Hulls Formel zum effektiven Reaktionspotential auf das Problem der Tics, so bezeichnet $_s\bar{E}_R$ die Fähigkeit der Patientin, zum Zeitpunkt des Therapiebeginns ihre Tics zu produzieren. Für die Entwicklung einer geeigneten Interventionsstrategie ging Yates davon aus, daß das Hemmungspotential ($I_R + {}_sI_R$) in diesem Fall den Wert Null einnahm und sich die Tics ausschließlich als eine Funktion von Gewohnheitsstärke (${}_sH_R$) und Triebstärke (D) – hier Angst – darstellten. Durch die Verhaltenstherapie sollte nun ein über die Ausprägung des Reaktionspotentials hinausreichender Anstieg des Hemmungspotentials erreicht werden, um auf diese Weise eine Unterbindung des Ticverhaltens zu erzielen. Yates ließ deshalb seine Patientin die problematischen Verhaltensweisen (Zucken der Nase, Blinzeln etc.) absichtlich unter massierten Lernbedingungen, d. h. über einen langen Zeitraum ohne dazwischenliegende Pausen, ausführen, so daß sich die reaktive Hemmung (I_R) nicht abbauen konnte und die konditionierte Hemmung (${}_sI_R$) schließlich eine Ausführung der Tics verhinderte.

Mit einer derart vagen Übertragung seines Systems auf die Belange der Praxis wäre Hull sicher nicht einverstanden gewesen, bemühte er sich doch gerade um eine exakte mathematische Ableitung der Verhaltensvorhersage und wandte viel Energie für die exakte Berechnung der verschiedenen Modellparameter auf. Entgegen seiner eigenen Passion und Intention wurde aber dieser Aspekt der systematischen Verhaltenstheorie im Urteil der nachfolgenden Generationen als der unwesentlichste und willkürlichste eingeschätzt. Obwohl Hull als Vorbereiter für die mathematische Lerntheorie gelten kann, waren seine eigenen diesbezüglichen Forschungen im Grunde unbedeutend, nicht zuletzt weil er Verhalten in zu komplexer Form mit zu vielen Parametern analysierte und die für eine derartige Analyse notwendigen mathematischen Modelle ausstanden und auch heute noch ausstehen. Im Unterschied zum generellen Gültigkeitsanspruch des Hullschen Systems werden heute sowohl mit mathematischen als auch psychologischen Lerntheorien lediglich Teilprozesse des Lernens untersucht.

In der Zeit von 1930 bis 1950 stellte Hulls Verhaltenslehre jedoch die einflußreichste Theorie innerhalb der Psychologie dar und führte zu einer weitgehenden Gleichsetzung von Psychologie mit Lernpsychologie. Darüber hinaus prägten die in seiner Tradition stehenden »Neo-Hullianer« die amerikanische Psychologie seit den 40er Jahren bis in die Gegenwart (z. B. durch Miller, Mowrer, Spence, Wagner, Amsel).

Die bleibende und nicht zu unterschätzende Bedeutung Hulls ist in seinem Anliegen einer systematischen Theoriebildung zu sehen. Sein Versuch, nach dem Vorbild der Newtonschen physikalischen Theorie ein universal gültiges Theoriengerüst für die Psychologie zu entwickeln, stellt in der Psychologiegeschichte eine herausragende Leistung dar.

3.3 Operantes Konditionieren: Skinner

B. F. Skinner (1904–1990) befaßte sich bereits in den Zeiten von Hulls größter Popularität mit dem Studium des Lernens in der ihm eigentümlichen originären Weise und publizierte 1938 sein erstes Buch »The Behavior of Organisms«. Nicht zuletzt wegen seines für die damalige Zeit befremdlichen und eigenwilligen induktiven Zuganges zum Problem des Lernens war er anfangs Außenseiter in der wissenschaftlichen Diskussion, gewann dann aber zunehmend an Bedeutung und wurde in den 70er Jahren schließlich zum bekanntesten Lernpsychologen.

Skinner unterscheidet in seinem Ansatz zwischen Antwortverhalten und Wirkverhalten und spricht vor allem dem letztgenannten Typus eine entscheidende Bedeutung zu. Während beim *Antwortverhalten* (das der klassischen Konditionierung entsprechende Lernen vom Typ S) die Reaktionen eines Organismus durch Umweltstimuli ausgelöst (»elicited«) werden, handelt es sich bei *Wirkreaktionen* (Lernen vom Typ R; operante Konditionierung) um spontan auftretende und aktiv produzierte (»emitted«) Reaktionen eines Organismus, den sog. *Operants*, die keinen zwingenden Bezug zu vorausgehenden Stimulusbedingungen erkennen lassen. Über ihr zukünftiges Auftreten oder ihre Intensität entscheiden ausschließlich die auf sie folgenden *Konsequenzbedingungen*.

3.3.1 Experimentelle Analyse des Verhaltens

Den Gegenstand der Lernpsychologie beschränkt Skinner auf das *offen zutage tretende motorische Verhalten* (»overt behavior«) und lehnt – anders als Pawlow, der sich ständig um die materielle (physiologische) Basis seiner Befunde bemühte – jede Erklärung beobachtbarer Sachverhalte durch andere, nicht mit den gleichen Beobachtungsmethoden gewonnene, ab. Erklärende und erklärte Faktoren müssen für ihn auf die gleiche Weise zugänglich sein, so daß die für Hulls Ansatz so bedeutsamen intervenierenden Variablen in Skinners Lernpsychologie ebenfalls keine Berücksichtigung finden. Ein derartiges Vorgehen hält Skinner für gerechtfertigt, da innerorganismische Variablen ohnehin nur über die Beobachtung von Reiz-Reaktions-Aspekten erschlossen werden können. Der mit diesem Vorgehen verbundene weitgehende Verzicht auf Erklärungen zweiter Ordnung (vgl. Laucken & Schick 1978) zieht es nach sich, Skinners Lernpsychologie – durchaus in seinem Sinne – als *a-theoretisch* und ausschließlich *deskriptiv* zu kenn-

Abb. 5: Skinner-Box.
a = Pickscheibe, b Futterautomat,
c = Lichtquelle, d = Wassertrog

zeichnen. Es geht ihm nicht um die Erstellung einer Theorie, sondern um die Identifizierung und Isolierung derjenigen Variablen aus der Umwelt, welche das Verhalten regelhaft und gesetzmäßig beeinflussen. Die Fremdbeobachtung der durch systematische Bedingungsvariation – also experimentell – erreichten Effekte auf das Verhalten stellt deshalb die von Skinner ausschließlich eingesetzte Forschungsmethode dar.

Soweit dieses Vorgehen im Rahmen der Grundlagenforschung - also zumeist im Tierversuch – zur Anwendung gelangt, wird es *Experimentelle Verhaltensanalyse* (»Experimental Analysis of Behavior«) genannt, im Gegensatz zur *Angewandten Verhaltensanalyse* (»Applied Behavior Analysis«), die sich mit der Übertragung der Grundlagenforschung auf klinische und soziale Problemstellungen im Humanbereich beschäftigt. Die Bedeutung der operanten Forschungsstrategie mag daran ersehen werden, daß es zu beiden Dereichen eigene Zeitschriften gibt, und zwar das seit 1957 erscheinende »Journal of the Experimental Analysis of Behavior« und das 1968 gegründete »Journal of Applied Behavior Analysis«.

In der Grundlagenforschung analysiert Skinner die Reaktionen seiner Versuchstiere (vor allem Tauben und Ratten) unter streng kontrollierten Bedingungen in der sog. Skinner-Box (s. Abb. 5).

Bei dieser Apparatur handelt es sich um einen Käfig, in dem sich das Versuchstier, z. B. eine Taube, durch Schnabelhiebe auf eine Scheibe (operante Reaktion) Futter (Verstärker) beschaffen kann. Die Vergabe des Futters wird dabei vom Experimentator in Abhängigkeit vom Verhalten (Pickreaktion) definiert. Moderne Apparaturen verfügen über eine Kamera, die das Verhalten der Tiere aufnimmt. Unter diesen Bedingungen lassen sich sowohl die unabhängigen als auch die abhängigen Variablen des Modells registrieren. Die beiden wichtigsten unabhängigen Variablen sind dabei »Qualität der Verstärkung« und »Verhältnis von Verhalten zur Verstärkung« (Verstärkungsplan). Ihnen stehen drei abhängige Variablen gegenüber: »Reaktionserwerb«, »gezeigte Reaktionshäufigkeit« sowie »Löschungsresistenz«

3.3.2 Grundlegende Lernprinzipien

Operantes Lernen betont – wie alle in diesem Kapitel behandelten Ansätze – die Bedeutung der auf ein Verhalten folgenden Bedingungen und formuliert zu ihnen vier Lernprinzipien. Die situativen vorausgehenden Reize werden dabei anders beurteilt als von den bereits dargestellten Verstärkungstheoretikern Thorndike und Hull. Während diese Autoren eine feste Verbindung zwischen Reiz und Reaktion annehmen, wird nach Skinner im Lernen eine Reaktions-Konsequenzverbindung hergestellt. Der Reizsituation kommt ihm zufolge dabei lediglich eine Hinweisfunktion zu, weshalb er auch von *diskriminativen Stimuli* (S^D) spricht. Einem Verhalten vorausgehende Reize geben im operanten Modell nur die Wahrscheinlichkeit an, mit der eine bestimmte Konsequenzbedingung zu erwarten ist. Die Beziehungen zwischen vorausgehender Stimulusbedingung (S^D), Verhaltensäußerung (R) und als Konsequenzbedingung (C) interpretierten nachfolgenden Reizen werden in der sogenannten *Kontingenz* ausgedrückt. Hierunter versteht man eine Wenn-Dann-Relation, wobei die Wenn-Komponente jene Bedingungen angibt, unter denen das Verhalten (R) gezeigt werden muß, damit daraufhin bestimmte Konsequenzen eintreten.

Als Grundeinheit, auf welche eine operante Analyse Bezug nimmt, ist stets ein konkretes beobacht- und damit operationalisierbares *beliebiges Verhalten* (»operant«, »response«) anzusehen. Grundsätzlich läßt Skinners Lernpsychologie die Annahme struktureller Unterschiede zwischen verschiedenen Verhaltensweisen nicht zu, d. h. es gibt in seinem Modell keine Hierarchisierung qualitativ unterschiedlichen Verhaltens. Die Gültigkeit der operanten Lernprinzipien muß für ihn z. B. unabhängig von Integrationsniveau und Komplexität der untersuchten Verhaltenseinheit jeweils empirisch geklärt werden. Damit ist zwangsläufig eine auf Einzelelemente (Reaktionen) bezogene Analyse verbunden, die aus der Gesamtheit möglicher Inhalte beliebige herausgreifen kann.

Den zentralen Begriff seiner Lernpsychologie, denjenigen der *Verstärkung*, definiert Skinner folgendermaßen:

»Der Vorgang der Verstärkung wird als die Darbietung einer bestimmten Stimulusart in einer zeitlichen Beziehung zu einem Stimulus oder einer Reaktion definiert. Ein verstärkender Reiz wird deshalb durch seine Fähigkeit, die resultierende Veränderung hervorzurufen, definiert« (Skinner 1966, S. 62). Unter *resultierender Veränderung* wird dabei immer die Erhöhung der Wahrscheinlichkeit des späteren Auftretens der Reaktion verstanden.

Wie dieses Zitat zeigt, vertritt Skinner – wie auch Thorndike im Effektgesetz – eine verhaltensabhängige Verstärkungsdefinition, im Gegensatz zu Hull, der Verstärkung als Triebbefriedigung, d. h. physiologisch, auffaßt.

Verstärkende Reize werden wiederum in positive und negative unterteilt, je nachdem ob ihre Darbietung (positive) oder Entfernung (negative) eine Erhöhung der Auftrittswahrscheinlichkeit nach sich zieht. Neben dem Verstärkungsprinzip kennt Skinner noch dasjenige der *Bestrafung* (»punishment«), mit dem eine Verminderung der Auftrittswahrscheinlichkeit einer Reaktion erreicht wird. Obwohl er Bestrafung als ungeeignetes Mittel der Verhaltenssteuerung ansieht, da er ihr nur die Funktion der Verhaltensunterdrückung und nicht die der Löschung zuspricht, gehen wir in diesem Kapitel auch ausführlich auf diese Form der Verhaltensbeeinflussung ein, wie es heute bei Vertretern des operanten Lernmodells üblich ist. Bestrafung läßt sich – ebenso wie Verstärkung – auf zweierlei Art erreichen: entweder durch die reaktionskontingente Verabreichung (Darbietung) eines aversiven Reizes, oder durch die Entfernung (Wegnahme) eines positiven Verstärkers (Verstärkerentzug). Die grundlegenden Prinzipien des operanten Lernparadigmas sind in folgendem Kontingenzschema zusammengefaßt:

Tab. 1: Kontingenzschema

	Darbietung	Entzug oder Beendigung
positiver Reiz	positive Verstärkung (C+)	Bestrafung durch Verstärkerentzug (₵+)
negativer Reiz	Bestrafung durch aversiven Reiz (C−)	negative Verstärkung (₵−)

Folgt also auf ein Verhalten ein angenehmer Reiz, oder wird dadurch ein unangenehmer Reiz beendet, wird das Verhalten in Zukunft beibehalten bzw. mit hoher Wahrscheinlichkeit ausgeführt. Dagegen werden Verhaltensweisen, auf die unangenehme Reize oder die Wegnahme angenehmer Reize folgen, in Zukunft mit höherer Wahrscheinlichkeit unterlassen.

3.3.3 Positive Verhaltenskontrolle

Klassifikation positiver Verstärker

Da die verhaltenssteuernde Wirkung eines Verstärkers als motivationsbezogen determiniert betrachtet werden kann, wäre es denkbar, eine Klassifikation von Verstärkern zu fundieren, indem für spezifische Bedürfnissysteme konkrete Befriedigungsmöglichkeiten gesucht werden. Wegen ihres Bezuges zu innerpsychischen Zuständen stößt eine derartige Erklärung jedoch auf Skinners grundsätzliche Ablehnung, was aber nicht bedeutet, daß er auf Erklärungen zweiter Ordnung (Warum wirkt ein Verstärker verstärkend?) vollständig verzichtet. Anstatt diese Frage jedoch über intraorganismische Zustände zu klären, bezieht sich Skinner auf die »historischen Antezedentien« (Scheerer 1983, S. 69) der verstärkenden Wirkung und unterscheidet zwischen primären und konditionierten Verstärkern.

Primären Verstärkern kommt dabei die verstärkende Wirkung von Hause aus – a priori – zu, so daß sie mit den unkonditionierten Reizen des klassischen Konditionierens verglichen werden können. Ihre »Verstärkungskraft« ist phylogenetisch festgelegt, also angeboren, und bedarf deshalb keines Lernprozesses. Primäre Verstärker beziehen sich somit auf elementare Bedürfnisse, z. B. auf Nahrungs- und Flüssigkeitszufuhr, Schlaf, Sexualität etc. und besitzen den höchsten Verstärkungswert, wenn sie zu einem Zeitpunkt auftreten, zu dem der Organismus einen gewissen Mangel (Deprivation) an ihnen erlebt. Die der hungrigen Taube nach Äußerung des operanten Verhaltens applizierte Futterpille stellt den am häufigsten benutzten primären positiven Verstärker in der Laborsituation dar.

Bei den *sekundären (konditionierten) Verstärkern* handelt es sich um ehemals neutrale Reize, die durch Koppelung mit einem primären Verstärker ihre Bekräftigungswirkung erhalten haben. Sie werden also im Verlauf der Lerngeschichte des Individuums erlernt. Während die phylogenetisch determinierten angeborenen Verstärker in ihrer Anzahl artspezifisch festgelegt sind, besitzen sekundäre Verstärker interindividuelle Vielfältigkeit und Beliebigkeit. Die Anzahl möglicher verstärkender Reize wird also durch sie weit ausgedehnt. Auch sekundäre Verstärker sind noch von der jeweiligen Bedürfnislage des Organismus abhängig und mit dem Nachteil rascher »Sättigung« behaftet.

Eine Sonderform konditionierter Verstärker stellen die *generalisierten Verstärker* (z. B. Geld) dar. Sie sind mit einer Vielzahl primärer und sekundärer Verstärker assoziiert und können in diese umgetauscht werden. Damit gewinnen generalisierte Verstärker eine vom momentan bestehenden Bedürfniszustand unabhängige Bekräftigungswirkung.

Im Bereich der angewandten Verhaltensanalyse hat sich eine Form der Einteilung von Verstärkern eingebürgert, die sich an deren Inhalten ausrichtet: Hier spricht man häufig von materiellen, sozialen, Aktivitäts- oder Handlungsverstärkern, verdeckten und informativen Verstärkern (vgl. Edelmann 1996; Selg 1996; Sulzer-Azaroff & Mayer 1977).

Unter *materiellen Verstärkern* werden dabei alle Dinge verstanden, deren Vergabe zu einer Erhöhung der Verhaltensrate führt. Die Spannweite dieser Verstärkungsart reicht somit von Nahrungsmitteln bis hin zu sehr attraktiven Gegenständen. Im klinischen Bereich kommt den materiellen Verstärkern vor allem in der Kindertherapie Bedeutung zu. Auch bei schwer retardierten Individuen haben sich materielle Verstärker bewährt. Hier wurden Nahrungsmittel zur Behebung gravierender Verhaltensdefizite im Sprach-, Arbeits- und Sozialbereich erfolgreich eingesetzt. Gegen die Benützung materieller Verstärker wird gelegentlich der Einwand vorgetragen, sie förderten lediglich eine extrinsische Motivation, d. h. das Individuum zeige das verstärkte Verhalten nur, um in den Vorzug einer positiv erlebten materiellen Folge zu gelangen. Inhaltlich ist dieser Einwand zumindest zu Beginn einer

Modifikation gerechtfertigt. Jedoch gilt es zu bedenken, daß sich intrinsische, also inhalts- und sachbezogene Motivation erst bilden kann, wenn positive Erfahrungen – also Erfolge – mit einer Tätigkeit gesammelt wurden. Letzteres setzt aber die Ausführung der in Frage stehenden Tätigkeit voraus, ein Ziel, das durch den Einsatz materieller Verstärkungen erreicht werden kann. Die gegen materielle Verstärker vorgebrachte Kritik ist somit nur gerechtfertigt, wenn in einer Modifikation zu lange bei ihnen verblieben wird und sie nicht rechtzeitig ausgeblendet und durch »natürliche« (z. B. soziale) Verstärker ersetzt werden.

Unter allen Verstärkungsmöglichkeiten kommt den *sozialen Verstärkern* wahrscheinlich die größte Bedeutung zu. Sie können in vielfältiger Form auftreten (z. B. verbal: Lob, anerkennende Worte; taktil: streicheln; visuell: lächeln...). Sulzer-Azaroff & Mayer (1977, S. 125) betonen zu Recht, daß Lob, wird es als Verstärker eingesetzt, tätigkeits- bzw. verhaltensbezogen (z. B. »Gut, daß Du daran gedacht hast, Deine Medizin zu nehmen!«) und nicht personenbezogen (z. B. »Du bist klasse!«) ausgesprochen werden soll. Ausbleibendes tätigkeitsbezogenes Lob wirkt sich nämlich im Gegensatz zu ausbleibendem personenbezogenem Lob nicht selbstwertmindernd aus. Die Verwendung sozialer Verstärker im Rahmen einer gezielten Modifikation ist in vielerlei Hinsicht mit Vorteilen verbunden. So wird nicht nur die Auftretenswahrscheinlichkeit des durch sie verstärkten Verhaltens erhöht, sondern auch auf das Selbstwertgefühl ein positiver Einfluß genommen. Ihre Vergabe kann sowohl in der Individual- als auch Gruppentherapie leicht kontingent auf ein bestimmtes Verhalten erfolgen und beeinträchtigt kaum den Verhaltensfluß. Schließlich sind soziale Verstärker als generalisierte Verstärker kaum einer Sättigung unterworfen. Trotz der in der verhaltensanalytischen Literatur immer ausgesprochenen Empfehlung zum Einsatz sozialer Verstärker müssen jedoch auch eventuelle unerwünschte Nebenwirkungen bedacht werden. Sie sind vor allem dann zu befürchten, wenn positive soziale Interaktionen nur noch unter dem Aspekt ihrer verhaltenssteuernden Wirkung gesehen werden.

Bei den *Aktivitätsverstärkern* handelt es sich um angenehm erlebte und angestrebte Tätigkeiten. Wie alle Verstärker können auch Aktivitätsverstärker nur funktional empirisch über ihre Wirksamkeit bestimmt werden. Premack (1959) hat deshalb vorgeschlagen, durch Beobachtung die von einer Person selbst gewählten häufig gezeigten Verhaltensweisen zu ermitteln und diese Reaktionen hoher Auftretenswahrscheinlichkeit gezielt als Verstärker für Verhalten mit niedriger Äußerungsrate einzusetzen.

Eltern verhalten sich nach dieser Regel, wenn sie von ihrem Kind erst die Erledigung der Hausaufgaben verlangen, bevor sie das Radfahren erlauben.

Bei den *verdeckten Verstärkern* erfolgt schließlich keine äußerlich sichtbare Verstärkervergabe, da bei ihnen »eine Handlung in sich lustvoll ist oder zu einem Erfolgserlebnis führt« (Selg 1996, S. 185). Hier besteht der Verstärker also in dem systematisch oder eher zufällig herbeigeführten Erfolg in der Auseinandersetzung mit einer Sache, z. B. einer komplizierten Denkaufgabe.

Informative Verstärker geben dem lernenden Individuum Rückmeldung über die Erreichung eines Zieles. Als Beispiel nennt Edelmann (1996, S. 125) das Ablesen der korrekten Geschwindigkeit auf einem Tachometer.

Verstärkungspläne

Eine im operanten Lernparadigma besonders gut untersuchte Variable stellen die Verstärkungspläne dar, worunter man das Verhältnis zwischen operanten Verhaltensweisen und kontingent applizierten Verstärkungen versteht. Ferster und Skinner haben ihre diesbezüglichen Forschungen 1957 unter dem Titel »Schedules of Reinforcement« vorgelegt. Während das Verstärkungsprinzip lediglich eine Beibehaltung oder Erhöhung der Auftrittswahrscheinlichkeit eines Verhaltens erfaßt, kann mit Hilfe der Kenntnis des diesem Verhalten zugrundeliegenden Verstärkungsplanes eine präzisere Verhaltensprognose abgeleitet werden. Damit ein Verstärkereinsatz mittel- und langfristig bzw. überhaupt erfolgreich verläuft, muß deshalb auch der dabei zur Anwendung gelangende Verstärkungsplan berücksichtigt werden. Der im Alltag häufig beobachtbare Fehlschlag, pädagogische Ziele mit Hilfe von Belohnungen zu verwirklichen – man denke nur an die erfolglos gebliebenen hohen Anreize, die Eltern ihrem Sprößling in Aussicht stellen, wenn er das gefährdete Klassenziel doch noch erreicht –, hat häufig seine Ursache in einer mangelnden Planung und unzureichenden Reflexion des Verstärkungsplanes.

Das zwischen geäußertem Verhalten und folgender Konsequenzbedingung bestehende Verhältnis ist wenigstens in dreierlei Hinsicht bedeutend, da es

- weitgehend über die Schnelligkeit eines Verhaltenserwerbs, über die zur Aneignung notwendige Zeitspanne entscheidet,
- die Verhaltensrate (Häufigkeit) dieses Verhaltens in der Folgezeit bestimmt sowie

- die Schnelligkeit, mit der eine Rückbildung (Löschung: vollständiges Ausbleiben weiterer Verstärkung) eintritt bzw. den dieser Löschung entgegengebrachten Widerstand (Löschungsresistenz) determiniert.

Kontinuierliche oder Immerverstärkung (»continuous reinforcement«)

Den einfachsten Fall eines Verstärkungsplanes stellt die Immerverstärkung dar, bei der jede operante Reaktion von einer Verstärkung gefolgt ist. Die Taube in der Skinner-Box wird für jedes Picken gegen die Scheibe mit einer Futterpille belohnt, das Verhältnis von Verhalten zur Verstärkung beträgt also 1:1. Kontinuierliche Verstärkung wird unter Laborbedingungen zum Verhaltenserwerb eingesetzt, wenn es also darum geht, daß die mit der Skinner-Box noch unerfahrene Taube das Picken gegen die Scheibe rasch lernt. Der Einsatzbereich eines kontinuierlichen Verstärkungsplanes bezieht sich deshalb primär auf die Acquisitionsphase eines operanten Verhaltens.

Dem mit diesem Plan erreichbaren schnellen Verhaltenserwerb steht jedoch der ebenso rasche Abbau des Verhaltens bei ausbleibender Verstärkung entgegen. Daß dies nicht nur für die Taube gilt, zeigt folgendes Beispiel: Nehmen wir an, Ihr Telefon zeigte bisher keinen Defekt, d. h. Sie wurden jedesmal nach Abheben des Hörers durch das Freizeichen verstärkt. Wenn aber bei einem Versuch zu telefonieren das Freizeichen – und damit die Verstärkung – nun einmal plötzlich ausbleibt, werden Sie mit sehr hoher Wahrscheinlichkeit nur wenige Versuche anstellen, das Telefon doch noch betriebsbereit zu bekommen, d. h. das Bedienungsverhalten wurde trotz sehr vieler vorausgehender Verstärkungen schnell gelöscht. Diese geringe Löschungsresistenz kann als Hauptgrund dafür gelten, kontinuierliche Verstärkungspläne nur am Anfang eines Experiments oder einer Modifikation einzusetzen. Um für die Zukunft eine Beibehaltung der so ausgeformten Reaktionen zu erreichen, muß zu gelegentlicher (intermittierender) Verstärkung übergegangen werden, bei der nicht mehr jede, sondern – nach festgelegtem Plan – nur noch gewisse Reaktionen verstärkt werden.

Intermittierende Verstärkungspläne (»intermittent reinforcement schedules«)

Intermittierende Verstärkungspläne werden üblicherweise in zwei Hauptgruppen – die Intervallpläne und Quotenpläne – unterteilt. Beim Intervallplan erfolgt die Verstärkungsvergabe in Abhängigkeit vom verstrichenen Zeitintervall, während sie sich beim Quotenplan an der Anzahl gezeigter Reaktionen ausrichtet. Innerhalb beider Formen kann wiederum nach fixierten respektive variablen Plänen differenziert werden, je nachdem, ob die festgelegte Zeitspanne bzw. Reaktionsrate während des Experiments konstant (fixierte Form) oder aber nur im Durchschnitt (variable Form) gültig bleibt.

Wird eine Taube nach einem *fixierten Quotenplan* (FR = »fixed ratio schedule«) verstärkt, so erhält sie jeweils nach einer konstant bleibenden Anzahl von Reaktionen ihre Futterpille, z. B. nach jeder 60. Pickreaktion gegen die Scheibe der Skinner-Box. Ein derartiger Plan wird in der experimentellen Literatur mit FR 60 abgekürzt (»fixed ratio 60«). Fixierte Quotenpläne erzeugen eine stabile und hohe Reaktionsemittierung, führen aber bei Erhöhung der für eine Verstärkung verlangten Pickreaktionen etwa ab dem Verhältnis 60:1 zu sog. *»postreinforcement pauses«*, d. h. das Versuchstier zeigt kurz nach Verstärkervergabe kein operantes Verhalten. Die Dauer dieser Pausen steigt in etwa proportional mit der Quotengröße an und beträgt bei einem FR 70-Plan für die Taube nur wenige Sekunden. Nach der Pause reagiert das Versuchstier bis zur nächsten Verstärkung wieder mit gleichmäßigen und stabilen Pickäußerungen. Bei der kontinuierlichen Verstärkung, die sich nun als Sonderfall des fixierten Quotenplanes (FR 1) erkennen läßt, bleibt die Pause natürlich aus.

Fixierte Intervallpläne (FI = »fixed interval schedule«) vergeben die Verstärkungen nach einem konstant bleibenden Zeitintervall, wobei die erste nach diesem Intervall geäußerte Reaktion mit einer Verstärkung bedacht wird. Bei einem 10-Minuten-Intervall-Schedule (FI 10) können in einer Stunde also höchstens sechs Verstärkungen erhalten werden. Fixierte Intervallpläne führen in noch viel deutlicherem Ausmaß als fixierte Quotenpläne zu »Saison-Arbeit«, d. h. nach verabreichter Verstärkung kommt es zu einer lang anhaltenden Pause in der Verhaltensrate, die erst mit nahendem Ende des Zeitintervalls aufgegeben wird. Somit werden zu Beginn des Intervalls nur sehr wenige, später und insbesondere kurz vor Intervallende viele Reaktionen gezeigt. Erhält eine Taube jede zweite Minute eine Futterpille, so wird sie sich nach Verstärkungserhalt etwa eindreiviertel Minuten ruhig verhalten, um dann mit dem Picken zu beginnen, bis die nächste Verstärkung eintritt.

Auch vielen Studenten, die jeweils zu Semesterabschluß ihre Prüfungen ablegen, ist der fixierte Intervallplan bestens bekannt und steuert ihr Lern- und Arbeitsverhalten: Während zu Beginn und bis zur Mitte des Semesters sich das Lernverhalten deutlich in Grenzen hält, nimmt es wenige Wochen vor Prüfungsbeginn drastisch zu und »schläft« gleich nach Prüfungsende wieder ein.

Im Unterschied zu den fixierten Plänen bleibt der Stufeneffekt bei den nun noch zu besprechenden variablen Plänen aus, d. h. bei ihnen erfolgt eine relativ konstant bleibende Reaktionsemittierung.

Im *variablen Quotenplan* (VR = »variable ratio schedule«) erfolgt die Verstärkung durchschnittlich nach jeder n-ten Reaktion, d. h. sie variiert um einen Durchschnittswert. So kann die Bezeichnung VR 50 für einen Plan stehen, bei dem die Taube jeweils nach folgenden Reaktionen mit Futter belohnt wird: 35, 80, 13, 44, 110, 18. Addiert man die Anzahl erforderlicher Pickreaktionen dieser Serie und teilt das Ergebnis durch die gegebenen Verstärkungen, ergibt sich das Verhältnis von 300:6, also 50:1. Im Mittel erhält das Tier demnach für 50 Reaktionen eine Verstärkung. Derartige variable Quotenpläne führen zu sehr hohen, konstant und stabil bleibenden Verhaltensraten und erzeugen den intensivsten Löschungswiderstand. Ein Negativ-Beispiel hierzu stellt das Verhalten am Spielautomaten dar, dessen »Bann« sich nun als variabler Quotenplan entpuppt und dessen Löschungsresistenz im Begriff ist, ein neues klinisches Bild, das »zwanghafte Spielen» zu schaffen.

Als letzter einfacher Verstärkungsplan ist noch der *variable Intervallplan* (VI = »variable interval schedule«) zu nennen, bei dem die Verstärkung analog zum variablen Quotenplan nach variablen Zeitabständen erfolgt, also »z. B. nach 5, 21, 14, 3, 9, 20 Minuten. Das durchschnittliche Zeitintervall – im Beispiel 12 Minuten (VI 12) – definiert demnach dieses Vorgehen. Während eines solchen Verstärkungsplanes reagiert die Taube mit der operanten Response kontinuierlich, wenngleich etwas niedriger als beim variablen Quotenplan. Die am Fischwasser auf einen Anbiß wartenden Angler unterliegen in etwa diesem Plan, über dessen Löschungsresistenz besonders ihre Ehefrauen zu klagen wissen!

Zusammenfassend ist zu den einfachen Plänen festzuhalten, daß Quotenpläne im allgemeinen zu einer höheren Verhaltensrate führen als Intervallpläne. Variable Verstärkungspläne produzieren darüber hinaus höhere und stabilere sowie löschungsresistentere Verhaltensraten als fixierte Pläne. Letztere wiederum führen zu »Saison-Arbeit«, den »post-reinforcement pauses«.

Obwohl ursprünglich alle dargelegten Befunde im Tierlabor gewonnen wurden, illustrieren die Beispiele aus unserem Alltag auch die Gültigkeit der gefundenen Zusammenhänge für den Humanbereich. Die Wirkung der verschiedenen Pläne unterliegt hier allerdings einer stärkeren Variabilität, u. a. in Abhängigkeit von der verwendeten Aufgabenart, dem Alter der Versuchspersonen sowie weiterer Variablen.

Verstärkungstechnologie

Auf der Grundlage des Verstärkungsprinzips entwickelten Skinner und seine Schüler eine Vielzahl von Techniken der Verhaltensbeeinflussung, von denen nachfolgend einige beschrieben werden.

Stimuluskontrolle

Bei den bisherigen Beispielen blieben die Umweltbedingungen, unter denen ein operantes Verhalten auftritt, noch weitgehend unberücksichtigt. Um im Beispiel der klassischen Versuchsanordnung zu bleiben, genügte es, wenn die Taube überhaupt gegen die Scheibe pickte, um eine Verstärkung zu erhalten. Setzt der Experimentator jedoch die Strategie der Stimuluskontrolle ein, wird nicht mehr jedes Gegen-die-Scheibe-Picken verstärkt, sondern nur noch jenes, das bei gleichzeitigem Auftreten bestimmter Reize (S^D) erfolgt. Bei der Stimuluskontrolle handelt es sich um eine Technik, mit deren Hilfe eine operante Reaktion nur *unter ganz bestimmten Umweltbedingungen* auftritt. Der Bereich diskriminativer Stimuli (S^D), also jener, der eine hohe Aussicht auf Verstärkung anzeigt, wird dabei genau spezifiziert und allen Reizbedingungen gegenübergestellt, die keinerlei Verstärkungsvergabe signalisieren (S^Δ). So wechselt bei einer der einfachen Versuchsanordnungen die Farbe der Scheibe, gegen welche die Taube zu picken gelernt hat. Manchmal ist sie rot, manchmal grün. Eine Verstärkung erfolgt jedoch nur bei rot, während bei grün das Picken nicht mit Futter belohnt wird. Auf diesem Weg wird die Farbe »rot« zu einem diskriminativen Stimulus (S^D), während grün S^Δ-Qualität annimmt. Zu Beginn des Versuches reagiert die Taube noch auf beide Farben, lernt dann aber schnell, ihre Pickreaktion nur noch bei der roten Farbe zu äußern.

Wie sofort erkennbar, ist die Stimuluskontrolle das operante Pendant zur Diskrimination und Generalisation. Da diese beiden Begriffe aber mit einer gewissen semantischen Unschärfe verbunden sind – so läßt sich Generalisation als fehlgeschlagene Diskrimination und Diskrimination als fehlgeschlagene Generalisation interpretieren –, wird von operanten Lerntheoretikern die Bezeichnung *Stimuluskontrolle* vorgezogen (vgl. Rilling 1977, S. 433). Der Aufbau von Stimuluskontrolle sei anhand eines amüsanten Laborexperimentes aus einer Studie zur Musikdiskrimination bei Tauben von Porter & Neuringer (1984) erläutert.

Die Autoren ließen ihre Versuchstiere in der mit zwei Scheiben ausgestatteten Skinner-Box kontinuierlich entweder Bachsche Orgelwerke (Toccata und Fuge in d-Moll und F-Dur) oder ein Orchesterstück von Strawinsky (Rite of spring) hören, die in Zufallsintervallen miteinander abwechselten (im Durchschnitt einmal in der Minute). Während der Bachschen Musik wurden nur Pickreaktionen gegen die linke Scheibe nach einem VI 30sec-Plan mit einer Futterpille belohnt, nicht jedoch solche gegen die rechte. Beim Vorspielen des Strawinskyschen Orchesterwerkes gingen Porter und Neuringer dagegen umgekehrt vor und verstärkten nur die Pickreaktionen gegen die rechte Scheibe. Das Ergebnis ist bemerkenswert und beweist, daß Tauben durchaus ein differenziertes Hörvermögen besitzen: Ihre Erfolgsquote (richtige Scheibe) lag bezüglich der Differenzierung Bach versus Strawinsky bei etwa 70–75%.

In anderen Experimenten mit Tauben gelang es, deren Unterscheidung verschiedener Buchstaben und sogar Bildinhalte nachzuweisen.

Zur Ausbildung von Stimuluskontrolle sind drei Schritte notwendig, die in der Praxis fließend ineinander übergehen (vgl. Klein 1987, S. 231): Zuerst muß der Organismus in der Lage sein, zwischen S^D und S^{Δ} Bedingungen grundsätzlich zu unterscheiden, eine Aufgabe, die u. a. durch das Wahrnehmungssystem begrenzt wird (so können farbenblinde Personen bestimmte Farbunterscheidungen nicht vornehmen, da ihnen hierfür die physiologischen Voraussetzungen fehlen). In einer konkreten Situation muß das Individuum darüber hinaus auf die jeweils relevanten Stimulusdimensionen achten, d. h. es muß ihnen seine Aufmerksamkeit zuwenden. Und schließlich ist es nötig, daß der diskriminative Stimulus auch tatsächlich eine kontrollierende Funktion über das Verhalten gewinnt. Letzteres muß nicht unbedingt eine Folge der Verstärkungsvergabe sein. Sind nämlich mehrere Stimulusmodalitäten gleichzeitig mit Verstärkung verknüpft, übernimmt – sowohl im Tier- als auch im Humanbereich – häufig nur eine von ihnen einen verhaltenssteuernden Einfluß. Diesem – *Stimulus-Selektion* genannten – Phänomen kann gelegentlich durch die Einführung einer prolongierten Lernphase (Überlernen) entgegengewirkt werden.

Auf unseren Alltag bezogen ist es der »Stimuluskontrolle« zu verdanken, daß wir nicht im Schlafanzug ins Theater gehen, daß wir bei »Rot« an der Ampel den Wagen anhalten, bei bewölktem Himmel den Regenschirm mitnehmen etc.; kurzum, daß unser Verhalten mit der jeweiligen Situation in sinnvollem Zusammenhang steht. In der Klinischen Psychologie zählt Stimuluskontrolle zu einer bewährten Strategie bei einer Vielzahl von Störungsbildern, z. B. Arbeits- und Lernstörungen, Schlafstörungen, Rauchen, Übergewicht etc. Das zentrale therapeutische Anliegen besteht jeweils in der Herstellung eindeutiger S^D und S^Δ Bedingungen (vgl. z. B. Reinecker 1986, Maercker 2000).

Verhaltensformung und differentielle Verstärkung

Bei der Verhaltensformung (syn.: sukzessive Approximation; »shaping«) werden Verstärkung und Löschung gezielt kombiniert, um ein vorher definiertes, klar abgegrenztes Verhalten auszubilden. Zuerst erfolgen die Verstärkungen dabei bereits für Reaktionen, die dem gewünschten Endverhalten nur in etwa entsprechen müssen bzw. für dessen Ausführung notwendig sind. Im Verlauf des Lernprozesses kommen jedoch immer strengere, d. h. dem Zielverhalten ähnlichere Kriterien für die Verstärkungsvergabe zur Anwendung: Nehmen wir an, ein Experimentator entschließt sich, die Pickreaktion gegen die Scheibe in der Skinner-Box bei der Taube durch »shaping« auszuformen, anstatt zu warten bis das Tier einmal zufällig die gewünschte Reaktion zeigt. Anfangs wird der Experimentalpsychologe die Taube verstärken, wenn sie sich der Käfigwand zuwendet, an der die Scheibe angebracht ist. Wird dieses Verhalten mit ausreichender Häufigkeit gezeigt, blendet er die Verstärkung dafür aus und setzt sie nun z. B. für das Recken des Halses bis zur notwendigen Höhe ein. Wird auch diese Reaktion mit stabiler Rate geäußert, hängt die Verstärkung von der in dieser Position geäußerten Pickreaktion ab, bis schließlich nur noch das Picken gegen die Scheibe mit Futter belohnt wird.

Wie dieses Beispiel zeigt, erfolgt beim »shaping« eine schrittweise Annäherung an das gewünschte Zielverhalten unter differentiellen Verstärkungsbedingungen, d. h. nur jene Reaktion wird gerade verstärkt, die einen weiteren Schritt in Zielrichtung bedeutet, wobei alle anderen Verhaltensweisen unter Löschungsbedingungen stehen. Wie alle operanten Techniken ist auch diejenige des »shaping« nicht auf die tierexperimentelle Forschung beschränkt, sondern zählt – bewußt oder unbewußt – z. B. zu den Standardmethoden eines jeden Sportlehrers.

Verhaltenskettung (»chaining«)

Mit einer anderen Technik, der Verhaltenskettung (»chaining«), werden eine Reihe operanter (Einzel-)Reaktionen zu einer einheitlichen Verhaltensfolge zusammengefaßt. Im Unterschied zur shaping-Methode beginnt man beim »chaining« mit der Verstärkung des letzten Gliedes der Reaktionskette. Wie bei einfachen operanten Reaktionen steht am Beginn einer Verhaltenskette ein diskriminativer Hinweisreiz (S^D), der dem Lernenden anzeigt, daß auf die Äußerung des Operanten eine Verstärkung folgt. Während diese bei Einzelreaktionen primärer Art ist, werden die Glieder einer Verhaltenskette untereinander jedoch durch konditionierte (sekundäre) Verstärker (nämlich das jeweils folgende Kettenglied) zusammengehalten. Diese sekundären Verstärker besitzen – neben ihrer Bedeutung als Verstärker des vorausgehenden Verhaltens – darüber hinaus für das jeweils nächste Glied der Kette noch die Funktion eines diskriminativen Stimulus. Erst auf die letzte Reaktion in der Kette folgt schließlich die primäre Verstärkung. Im Unterschied zum »shaping« werden beim »chaining« die einzelnen Lerneinheiten beibehalten und in ihrer Reihenfolge festgelegt. Während »shaping« vor allem dem Aufbau von neuen, d. h. noch nicht im Verhaltensrepertoire befindlichen Reaktionen dient, setzt »chaining« voraus, daß die zu verbindenden Kettenglieder schon beherrscht werden. Beiden Methoden gemeinsam ist der hohe Aufwand, den sie erfordern.

3.3.4 Aversive Verhaltenskontrolle

Den meisten in diesem Abschnitt zu besprechenden Vorgehensweisen ist die Verwendung *aversiver Reize* (Konsequenzen) gemeinsam, worunter Stimuli verstanden werden, deren Darbietung eine Verminderung der Auftretenswahrscheinlichkeit des ihnen vorausgehenden Verhaltens bewirkt. Subjektiv werden derartige Stimuli als unangenehm erlebt. Analog zur Einteilung positiver Verstärker können aversive Reize in primäre und sekundäre differenziert werden. Zu den primären – also ungelernten – zählt z. B. der im Tierversuch häufig verwendete elektrische Schock. Darüber hinaus fallen alle zu Überstimulation der verschiedenen Sinnesorgane führenden Reize (z. B. grelles Licht, extrem laute Geräusche, plötzliche starke Temperaturschwankungen etc.) sowie Einschränkungen der Bewegungsfreiheit unter diese Kategorie.

Konditionierte (sekundäre) aversive Stimuli haben ihre aversive Qualität erst durch Lernprozesse in der Ontogenese erworben, indem sie mit primären aversiven Reizen gepaart auftraten und für diese Signalwirkung erhielten. Der einem elektrischen Schock immer vorausgehende Summton erwirbt auf diese Weise die Qualität eines aversiven sekundären Reizes. Er weist auf den danach eintretenden primären aversiven Reiz hin. Sekundäre aversive Reize treten z. B. während sozialer Interaktionen in Form unterschiedlichster Art von Kritik auf (Stirnrunzeln, Kopfschütteln, Drohgeste mit dem Finger etc.).

Eine besondere Form aversiver Reize besteht schließlich in dem Ausbleiben oder der Wegnahme positiver Verstärker. So wirkt für das Schulkind »Hausarrest« als aversiver Stimulus, weil es dadurch von Verhaltensweisen abgehalten wird, die es ansonsten ausführen könnte (Spielen, Radfahren etc.).

Unter der Bezeichnung »aversive Verhaltenskontrolle« werden funktional unterschiedlich wirkende Strategien subsumiert, und zwar die eine Erhöhung der Auftretenswahrscheinlichkeit bewirkende *negative Verstärkung* sowie die verhaltensreduzierend wirkenden Formen der *Bestrafung* (»punishment«). Während für negative Verstärkung die durch ein operantes Verhalten hervorgerufene Beendingung der aversiven Stimulation typisch ist, sind im Falle der Bestrafung operante Verhaltensweisen von aversiven Konsequenzen gefolgt. Die Bezeichnungen »negative Verstärkung« und »Bestrafung« haben in der Fachliteratur zu einer gewissen Verwirrung geführt, da einige Autoren in ihren Beiträgen Bestrafung als negative Verstärkung bezeichnet haben. Diese Begriffsverwirrung geht wahrscheinlich auf das Alltagsverständnis des Wortes »negativ« zurück, welches dort synonym für aversiv und unangenehm benützt wird. Im operanten Paradigma werden die Begriffe negative Verstärkung und Bestrafung jedoch in funktionalem Sinn verstanden, also im Hinblick auf ihre verhaltenssteigernde (negative Verstärkung) bzw. verhaltensreduzierende (Bestrafung) Wirkung, und dürfen deshalb nicht gleichgesetzt werden (s. Tab. 1).

Flucht und Vermeidung

Im Rahmen der Analyse negativer Verstärkung werden in der experimentellen Literatur zwei Vorgehensweisen differenziert, nämlich *Flucht-* (»escape«) und *Vermeidungs-* (»avoidance«) *Strategien*. Entsprechend der Definition negativer Verstärkung beendet ein Verhalten im Fluchtparadigma eine bereits eingesetzte aversive Stimulation. Im Standardexperiment der Laborsituation kann das Versuchstier den über den Boden des Käfigs applizierten elektrischen Schock durch das Drücken eines Hebels (operante Reaktion) abstellen. Das Tier befreit sich in diesem Fall also von einer stattgefundenen aversiven Reizung, jedoch ist es nicht in der Lage, die aversive Einwirkung aufzuschieben oder gänzlich zu umgehen. In der Literatur unterscheidet man zwischen *diskriminativer Vermeidung* (»discriminated avoidance«) und *nicht-diskriminativer Vermeidung* (»free-operant avoidance«), je nachdem, ob für das potentielle Eintreten eines aversiven Reizes eine Vorwarnung besteht oder nicht.

Typisch für das diskriminative Vermeidungslernen ist eine Versuchsanordnung, bei der einige Sekunden nach dem Auftreten eines konditionierten (sekundären) aversiven Verstärkers (z. B. einem Summton) ein aversiver Reiz (elektrischer Schock) folgt. Sein Auftreten wird verhindert, wenn das Tier beim Erklingen des Tones eine bestimmte Reaktion zeigt (z. B. Drücken eines Hebels). Demgegenüber tritt beim Paradigma der nicht-diskriminativen Vermeidung der aversive Reiz ohne ein exterozeptives Warnsignal auf, quasi »wie der Blitz aus heiterem Himmel« (vgl. Sidman 1953). Flucht- und Vermeidungsstrategien stehen insofern in gegenseitiger Abhängigkeit, als das Individuum im Regelfall zuerst die Fluchtstrategie ausübt und nach einiger Erfahrung mit derselben eine Vermeidungsstrategie entwickelt.

Zwischen Flucht und Vermeidung besteht somit eine ähnliche Beziehung wie zwischen primären und sekundären Verstärkern, da letztere ja auch Signalwirkung für erstere besitzen. Eine bemerkenswerte Studie hierzu stammt von Solomon & Wynne (1953). In diesem Experiment erhielten Hunde einen intensiven elektrischen Schock, wenn sie sich in einem bestimmten Teil des Versuchskäfigs aufhielten. Die Käfige bestanden aus zwei durch eine Barriere getrennte Hälften. Der Schock hielt dabei an bis das Tier über die Barriere in die andere Hälfte des Käfigs sprang. Jeweils zehn Sekunden vor Schockvergabe ging in dem Teil, in dem sich der Hund befand, die Beleuchtung aus, so daß Dunkelheit im Käfig zu einem konditionierten aversiven Stimulus wurde. Mit zunehmender Versuchserfahrung lernten die Tiere, bereits in die andere Käfighälfte zu springen, wenn das Licht ausging, also *vor* der Schockapplikation (Vermeidungslernen). Interessanterweise genügten bereits sehr wenige Schockerfahrungen, um ein weitgehend löschungsresistentes Vermeidungsverhalten aufzubauen, d. h. die Hunde hielten während mehrerer hundert Versuchsdurchgänge an dem Vermeidungsverhalten fest, obwohl sie während dieser Zeit keinen weiteren Schocks mehr ausgesetzt waren.

Während die Interpretation des Fluchtverhaltens im Rahmen des operanten Lernparadigmas keine grundsätzlichen Probleme aufwirft, da hier – entsprechend der funktionalen Definition – die Auftretenswahrscheinlichkeit des Verhaltens durch die tatsächliche Beendigung des aversiven Reizes erklärt wird, bereitet das Vermeidungsparadigma insofern Schwierigkeiten, als nun der primäre aversive Stimulus ja gar nicht mehr auftritt, sondern – umgangssprachlich formuliert – antizipiert wird. Eine der ersten Erklärungen des Vermeidungsparadigmas legte Mowrer (1940) mit seiner *Zwei-Faktoren-Theorie* vor. Dieser Interpretation zufolge werden Vermeidungsreaktionen in einem zweistufigen Prozeß aufgebaut: Auf einer ersten Stufe kommt es über klassische Konditionierung zur Ausbildung einer Angstreaktion, derzufolge ein Reiz eine aversive CS-Qualität gewinnt und die emotionale CR »Angst« auslöst. So wird nach einem Hundebiß (UCS = Biß; UCR = Schmerz) mit hoher Wahrscheinlichkeit der Stimulus »Hund« zu einem CS für Angst (CR). In einem weiteren Schritt bildet sich auf der Grundlage operanten Lernens eine Response aus, die zur Beseitigung des angstauslösenden konditionierten Reizes führt. In unserem Beispiel wird die Angst nun zu einem diskriminativen Stimulus (S^D) für das Einschlagen von Wegen (R), auf denen man keinem Hund begegnet und auf denen man somit auch keine Angst mehr zu haben braucht. Als Verstärkung wirkt dabei die Reduktion des »Angsttriebes«, d. h. in diesem Ansatz wird der von Hull favorisierte Verstärkungsbegriff verwendet. Das Mowrersche Modell steht jedoch in einem wesentlichen Punkt in Widerspruch zu den Ergebnissen der klassischen Konditionierung: Zur Beibehaltung seiner Wirkung müßte nämlich der angstauslösende CS wieder mit dem UCS gekoppelt werden. Dies erweist sich bei Vermeidungsreaktionen aber häufig als nicht notwendig, d. h. sie bleiben ohne weitere UCS-Präsentation bestehen.

Neben der triebtheoretischen Erklärung des Vermeidungsverhaltens wurde vorgeschlagen, Vermeidungslernen als eine besondere Form der Diskrimination aufzufassen. Der CS wird dabei als S^D aufgefaßt, der die Wahrscheinlichkeit einer operanten Reaktion (Vermeidung) erhöht. Bei dieser Betrachtung kommt der CS-Beendigung – in Mowrers Modell so bedeutend – keinerlei theoretischer Wert zu, da ein S^D ja nur Bedingungen anzeigt, unter denen eine Reaktion mit hoher Wahrscheinlichkeit verstärkt wird. So ist Herrnstein der Meinung, »daß die Verstärkung des Vermeidungsverhaltens in der Verringerung der Zeit aversiver Stimulation besteht« (1969, S. 67). Die Zwei-Faktoren-Theorie wird hier also um ihren ersten Faktor gekürzt und auf den instrumentellen Aspekt reduziert.

Bestrafung

Wie bereits erwähnt werden heute im operanten Lernmodell zwei verschiedene Strafformen unterschieden: *Bestrafung durch Darbietung eines schmerzhaften (aversiven) Reizes* und *Bestrafung durch Verstärkerentzug*. Beide Formen zeigen die gleiche Wirkungsrichtung und führen zu einer Verminderung der Auftrittswahrscheinlichkeit des ihnen vorausgehenden Verhaltens. Die Wirkung von Strafe wurde lange Zeit, wohl auch infolge einer gewissen Ideologisierung der Diskussion, einseitig und zum Teil tendenziös eingeschätzt. In unserem Zusammenhang geht es dabei um die Klärung der Bedingungen, unter denen sich Strafe eventuell als wirkungsvoll erweist, also um eine nur empirisch zu beantwortende Frage. Bei dem Problem der pädagogischen Anwendung von Strafmaßnahmen handelt es sich demgegenüber um eine ethisch-moralische Fragestellung, die dabei noch völlig unbeantwortet bleiben muß, worauf Rost (1982, S. 187) zu Recht hinweist. Natürlich darf dieser ethisch-moralische Aspekt unter Anwendungsgesichtspunkten nicht vernachlässigt werden. Jedoch ist ein verantwortungsbewußter Umgang mit Strafe nur möglich, wenn die wesentlichen Parameter dieses Lernprinzips bekannt sind, eine Aufgabe, die von psychologischer Seite in Angriff genommen werden muß.

Bestrafung durch Darbietung eines aversiven Reizes

Die lange Zeit auch in der psychologischen Fachliteratur vorherrschende Fehldeutung, Strafe führe in jedem Fall nur zu einer Unterdrückung des bestraften Verhaltens, geht auf die Verwendung nur sehr milder, leichter Strafreize zurück und ist seit der klassischen Arbeit von Azrin & Holz (1966) klar widerlegt. Aus den von diesen Autoren gewonnenen Ergebnissen seien einige wesentliche, unter experimentellen Bedingungen empirisch gesicherte Parameter der Wirksamkeit von Bestrafung durch aversive Reize zitiert (Azrin & Holz 1966, zit. nach Bower & Hilgard 1983, S. 272 f.):

»(1) Der Strafstimulus sollte so appliziert werden, daß kein unerlaubtes Ausweichen möglich ist.
(2) Der Strafstimulus sollte so intensiv wie möglich sein.
(3) Die Häufigkeit der Bestrafung sollte so hoch wie möglich sein.
(4) Der Strafstimulus sollte unmittelbar auf die fragliche Reaktion folgen.

(5) Der Strafstimulus sollte nicht mit graduell ansteigender, sondern von Anfang an mit maximaler Intensität angewendet werden.
(6) Ausgedehnte Bestrafungsphasen sollten vermieden werden, insbesondere bei niedrigen Strafintensitäten, da sich das fragliche Verhalten sonst »erholen« könnte. Werden milde Strafintensitäten angewendet, so soll dies nur während einer kurzen Zeitdauer geschehen.
(7) Große Sorgfalt muß darauf verwendet werden zu vermeiden, daß die Verabreichung des Strafstimulus nicht differentiell mit der Verstärkung assoziiert wird, da die Bestrafung sonst verstärkende Eigenschaften erwerben könnte.
(8) Die Verabreichung des Strafstimulus sollte zu einem Signal dafür gemacht werden, daß eine Löschungsphase im Gange ist...«

Die Effektivität von Bestrafung wird demnach – faßt man die Befunde von Azrin & Holz sowie der jüngeren Forschung zusammen – sowohl im Tier- als auch Humanbereich von vier Parametern gesteuert, nämlich Härte, Auftretenswahrscheinlichkeit, Unmittelbarkeit und Motivation (siehe im Überblick z. B. Klein 1987, S. 182–192). Die Härte wird dabei durch Intensität und/oder Dauer des Strafstimulus definiert. In der pädagogischen Praxis darf ein Strafstimulus natürlich nicht so intensiv wie möglich (siehe Punkt (2) in obigem Zitat), sondern nur so intensiv wie nötig eingesetzt werden. Eine hohe Auftretenswahrscheinlichkeit bedeutet, daß auf möglichst jedes Verhalten ein Strafreiz folgt. Je länger der Abstand zwischen Verhalten und darauf bezogener Strafe ist, um so wirkungsloser erweist sie sich, und je niedriger die Motivation zur Ausführung des Verhaltens, um so besser dessen Kontrolle durch Strafe. An zwei Beispielen aus unserem Alltag sei dies erläutert: Wegen der schmerzhaften Folgen legen wir uns normalerweise auf einer Wiese nicht in die Brennesseln. Die relativ hohe, unmittelbar und ziemlich sicher erfolgende Schmerzempfindung durch Hautkontakt geht in diesem Fall auch mit einer geringen Motivation zu einem derartigen Verhalten einher. Die Bedingungen optimaler Strafwirkung sind hier also recht gut ausgeprägt und kontrollieren wirkungsvoll unser Handeln.

Betrachten wir demgegenüber das Verhalten eines Autofahrers, der die zulässige Geschwindigkeitsgrenze überschreitet. Der auf dieses Verhalten folgende Strafreiz in Form eines Bußgeldbescheides und Eintrages in die Flensburger Kartei übt eine viel geringere Kontrolle aus: Er ist – vorausgesetzt der Fahrer hat noch kein allzu hohes »Punktekonto« – von niedriger Intensität und Dauer, erfolgt darüber hinaus nur mit sehr geringer Wahrscheinlichkeit (Konsequenz) und kommt in aller Regel erst mehrere Wochen nach der Geschwindigkeitsüberschreitung mit der Post ins Haus (keine Unmittelbarkeit). Die hohe Motivation zum schnelleren Fahren wird deshalb kaum eingeschränkt, kurzum, Geschwindigkeitsüberschreitung bleibt ein sehr häufiges Delikt.

Die Wirksamkeit der hier behandelten Strafart als Form der Verhaltenssteuerung steht zwar außer Frage, stellt sie deshalb aber auch ein angemessenes Erziehungsmittel dar? Ein Blick in den Erziehungsalltag belegt jedenfalls ihre häufige Anwendung, wie aus einer Vielzahl empirischer Studien hervorgeht. So fand sich in der Interaktion von Grundschullehrern zu ihren Schülern gelegentlich sogar ein Anteil von über 70% aversiver Interaktionen. Gerade wegen ihrer Wirksamkeit und ihres häufigen Einsatzes ist es deshalb notwendig, auch auf die Probleme und eventuellen Nebenwirkungen des Strafeinsatzes im Humanbereich aufmerksam zu machen. Die Wirkung von Bestrafung durch die Darbietung eines aversiven Reizes läßt sich unter Zuhilfenahme des Konstruktes »Angst« erklären. So wird in einer Interpretation angenommen, daß Angst das bestrafte Verhalten hemmt und die Situation über klassische Konditionierung zu einem konditionierten Reiz (CS) für die konditionierte Reaktion »Angst« werden läßt (vgl. z. B. Williams 1973, S. 155 ff.). Die mit Strafe verbundenen Probleme gehen vor allem auf den Zusammenhang mit Angst zurück.

An Nachteilen sind deshalb besonders die folgenden zu nennen:

- Infolge ihrer Assoziation mit Schmerz und Angst fördern intensive und über einen langen Zeitraum eingesetzte Strafmaßnahmen die *Neigung zu Flucht- und Vermeidungsreaktionen*, d. h. das Individuum versucht, wenn möglich, sich der Wirkung aversiver Reize zu entziehen.
- Bestrafung durch aversive Reize kann zu Ärgerreaktionen führen, welche ihrerseits *aggressives Verhalten* nach sich ziehen. Aggression dient dabei nicht der Vermeidung von Strafmaßnahmen, sondern wird durch das mit Ärger einhergehende erhöhte Erregungsniveau initiiert.
- Als – zumindest im Tierversuch – empirisch belegt kann der Zusammenhang von Strafe und manchen *psychosomatischen* Zustandsbildern angesehen werden, z. B. Magengeschwüre, Gewichtsverlust etc.
- Im kognitiven Bereich werden Selbstwahrnehmung und innerer Dialog negativ beeinflußt, so daß langfristig eine *Beeinträchtigung des Selbstkonzeptes* resultieren kann.

- Wegen der Generalisierung des konditionierten Angstauslösers können nicht nur die unmittelbar bestraften Reaktionen, sondern auch *in deren Umfeld liegende* Verhaltensweisen gehemmt und eingeschränkt werden.
- Die Anwendung von Strafe stellt für die bestrafte Person ein *Modell für aggressives Verhalten* dar, worauf vor allem Bandura (1973) aufmerksam machte.
- Selbstverständlich wirkt sich häufiges Bestrafen auch negativ auf der *Beziehungsebene* aus.
- Als alleinig angewandte Strategie besitzt Strafe schließlich noch den Nachteil, dem Betroffenen nicht anzugeben, welches Verhalten er anstelle des bestraften zeigen soll. Die daraus u. U. resultierende *erlernte Hilflosigkeit* wird von Seligman (1975) in Beziehung zu depressiven Verhaltensweisen gesetzt.

Die genannten möglichen Nebenwirkungen stellen keine in jedem Fall zu erwartenden Folgen des Strafeinsatzes dar, sondern sind das Ergebnis vieler Einflußgrößen, welche darüber hinaus durch die Persönlichkeit des der Strafe ausgesetzten Individuums eine moderierende Wirkung erfahren. Bei Verwendung sehr hoher Intensitäten des aversiven Reizes, prolongiertem Strafeinsatz und einer Fixierung auf diese Form der Verhaltenssteuerung erhöht sich jedoch die Wahrscheinlichkeit ihres Auftretens. Sie zwingen in jedem Fall zu einem verantwortungsbewußten und kontrollierten Umgang mit Strafmaßnahmen.

Bestrafung durch Verstärkerentzug

In diesem Abschnitt sind noch zwei Prinzipien mit verhaltensreduzierender Wirkung anzusprechen, und zwar das Ausbleiben bisher gewohnter positiver Verstärker, auch *Löschung* (Extinktion) oder Abschwächung genannt, und der auf ein bestimmtes Verhalten hin erfolgende *Entzug eines positiven Verstärkers*.

Die Untersuchung der Löschung operanten Verhaltens erfolgte dabei insbesondere in der tierexperimentellen Grundlagenforschung, wohingegen die Befunde zur Bestrafung durch Verstärkerentzug fast ausnahmslos dem Humanbereich, also der angewandten Verhaltensanalyse entstammen.

Während mit Löschung eine bestehende Konsequenzverbindung durch das Ausbleiben weiterer positiver Verstärker abgeschwächt wird (die Taube erhält also für ihr Pickverhalten keine Futterpille mehr), dient der Verstärkerentzug dem Aufbau einer neuen Konsequenzverbindung (»Weil Du Deinen kleinen Bruder gerade geschlagen hast, mußt Du mit dem Fernsehen jetzt aufhören«).

Bestrafung durch Vorenthaltung oder Entzug positiver Verstärker besitzt den großen Vorteil, ohne die Verabreichung eines aversiven Reizes eine Verhaltensreduktion zu bewirken, so daß einige Negativfolgen der zuvor geschilderten Strafart nicht in dem dort zu erwartenden Ausmaß zu befürchten sind. Zwar handelt es sich auch hier um eine Folge »negativer Verhaltenskontrolle«, da das Ausbleiben oder die Wegnahme eines positiven Verstärkers als aversiv erlebt wird. Die damit einhergehende emotionale Belastung scheint aber deutlich geringer zu sein, als dies bei der Bestrafung durch Darbietung eines aversiven Reizes der Fall ist. Vermutlich kommt nämlich der Angst hierbei keine entscheidende Bedeutung zu, statt dessen treten Enttäuschung und Frustration als Folgeerscheinungen auf.

Betrachten wir zuerst den Wirkungsmechanismus bei der Abschwächung oder Löschung eines Verhaltens: Hier kommt es nicht zu einer sofortigen Verhaltensreduktion, da der Effekt von Löschung weitgehend durch die vorhergehende Lerngeschichte, d. h. den erfahrenen Verstärkungsplan der zu reduzierenden Reaktion bestimmt wird (vgl. S. 60ff.). Löschung führt erst allmählich zu einem deutlichen Rückgang in der Auftretenswahrscheinlichkeit. Handelt es sich um keine bereits stark gefestigte Gewohnheit, bewirkt Löschung relativ schnell und kontinuierlich einen Rückgang in der Verhaltensrate. Anders verhält es sich bei häufig auftretenden stabilen Verhaltensweisen, weil hier der Anwendung von Löschung ein Widerstand entgegengesetzt wird, der kurzfristig, unmittelbar nach Einsetzen einer derartigen Maßnahme, zu einer spürbar erhöhten Verhaltensrate führt. Wegen dieses zwar zeitlich begrenzten, aber doch deutlichen Anstieges in Intensität und/oder Frequenz der zu reduzierenden Verhaltensweisen kann Löschung in der Praxis nur dann angewendet werden, wenn eine Intensitäts- oder Frequenzerhöhung keine mittel- oder langfristig negativen Wirkungen nach sich zieht. Neben der Erhöhung der Wahrscheinlichkeit des davon betroffenen Verhaltens zieht Löschung im Humanbereich auch häufig eine Zunahme von Aggression nach sich, insbesondere zu Beginn seiner Anwendung. Schließlich sind noch die sog. *Spontanerholungen* zu nennen, worunter man – in Analogie zum klassischen Konditionierungsparadigma – das Auftreten bereits gelöschter Verhaltensweisen trotz Beibehaltung der Abschwächungsprozedur versteht.

Die Behandlung von Löschung bzw. Abschwächung erfolgt in der Literatur in der Regel nicht in der hier vorgenommenen Weise. Manche Autoren (z. B. Jehle 1978) führen Löschung neben den behandelten Lernprinzipien als fünftes Prinzip des operanten Paradigmas an. Die meisten von ihnen behandeln Löschung aber ausschließlich im Hinblick auf das Verlernen einer positiv verstärkten Reaktion, ohne eine explizite Zuordnung zu einem Lernprinzip zu geben. Die hier vorgenommene Einteilung, Löschung als Sonderform der Bestrafung anzusehen – im deutschsprachigen Bereich erstmals von Rost (1982, S. 181) vorgetragen –, läßt sich aus dem mit Bestrafungsprinzipien identischen Effekt der Verhaltensreduktion sowie dem beim Betroffenen in der Regel provozierten Anwendungswiderstand begründen, der auf die aversive Qualität dieses Vorgehens verweist. Für die hier vorgenommene Zuordnung können auch tierexperimentelle Belege angeführt werden, die den Nachweis des aversiven Charakters von Löschungsprozeduren erbrachten (z. B. Brooks 1980).

Bleibt bei der Löschung quasi die stabilisierende Ursache eines Verhaltens aus, so besteht bei »response cost« und »time-out«, den im Rahmen der angewandten Verhaltensanalyse entwickelten Methoden, ein willkürlicher Bezug zwischen Reaktion und Verstärkerentzug. Bei »*response cost*« wird dabei eine bestimmte Quantität an bereits erhaltenen – in der Regel generalisierten – Verstärkern entzogen. Der Einsatz von »response cost« setzt zum einen voraus, daß ein Verstärker vorhanden ist, der entzogen werden kann, zum anderen, daß dem Individuum wieder die Möglichkeit eingeräumt wird, Verstärker zu erwerben.

Bei »*time-out*« wird der Zugang zu Verstärkungsmöglichkeiten für eine definierte Zeiteinheit kontingent auf die Äußerung eines Verhaltens hin vollständig unterbunden. Im Unterschied zu »response cost«, die sich am Betrag des Entzuges orientiert, geht es bei »time-out« um die Zeitspanne des Entzuges. Empirische Studien konnten die Überlegenheit kurzer, wenige Minuten dauernder »time-out«-Zeiten gegenüber längeren eindeutig belegen. Die Vorenthaltung aller gerade möglichen Verstärkungsbedingungen stößt in der Praxis häufig auf Schwierigkeiten und wird auch durch einen eigenen »time-out«-Raum, d. h. ein Zimmer ohne jede Ablenkungsmöglichkeiten, nicht vollständig kontrolliert. Paradoxe Effekte treten darüber hinaus auf, wenn die »time-out«-Maßnahme selbst zu einer Verstärkungsquelle wird, z. B. weil sie aversiv erlebte soziale Kontakte beendet.

3.3.5 Anwendungsbeispiele

Der Skinnerianische Ansatz hat – die Psychoanalyse einmal ausgenommen – wie kein anderer die angewandte Psychologie beeinflußt. Auf einige Anregungen für die Klinische und Pädagogische Psychologie sei deshalb kurz eingegangen.

Kontingenzmanagement

Innerhalb der Psychotherapie hat Skinners Lernpsychologie wesentlich zu einem »Paradigmawechsel« hinsichtlich der Ätiologietheorie psychischer Störungen beigetragen. Dies gilt insofern, als in diesem Modell – wie auch in anderen lerntheoretisch fundierten – psychische Störungen nicht mehr als Ausdruck eines innerpsychischen Konfliktes, sondern als das Ergebnis »normaler« Lernprozesse verstanden werden. Leider kann auf die damit verbundenen konzeptionellen und praktischen Folgerungen nicht eingegangen werden (siehe z. B. Schulte 1986), so daß es genügen muß, einige Grundannahmen derartiger Interventionsstrategien zu skizzieren. Die Anwendung operanter Prinzipien in der Praxis wird *Kontingenzmanagement* genannt und umfaßt eine Vielzahl verschiedener Vorgehensweisen. Dazu gehören auch die in diesem Kapitel behandelten Formen positiver und aversiver Kontrolle, die in spezifische Techniken (z. B. Münzverstärkungssysteme, Kontingenzverträge, Mediatorentherapie etc.; vgl. z. B. Reinecker 1986, Maercker 2000) Eingang gefunden haben.

Formal-methodisch sind diesen Strategien in der Regel folgende Merkmale gemeinsam:

- Sie nehmen ihren Ausgang in *klar definierten Verhaltensweisen* (»target behaviors«), welche entweder in ihrer Auftretenswahrscheinlichkeit erhöht (Verhaltensdefizite, z. B. zu seltenes Interaktionsverhalten bei gehemmten Klienten) oder aber reduziert werden sollen (Verhaltensexzesse, z. B. zu häufiges Schlagen anderer bei aggressiven Kindern).
- In der Verhaltensanalyse werden die das »target behavior« *stabilisierenden Kontingenzen* ermittelt (hypothetisches funktionales Bedingungsmodell) und zur Aufrechterhaltung positiven Alternativverhaltens notwendige Verstärker diagnostiziert.
- Die eigentliche Modifikation besteht in der Herstellung *neuer Verstärkungsbedingungen* bzw. dem Ausschluß der das Problemverhalten aufrechterhaltenden Kontingenzen.
- Zur Kontrolle der Intervention werden wenigstens zwei Datenquellen gegenübergestellt. Dies sind die *vor* Beginn der Intervention festgestellte *Grundrate* des »target behaviors«, die in der »Baseline«-Phase ermittelt wird (z. B. durch Strichlisten

über die Häufigkeit des Problemverhaltens) und dessen *während der Modifikation* festgestellte Häufigkeit. Operante Methoden verlangen deshalb eine kontinuierliche Registrierung der »behandelten« Verhaltensweisen. Der Vergleich von Baseline- und Modifikationsdaten erlaubt eine Beurteilung der Intervention: Tritt der erwartete Effekt ein, gilt dies als Bestätigung des angenommenen Verursachungsmodells, ist die Wirkung dagegen nicht »regelhaft«, ermöglicht dies eine Änderung der Strategie bzw. eine Rückkehr in die diagnostische Phase. Diese »experimentelle« Kontroll- und Korrekturmöglichkeit stellt meines Erachtens den wesentlichen Unterschied zu anderen Therapiemodellen dar.

- Schließlich wird in einem sog. *»follow-up«* (Nachbefragung) überprüft, inwieweit die erzielten Effekte ohne weitere gezielte Modifikation bestehen bleiben, d. h. auf die Alltagsbedingungen generalisieren.

Programmierter Unterricht

Im Jahre 1954 unterzieht Skinner in seinem Aufsatz »The Science of Learning and the Art of Teaching« die pädagogische Praxis des Schulunterrichts einer Analyse und kommt darin zu einem »vernichtenden« Urteil. Insbesondere kritisiert er den vorwiegenden Gebrauch negativer Verstärker bei den Lehrkräften, die weitgehend passive Rolle des Lernenden, den viel zu langen Aufschub der Leistungsrückmeldung sowie die mangelnde Berücksichtigung interindividueller Unterschiede hinsichtlich der Lernfähigkeit. Einen Ausweg aus diesem Dilemma sieht er in der systematischen Anwendung operanter Prinzipien auf die Unterrichtsgestaltung und schlägt zur Vermeidung der genannten Nachteile als Lösung den *programmierten Unterricht* vor, eine Form externer Lernregelung. Wie in anderen Unterrichtsmodellen auch stellt die grundlegende Komponente das Unterrichtsmaterial dar, nun Programm genannt. Die einzelnen Bausteine des Programms, seine *Rahmen* (»frames«), enthalten jeweils eine bestimmte Informationseinheit, zu der eine Frage gestellt wird, die der Schüler beantworten muß.

In der Anordnung der Rahmen favorisiert Skinner *lineare Programme*, bei denen das Lernmaterial in so kleinen (leichten) aufeinander aufbauenden Schritten dargeboten wird, daß mit hoher, d. h. etwa 90–95%iger Wahrscheinlichkeit von den Schülern eine richtige Antwort gegeben wird. Im Unterschied zu anderen Programmen, z. B. den *verzweigten*, versuchen lineare, Falschantworten auszuschließen und werden von allen Schülern in der gleichen Reihenfolge bearbeitet, wenngleich mit unterschiedlichem Tempo. Anfangs konzipierte Skinner für die programmierte Unterweisung spezifische Lehrmaschinen (»teaching machines«), später erschienen auch programmierte Bücher, z. B. das Lehrbuch von Holland und Skinner (1971) »Analyse des Verhaltens«. Das folgende Beispiel einer programmierten Unterweisung enthält die ersten fünf »frames« eines Physik-Programms für »High-school«-Schüler (Skinner 1960, zit. nach Smith & Hudgins 1972, S. 581):

Zu vervollständigender Satz	Fehlendes Wort
1. Die wichtigen Teile einer Taschenlampe sind Batterie und Glühbirne. Wenn wir die Taschenlampe »anknipsen«, schließen wir einen Stromkreis zwischen der Batterie und der ...	Glühbirne
2. Wenn wir eine Taschenlampe anknipsen, fließt elektrischer Strom durch den Draht in der ... und läßt ihn heiß werden.	Glühbirne
3. Wenn der heiße Draht hell glimmt, sagen wir, daß er Hitze und ... aussendet oder ausstrahlt.	Licht
4. Der feine Draht in der Glühbirne wird Faden genannt. Die Glühbirne »leuchtet auf«, wenn der Drahtfaden vom Durchlaufen eines ... Stroms erhitzt wird.	elektrischen
5. Wenn eine schwache Batterie wenig Strom erzeugt, wird der feine Draht oder ... nicht sehr heiß.	Faden

Bei der Bearbeitung bleiben die Lösungen so lange verdeckt, bis der Schüler seine Antwort in die markierte Stelle des Textes eingetragen hat, erst dann erfolgt der Lösungsvergleich, d. h. in aller Regel die Verstärkung, die in der Information besteht, die richtige Antwort gegeben zu haben.

Zwar vermeidet der programmierte Unterricht die von Skinner kritisierten Nachteile traditioneller Schulpädagogik, auch konnte seine Überlegenheit in Teilbereichen der Unterrichtspraxis vor allem bei den leistungsschwächeren Schülern bestätigt werden, dennoch hat er die Unterrichtsgestaltung nicht revolutioniert. So sehen Gage & Berliner (1986, S. 558 f.) den Beitrag des programmierten Unterrichts weniger in dessen – mittlerweile nur noch selten favorisierten – »Technologie« als vielmehr in seinen allgemeinen Auswirkungen auf die Schulpraxis. Hier nennen die Autoren als positive Folgen die Verbesserung des Unterrichtsmaterials, die größere Rücksicht auf den einzelnen Schüler im Sinne eines individualisierten Unterrichts, die Betonung von dessen Selbstbeteiligung sowie das Bestreben nach deutlicherer Rückmeldung durch den Lehrer. Einige Grundsätze der programmierten Unterweisung gewannen jedoch im Umgang mit dem Computer erneut an Aktualität und werden bei vielen Computer-Spielen und Computer-Programmen verwirklicht.

3.4 Bewertung

Von den hier behandelten lernpsychologischen Paradigmen besitzt der verstärkungstheoretische Ansatz die wichtigste Tradition und konnte sich – beginnend mit Thorndike bis hin zu Skinner – über einen Zeitraum von gut 70 Jahren behaupten. Verstärkung wurde dabei entweder physiologisch im Sinne einer Spannungs- und/oder Bedürfnisreduktion (vgl. Hull, Mowrer) interpretiert oder aber verhaltensbezogen, d. h. in funktionalem Sinn verstanden (vgl. Thorndike, Skinner). In jedem Fall wurde aber eine erlebnisabhängige Bestimmung dieses Begriffs – in Übereinstimmung mit der behavioristischen Grundposition – abgelehnt. Entsprechend vielfältig und weit erwies sich die Spannbreite der unter diesem Paradigma vertretenen Standpunkte. Von allen Verstärkungsmodellen hat dasjenige Skinners einen bedeutenden und bleibenden Einfluß auf die Gesamtentwicklung der psychologischen Disziplin genommen und stellenweise sogar zu einer Gleichsetzung von Lernpsychologie mit dieser Position geführt. Insbesondere in dem Versuch, aus der Laborsituation gewonnene Erkenntnisse für Belange der angewandten Psychologie nutzbar zu machen, erwies sich das operante Lernmodell als erfolgreich und hat auf diese Weise zu einer Instrumentalisierung psychologischen Wissens beigetragen. Dieses Verdienst wird auch durch Westmeyers (1976) Analyse nicht geschmälert, die nachweisen konnte, daß die Anwendung operanter Prinzipien im Humanbereich wissenschaftstheoretisch keineswegs als Anwendung der im Tierlabor entwickelten Theorie angesehen werden darf. Diese gibt lediglich in heuristischem Sinn einen groben Rahmen ab, innerhalb dessen eventuell relevante Parameter entdeckt werden können. Wendet man Westmeyers Kriterien an andere psychologische Theorien an, schneiden sie übrigens kaum besser ab als diejenige Skinners, was entsprechend dem generellen »vorparadigmatischen« Status psychologischer Theorien (vgl. Kuhn 1970) kaum verwundern dürfte.

Eine umfassende Übersicht zum operanten Konditionieren geben Angermeier, Bednorz & Hursh (1994) aus experimenteller und Metzger (1996) aus allgemeiner und klinischer Sicht.

Bei der Übertragung tierexperimenteller Befunde auf den Humanbereich zeigen sich aber deutliche Schwächen der Skinnerschen Position, die vor allem durch die weitgehende Vernachlässigung innerorganismischer, speziell kognitiver Variablen hervorgerufen werden. Darüber hinaus erfährt der Universalitätsanspruch auch im Tierbereich seine Einschränkungen. Grundsätzliche Kritik an Skinners Ansatz ist nach Scheerer (1983) in mehrerlei Hinsicht angebracht, wobei es nicht um die immer wieder replizierten Befunde als vielmehr um den vorgetragenen Universalitätsanspruch geht: Scheerer zufolge fehlt der von Skinner vertretenen Umweltbestimmtheit des Verhaltens eine angemessene Theorie der Umwelt, d. h. »Die zu verändernde Umwelt wird nirgends auf ihre eigenen, vom Verhalten unabhängigen, aber für sie relevanten Gesetzmäßigkeiten untersucht;« (1983, S. 130). Zum zweiten kennt Skinners Lernpsychologie keine Entwicklungsgesetze, d. h. es handelt sich um Gesetze, die Universalität beanspruchen, also für jedes (höhere) Lebewesen in gleicher Weise gelten sollen. Qualitative Unterschiede im Entwicklungsverlauf, wie sie z. B. durch entwicklungspsychologische Forschungsergebnisse belegt werden, finden in Skinners Ansatz keinen Platz.

Schließlich kritisiert Scheerer noch die Konzeption des *privaten Verhaltens* (»private events«), insofern Skinner inneren Prozessen keine kausale Rolle zuspricht, sondern sie als ausschließliche Folge äußerer Prozesse interpretiert. »Private events« sind damit nicht qualitativ von äußeren Ereignissen verschieden und verlangen auch keine anderen Analyseeinheiten. Die Vernachlässigung einer Betrachtung der »Innenwelt« mit eigenen Methoden ist die Folge.

4 Lernen durch Beobachtung

4.1 Vorbemerkungen

Die in diesem Kapitel zu behandelnde Lernart, das Beobachtungs- oder Modellernen, stellt den dritten »main stream« der Lernpsychologie dar und thematisiert in ihrer gegenwärtigen Form insbesondere die Bedeutung kognitiver Faktoren für das Lernen. Obwohl bereits von der Pädagogik der griechischen Antike die »Vorbildwirkung« erkannt und genutzt wurde, beginnt die ausgedehnte experimentelle Beschäftigung mit dieser Lernart erst im Jahre 1941 mit der Publikation »Social Learning and Imitation« von Miller und Dollard. Thorndike hatte schon 1898 (S. 47–64) versucht, Beobachtungslernen experimentell nachzuweisen. Er ließ z. B. eine unerfahrene Katze eine im Umgang mit dem von ihm entwickelten Problemkäfig bereits kompetente Katze beobachten, jedoch erwies sich diese Vorgehensweise nicht als verhaltenswirksam: Wurde das beobachtende Tier selbst in den Käfig gesetzt, zeigte es keinerlei Art von Lerngewinn und verhielt sich wie alle anderen unerfahrenen Tiere. Da sich das gleiche Resultat bei Verwendung anderer Tierarten ergab und darüber hinaus von Watson (1908) repliziert werden konnte, ging man weiterhin davon aus, Lernen komme nur durch unmittelbare Erfahrung zustande.

Im Grunde genommen verstehen auch Miller und Dollard das Beobachtungslernen noch nicht als eine eigenständige Lernart, sondern als einen Sonderfall des Verstärkungslernens. Sie nehmen nämlich an, daß das Modellverhalten zu einem Hinweisreiz wurde, der das Auftreten von Verstärkung anzeigte. Verhaltensweisen, die ein Modell (Vorbild) vormacht, werden ihnen zufolge dann gelernt, wenn auf ihre Äußerung eine Belohnung folgt. Die Bestimmungsstücke der operanten »Gleichung«, nämlich Hinweisreiz (S^D = hier: Modellverhalten), Reaktion (R = hier: Nachahmung) und Verstärkung (C) werden als ausreichend für die Erklärung von Modelleffekten angesehen. Auch für Mowrer (1960) läßt sich Beobachtungslernen mit den bereits dargestellten Prinzipien erklären. In der von ihm vorgeschlagenen »Theorie des sensorischen Feedback« berücksichtigt er neben der operanten noch das Konzept der klassischen Konditionierung, das für die vom Beobachter erlebte emotionale Qualität der am Modell wahrgenommenen Verhaltensweisen verantwortlich sein soll.

Die sozial-kognitive Lerntheorie Banduras geht demgegenüber über die Paradigmen der Kontiguität und Verstärkung hinaus und bereichert die lernpsychologische Analyse um wichtige Konzepte.

4.2 Sozial-kognitive Lerntheorie: Bandura

Mit der Darstellung der Lerntheorie von A. Bandura wird der derzeitige lernpsychologische Forschungsstand erreicht, in dem neben vorausgehenden und nachfolgenden Bedingungen insbesondere kognitive Faktoren Berücksichtigung finden.

A. Bandura wurde 1925 in Kanada geboren und lehrt seit 1964 Psychologie an der Stanford Universität in Kalifornien. Seine Überlegungen zur Lerntheorie hat er seit Erscheinen des zusammen mit Walters verfaßten Bandes »Social Learning and Personality Development« (1963) mehrfach umformuliert und (Bandura 1986, 1997) zu einer allgemeinen sozial-kognitiven Theorie ausgeweitet. In unserem Zusammenhang werden wir uns auf die lernpsychologischen Aspekte der Theorie, nämlich das Beobachtungslernen und die Analyse ausgewählter selbstbezogener Kognitionen beschränken.

Anders als die bisher behandelten Lerntheoretiker bezieht sich Bandura in seinen vielfältigen und häufig realen Lebenssituationen sehr angeglichenen experimentellen Arbeiten ausschließlich auf Humanstudien und äußert sich deshalb auch über die »Natur des Menschen«, der er folgende grundsätzliche Merkmale zuspricht (1986, S. 18 ff.):

Durch die Fähigkeit zum *Gebrauch von Symbolen* können z. B. einmal gemachte Erfahrungen im Bewußtsein festgehalten werden und neue Erfahrungen ohne einübendes Verhalten zustande kommen. Gedanken werden damit zu einer möglichen Quelle der Verhaltensbeeinflussung. Die Fähigkeit zu *vorausschauendem Denken*, also die Vorwegnahme möglicher zukünftiger Ereignisse, übt Bandura zufolge einen wichtigen Einfluß auf momentanes Verhalten und Handeln aus, da sich daraus vielfältige Motivationen entwickeln können. Die gedankliche Antizipation der möglichen Zukunft kann auf diesem Weg zu einem Hinweisreiz für die Ausführung eines Verhaltens werden.

Die Möglichkeit, nicht nur durch unmittelbare Erfahrung, sondern auch *stellvertretend durch Beobachtung* zu lernen, nimmt in

Banduras Ansatz einen besonderen Platz ein (siehe Kap. 4.2.1). Es bleibt in diesem Modell nicht nur bei der Relativierung momentaner zeitlich-räumlicher Bedingungen im Prozeß der Verhaltenssteuerung, sondern durch die Berücksichtigung internaler, vom Individuum selbst gesetzter Standards der Verhaltensbewertung im Falle der *Selbstregulation* wird die Person auch vom sozialen Umfeld potentiell unabhängig. Durch seine *selbst-reflexiven* Fähigkeiten ist der Mensch schließlich in der Lage, seine Erfahrungen auszuwerten und über sich selbst nachzudenken. Letzteres erfolgt oft über die Beurteilung eigener Kompetenz und Möglichkeiten der effektiven Beeinflussung der Wirklichkeit.

Wie diese wenigen Anmerkungen zeigen, berücksichtigt Bandura die Innenwelt der Person als zusätzliche wesentliche Determinante ihres Handelns, ohne dabei jedoch dem in der Psychologiegeschichte immer wieder beobachtbaren Irrtum zu erliegen, entweder nur personale oder nur umweltbezogene Determinanten zuzulassen. In seiner Vorstellung des *reziproken Determinismus* stehen Bedingungen der Person, des Verhaltens und der Umwelt in gegenseitiger Wechselwirkung.

4.2.1 Modellernen

Unter Modell- oder Beobachtungslernen versteht Bandura den Erwerb oder die Veränderung von Verhaltensweisen durch Beobachtung eines Modells (Vorbildes), welches entweder real (z. B. als Person) oder symbolisch (z. B. als Text) gegeben sein kann. Die zumindest für die frühen Arbeiten Banduras typische Versuchsanordnung sei anhand eines klassischen Experiments beschrieben (Bandura 1965):

66 Kinder im Alter von 3,5 bis 6 Jahren wurden einer von drei Gruppen zugewiesen. Im Einzelversuch sah jedes Kind einen Film, in dem ein Erwachsener im Umgang mit einer lebensgroßen Puppe acht ungewöhnliche aggressive Reaktionen zeigte *(Darbietungsphase)*.

Während dieser Film für alle drei Gruppen identisch war, unterschied sich das Ende des Films in den Gruppen folgendermaßen: In Gruppe I beobachteten die Kinder, wie das Modell für sein aggressives Verhalten belohnt, in Gruppe II dagegen, wie es bestraft wurde. Für die Kinder der Gruppe III blieb das Modellverhalten ohne irgendwelche Konsequenzen.

Nach der Präsentation dieses Films wurden die Kinder während 10 Minuten – ebenfalls im Einzelversuch – in einem Spielzimmer allein gelassen, in dem sich neben anderen Spielsachen auch die im Film verwendeten Gegenstände befanden. Zwei Beobachter registrierten nun, wieviele der vom

Modell gezeigten aggressiven Verhaltensweisen von den Kindern ausgeführt wurden *(Messung der spontanen Verhaltensausführung)*.

Im letzten Teil des Versuchs *(Feststellung der Verhaltensaneignung)* wurden die Kinder vom Experimentator für jede richtige Wiedergabe der Modellverhaltensweisen belohnt.

Mit diesem Experiment konnte Bandura nachweisen, daß die vom Modell erfahrene Konsequenzbedingung Einfluß auf die Nachahmungsrate der Vpn nimmt (höchste Nachahmung in Gruppe I, niedrigste in Gruppe II), daß es geschlechtsspezifische Unterschiede in der Nachahmung aggressiven Verhaltens gibt (Mädchen imitierten im Schnitt weniger als Jungen) und daß die Belohnung richtig wiedergegebener Verhaltensweisen (letzter Teil des Versuchs) in allen drei Gruppen zur höchsten Nachahmungsrate führte.

Die Beobachtung eines Modells kann zu verschiedenen Effekten führen, nämlich der

- *Aneignung neuer*, d. h. noch nicht im Repertoire befindlicher kognitiver Fähigkeiten und Verhaltensmuster (so mag sich ein Jugendlicher via Modellernen erstmals zum Leidwesen seiner Eltern eine Punkfrisur zulegen);
- *Hemmung bzw. Enthemmung* von bereits gelernten Verhaltensweisen, wobei insbesondere die beim Modell wirksamen Konsequenzen die Richtung des Einflusses bestimmen;
- *Reaktionserleichterung*, wobei das Verhalten des Modells als Auslöser (»prompt«) für die Ausführung des gleichen Verhaltens dient;
- *Veränderung des emotionalen Erregungsniveaus* (»arousal«) aufgrund der Beobachtung emotionaler Inhalte beim Modell;
- *Stimulusintensivierung*, worunter Bandura die Möglichkeit versteht, daß das Modell die Aufmerksamkeit des Beobachters auf spezifische Gegenstände oder Anhaltspunkte (Stimuli) lenkt, welche vom Beobachter in Zukunft häufiger verwendet (Gegenstände) bzw. beachtet werden.

Während in der Regel vom Beobachter das Modellverhalten weitgehend in der dargebotenen Art übernommen wird, nennt Bandura noch zwei Sonderfälle des Modellernens, bei denen es zu neuen – über das Modell hinausgehenden – Verhaltensweisen kommt, nämlich die abstrakte sowie kreative Modellierung. Bei der *abstrakten Modellierung* besteht die Modellwirkung in der Übernahme von Regeln oder Prinzipien, die dem Modellverhalten zugrunde liegen. Diese Regeln werden auf neue Anwendungszusammenhänge übertragen. Abstrakte Modellierung setzt demnach (a) das Erkennen wesentlicher Merkmale einer sozialen Situation, (b) die Abstraktion der Gemeinsamkeiten in Form einer Regel, (c) die Anwendung der Regel in neuen situativen Feldern voraus. Demgegenüber werden bei der *kreativen Modellierung* die Einflüsse mehrerer Modelle vom Beobachter zu neuen Kombinationen zusammengefügt. Je vielfältiger dabei die »Modellumgebung«, desto wahrscheinlicher die Entstehung neuer Verhaltensmuster.

Bevor die dem Modellernen zugrundeliegenden Prozeßparameter dargestellt werden, ist noch auf eine wesentliche Implikation von Banduras Theorie hinzuweisen, nämlich die Unterscheidung von *Verhaltensaneignung* (»acquisition«) und *Verhaltensausführung* (»performance«). Lernen bezieht sich dabei nicht nur wie z. B. bei allen bisher behandelten Ansätzen – auf den letztgenannten Aspekt, sondern liegt bereits vor, wenn Verhaltensweisen durch Beobachtung erworben und gespeichert wurden. Bandura konnte diese Unterscheidung durch das geschilderte Experiment eindrucksvoll belegen: Obwohl bei der spontanen Verhaltensausführung etliche aggressive Verhaltensweisen des Modells gezeigt wurden, ließ sich – wie bereits erwähnt – die Reproduktionsrate deutlich erhöhen, wenn die Kinder für jede richtig wiedergegebene Verhaltensweise eine Belohnung erhielten. Die Kinder hatten also vom Modell mehr Verhaltensweisen gelernt, als sie spontan auszuführen bereit waren. Aneignung und Ausführung von Verhaltensweisen werden in diesem Modell also von unterschiedlichen Variablen gesteuert.

Prozeßvariablen

Betrachtet man Modellernen als einen Prozeß, so sind an diesem jeweils vier ineinandergreifende Komponenten beteiligt: Der Beobachter muß die zu modellierenden Merkmale des Modells aufmerksam wahrnehmen und im Gedächtnis abspeichern. Soll das Verhalten schließlich ausgeführt werden, muß er über die dafür notwendigen Fertigkeiten und Fähigkeiten verfügen sowie in einer bestimmten Situation zur Ausführung motiviert sein. Als konstituierende Merkmale des Modellernens ergeben sich somit Aufmerksamkeits-, Behaltens-, Ausführungs- und Motivationsaspekte, wie aus nachfolgender Abbildung hervorgeht. Die beiden erstgenannten Subkomponenten steuern dabei den *Aneignungsprozeß*, die beiden letztgenannten sind für die *Ausführung* der modellierten Inhalte verantwortlich.

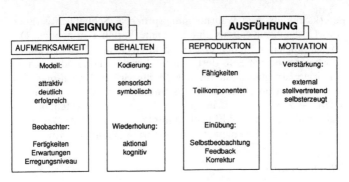

Abb. 6: Subkomponenten des Modellernens (mod. nach Bandura 1986, S. 52)

Aufmerksamkeitsprozesse

»Man kann durch Beobachtung nicht viel lernen, wenn man nicht die relevanten Aspekte der nachzuahmenden Aktivitäten beachtet und genau wahrnimmt« (Bandura 1986, S. 51). Bereits mit seinen ersten Untersuchungen konnte Bandura zeigen, daß sich die *Attraktivität des Modells* – ausgewiesen durch Prestige, Macht und Kompetenz sowie seine Ähnlichkeit mit dem Beobachter – als aufmerksamkeitsbeeinflussend erweist. Modelle, die diese Merkmale verkörpern, wurden besonders leicht imitiert, wobei die Beurteilung über das Vorhandensein der Merkmale stets aus der Sicht des Beobachters erfolgt. Das Modellverhalten muß sich dabei von anderen, gleichzeitig ablaufenden Reaktionen deutlich abheben und darf in seinem Komplexitätsgrad den Beobachter nicht überfordern. Ein entscheidender Einfluß geht auch vom funktionalen Wert eines Modellverhaltens aus, d. h. seiner Effektivität und Nützlichkeit in der Bewältigung von Problemen. Allgemein läßt sich sagen, daß Verhaltensweisen, die sich als ineffektiv erweisen, in Zukunft nicht beibehalten werden.

Auf der *Seite des Beobachters* nennt Bandura als wesentliche Merkmale dessen physiologische und kognitive Fähigkeiten, die den Rahmen abstecken, in dessen Bereich Aufmerksamkeitsprozesse ablaufen können. Neben diesen Bedingungen spielen auch erworbene Wahrnehmungseinstellungen und Vorlieben eine Rolle, da sie darüber mitentscheiden, welchen Aspekten der Umwelt sich das Individuum bevorzugt zuwendet. Je reicher die individuellen Erfahrungen und je differenzierter die kognitiven Fähigkeiten der Person, um so genauer und präziser verlaufen die Aufmerksamkeits- und Wahrnehmungsprozesse. Schließlich ist noch das Erregungsniveau als eine relevante Variable zu nennen. Die Beachtung eines Modellreizes wird durch ein mittleres Erregungsniveau am besten gefördert, während sich zu hohe oder extrem niedrige Erregungszustände negativ auswirken. Bei zu niedriger Erregung ist im allgemeinen das Interesse an der Umwelt reduziert, bei zu starker, z. B. intensivem Angsterleben, besteht die Gefahr, daß die äußere Wirklichkeit infolge der zu starken Beschäftigung mit dem »Innenleben« verzerrt wahrgenommen wird.

Behaltensprozesse

Durch diesen zweiten Subprozeß werden die am Modell wahrgenommenen Inhalte symbolisch im Gedächtnis des Beobachters gespeichert und sind nun von der Anwesenheit des Modells unabhängig. Die Speicherung von Informationen im Gedächtnis bedeutet nicht einfach eine Ablegung der wahrgenommenen Inhalte. Sie umfaßt vielmehr einen Verschlüsselungsprozeß, Repräsentation oder *Kodierung* genannt, mittels dessen die Modellaspekte in Symbole übertragen werden, welche dann aus dem Gedächtnis abgerufen werden. Auf das Modellernen bezogen, sind Bandura zufolge vor allem Repräsentationen in Form sensorischer Vorstellungen oder sprachlich-konzeptueller Art (verbale Kodierung) von Bedeutung. Vorstellungsmäßige Repräsentationsformen überwiegen dabei in der Kindheit und werden im weiteren Entwicklungsverlauf zunehmend durch sprachliche Repräsentationen ersetzt. Letztere besitzen den Vorteil, eine Vielzahl von Informationen leicht zu speichern. So genügt die Repräsentation des Begriffes »Hund«, um unterschiedlichste Rassen dieser Art zu benennen. Zur Beibehaltung eines Inhaltes im Gedächtnis bedarf es seiner *Wiederholung* (Nachbildung, Übung), sei es in kognitiver (vorstellungsmäßiger, gedanklicher) oder aktionaler Form. Neu kodierte Modellreaktionen werden immer zum bestehenden Wissen und Können des Beobachters in Beziehung gesetzt, also nicht isoliert abgespeichert, sondern in die kognitive Organisation eingebunden, d. h. sie werden aufgrund der individuellen Lerngeschichte des Beobachters wirksam.

Motorische Reproduktionsprozesse

Bei der dritten am Modellernen beteiligten Komponente geht es um die Umsetzung der symbolisch repräsentierten Modellinhalte in entsprechende Verhaltensweisen. Die Ausführung eines Modellverhaltens setzt, wie wir gesehen haben, ein angemessenes inneres Bild desselben voraus, jedoch ist dies nicht unbedingt ausreichend, um eine korrekte Ausführung zu garantieren. So sind wir trotz richtiger kognitiver Repräsentation nicht in der Lage, das Verhalten eines Turners am Reck nachzuahmen, wenn uns die dafür notwendigen motorischen Fertigkeiten fehlen. Häufig stehen die zur Ausführung notwendigen *motorischen Teilkomponenten* noch nicht hinreichend zur Verfügung und müssen erst durch Übung aufgebaut werden. Wesentlich bei derartigem *Einüben* motorischer Muster ist dabei die Rückmeldung (»feedback«) über die Güte der Verhaltensausführung, d. h. dessen Übereinstimmung mit dem Modell. Je stärker die Diskrepanz zwischen vorgestelltem und tatsächlichem Effekt, um so notwendiger erweist sich eine Korrektur der Verhaltensausführung. Inwieweit sich eine Verhaltensrückmeldung günstig auswirkt, hängt vor allem vom Zeitpunkt ab, zu dem sie gezeigt wird (möglichst unmittelbar) und von ihrer Genauigkeit (möglichst unter Bezug zu Einzelkomponenten). Sie sollte sich dabei sowohl auf die beherrschten Aspekte als auch die Korrektur der noch unzureichend ausgeführten Einzelfertigkeiten beziehen und eine schrittweise verbesserte Anpassung an das gewünschte Modellverhalten anzielen. Eine wertvolle Hilfe stellen dabei objektivierende visuelle Rückmeldungen dar, z. B. in Form von Videoaufnahmen.

Motivationale Prozesse

Verfügt der Beobachter über die notwendigen motorischen Fertigkeiten, so geht der entscheidende Impuls zur Ausführung eines Modellverhaltens von der motivationalen Situation des Beobachters aus. Vereinfacht formuliert wird die Wahrscheinlichkeit der Ausführung eines modellierten Verhaltens erhöht, wenn dieses positive Folgen nach sich zieht. Dieser Zusammenhang wurde im 3. Kapitel ausführlich dargestellt und wird in diesem Sinne auch von Bandura anerkannt. Der Verstärkungsbegriff, den er neuerdings durch denjenigen des Anreizes (»incentive«) ersetzt, wird von ihm aber viel weiter gefaßt und beinhaltet zwei Funktionen: Zum einen entsteht beim Beobachter die Erwartung, durch Ausführung der am Modell beobachteten Verhaltensweise ebenfalls die von diesem erfahrenen Konsequenzen zu erhalten, zum anderen dient Verstärkung als Anreiz, die gelernten Verhaltensweisen auch auszuführen. Neben der *externen Verstärkung* im Sinne von Skinner berücksichtigt Bandura auch die *stellvertretende Verstärkung* (»vicarious reinforcement«), d. h. die Beobachtung der beim

Modell wirksamen Konsequenzbedingungen sowie die von Umwelteinflüssen prinzipiell unabhängige *Selbstverstärkung*, bei der das Individuum sein Verhalten nach selbstgesetzten Standards bewertet.

Verstärkung wird von Bandura also insofern unter einer mehr kognitiven, antizipatorischen Perspektive definiert, als er bereits der Erwartung von Konsequenzen verhaltenssteuernde Funktion zuspricht. Seiner Meinung nach beeinflussen weniger die tatsächlichen (objektiven) Umweltereignisse das Verhalten, als vielmehr die erwarteten Beziehungen zwischen ihnen und dem Handeln. Daraus folgt, daß Konsequenzbedingungen nicht wie im operanten Modell angenommen »automatisch« wirksam sind, sondern daß das Individuum sich – z. B. im Falle des Konflikts mit selbstgesetzten Standards – ihrem Einfluß entziehen kann.

Bandura erklärt Beobachtungslernen über die Wirkung der vier Subkomponenten, die über dessen Gelingen oder Mißlingen bestimmen. Die Quellen der Fehler sind dabei vielseitig und können sich auf einen oder mehrere Aspekte beziehen. Besondere Berücksichtigung müssen dabei die individuellen Voraussetzungen des Individuums finden, da die jeweils relevanten Parameter der Subkomponenten entwicklungsabhängig sind. Sie sind entsprechend des unterschiedlichen Entwicklungsverlaufs bei Kindern anders strukturiert als bei Erwachsenen und darüber hinaus auch geschlechtsspezifisch determiniert (vgl. Bandura 1986, S. 80–98). Im klinischen Bereich wirken sich auch störungsspezifische Besonderheiten, wie z. B. Aufmerksamkeitsverzerrungen bei Depressionen, differentiell aus. So gesehen, verlangt der Einsatz des Modellernens eine genaue individuelle Diagnose und Analyse der Subkomponenten, die jedoch wegen teilweise fehlenden Grundlagenwissens häufig unvollständig bleiben muß.

Klinische Anwendung

Vom Modellernen abgeleitete Interventionsstrategien zählen heute zu den Standardmethoden der Verhaltenstherapie (vgl. Reinecker 1986, Bauer 1979, 1999) und finden bei der Behandlung unterschiedlichster Störungsbilder Anwendung. Die umfangreichsten Forschungsergebnisse beziehen sich dabei auf die Modifikation von Ängsten, insbesondere monosymptomatischer Phobien, sowie den Aufbau sozial kompetenten Verhaltens im Rahmen von Selbstsicherheitstrainings.

Bei der Angstbehandlung hat sich die Strategie des *partizipierenden Modellernens* (»participant modeling«) als am effektivsten erwiesen. Der Versuchsleiter oder Therapeut demonstriert dabei dem Patienten den angstfreien Umgang mit dem gefürchteten Objekt (z. B. einer Schlange) und gibt ihm bis zur Erreichung des Zielverhaltens gezielte Hilfestellungen (er führt z. B. seine Hand; hält die Schlange fest, während der Klient sie berührt, etc.). Wie bei der systematischen Desensibilisierung sind auch hier die zu bewältigenden Aufgaben nach ansteigender Schwierigkeit geordnet, wobei erst nach völlig angstfreiem Lösen einer Aufgabe zur nächsten übergegangen wird. Partizipierendes Modellernen ist – wie mehrere Studien belegen konnten – dem symbolischen, bei dem der Patient z. B. nur im Film den angstfreien Umgang beobachten kann, deutlich überlegen. Da jedoch beim partizipierenden Modellernen Modell- und Konfrontationseffekte konfundiert werden, läßt sich nicht eindeutig bestimmen, ob die Effekte tatsächlich durch die Modellierung oder aber das Ausbleiben aversiver Erfahrungen (operanter Effekt) zustande kommen.

Die von Bandura zur Angstbehandlung eingesetzten Modelle sind sogenannte *kompetente Modelle*, welche im Umgang mit dem gefürchteten Objekt keinerlei Anzeichen von Angst zeigen (»mastery models«). Bandura begründet dieses Vorgehen damit, daß Äußerungen von Angst durch das Modell auf seiten des Beobachters zu Angsterleben führen könnten. Demgegenüber setzen andere Autoren *Bewältigungsmodelle* (»coping models«) ein, die anfangs ihre Angst zum Ausdruck bringen und diese im Verlauf der Auseinandersetzung mit dem phobischen Objekt zunehmend ablegen. Auf diese Weise zeigen sie, wie der Patient erfolgreich lernen kann, seine Angst abzulegen. Der nachgewiesene Erfolg des »coping model« kann neben der höheren Ähnlichkeit zwischen Modell und Beobachter auch durch die erfolgende Vermittlung kognitiver Strategien der Problembewältigung (z. B. Selbstinstruktionen, Neubewertungen etc.) erklärt werden.

Die gezielte Anwendung des Modellernens im Bereich des Selbstsicherheitstrainings soll kurz anhand eines Gruppenprogramms dargestellt werden, das im Rahmen der Resozialisierung dissozialer Jugendlicher entwickelt wurde. Es setzt sich zum Ziel, für junge Untersuchungsgefangene Lernbedingungen und Erfahrungen zu schaffen, die eine bessere Bewältigung ausgewählter Anforderungen des späteren Lebens ermöglichen können. Das Trainingsprogramm (Wetzstein 1980; Pielmaier, Wetzstein, Blumenberg & Kury 1980) besteht aus 24 Übungseinheiten, die sich verschiedenen Bereichen des Alltags (Arbeit/Beruf; Freizeit; Familie/Institutionen; Lebensbewältigung) zuordnen lassen, welche erfahrungsgemäß für jugendliche Delinquenten mit Schwierigkeiten verbunden sind. Die einzelnen Trainingseinheiten sind inhaltlich wie methodisch vorstrukturiert, d. h. es handelt sich um ein standardisiertes Programm, aus dem einzelne Einheiten entsprechend den individuellen Bedürfnissen der Klienten ausgewählt werden.

Die Gruppensitzung, an der etwa fünf Jugendliche teilnehmen, beginnt mit einer *Einführung* in das zu behandelnde Thema, mit deren Hilfe die Bereitschaft zur Auseinandersetzung mit diesem Problembereich geweckt werden soll. Im Gespräch geht es dabei um den Bezug des Themas zur Situation der Gruppenmitglieder (vgl. Aufmerksamkeitsprozesse). Nach dieser Diskussion wird in der Regel über Video eine Modellszene vorgeführt, die für den behandelten Problembereich eine mögliche Handlungsalternative darstellt. Das Modellverhalten wird hier also planmäßig kontrolliert und symbolisch eingeführt. An die Betrachtung der Szene schließt sich ein Gespräch über die *Gedanken und Gefühle* der handelnden Personen an. Wurden die kognitiven und emotionalen Aspekte herausgearbeitet, wird über die angestrebten *Verhaltens- und Einstellungsänderungen* gesprochen, also der Frage nachgegangen, was der einzelne von dieser Szene für sich selbst lernen kann. Erst nach diesen Vorarbeiten, die sich auf aufmerksamkeits-, behaltens- und motivationsbestimmte Aspekte beziehen, spielen die Gruppenmitglieder die Modellszene nach (motorische Produktion), und zwar so lange, bis die angestrebten Lernziele von jedem Teilnehmer zufriedenstellend erreicht werden. Auf die Rollenspiele folgt eine *Schlußdiskussion*, bei der es vor allem um die Übertragung des behandelten Themas auf ähnliche Bereiche im Alltag der Gruppenmitglieder geht. Hier werden nochmals motivationale Bedingungen angesprochen, die eine Ausführung der gelernten Verhaltensweisen im Alltag der Gruppenmitglieder erleichtern sollen. Wie dieses Beispiel zeigt, verlangt der Einsatz von Modellernen genaue Kenntnis bestehender Defizite in relevanten Lebensbereichen und stellt an den Therapeuten hohe Anforderungen hinsichtlich Vorbereitung, Durchführung und Evaluierung des Programmes.

4.2.2 Selbstregulation

Waren Banduras frühe Arbeiten vor allem auf das Modellernen bezogen, wendet er zwischenzeitlich seine Aufmerksamkeit zunehmend der Analyse selbstregulativer Aspekte zu und dehnt damit sein lerntheoretisches Konzept in Richtung auf eine allgemeine Verhaltenstheorie aus. Es geht ihm dabei um die Frage, welche Rolle kognitiven Faktoren bei der Handlungsplanung und Ausführung zukommt, also um die Bedeutung der Bewußtheit beim Lernen und Handeln. Zwar können gewisse Lernprozesse – wie Kapitel 2 und 3 gezeigt haben – grundsätzlich ohne Beteiligung der Bewußtheit des lernenden Organismus zustande kommen, jedoch wird der Lernvorgang ohne Zweifel durch Bewußtseinsbeteiligung begünstigt.

In diesem Sinne ist auch das sog. *Lernen durch Einsicht* zu sehen, mit dem der Gestaltpsychologe W. Köhler (1887–1967) als einer der ersten auf die Rolle der Bewußtheit beim Lernen hinwies. Köhler (1917) interessierte sich unter anderem für das Problemlöseverhalten von Schimpansen, die er vor schwierige Aufgaben stellte. So konnten sie z. B. in einem Versuch eine außer Reichweite liegende Banane nur heranholen, wenn sie sich eines oder gar zweier ineinandergesteckter Stöcke bedienten. Aus der Art, wie die Tiere mit derartigen Situationen umgingen, schloß Köhler auf ein eigenes Lernprinzip, das Lernen durch Einsicht. So saßen sie öfters in der Käfigecke und schienen »in das Problem vertieft zu sein«, um dann mehr oder weniger plötzlich eine Lösung zu finden. Spätere Arbeiten konnten jedoch zeigen, daß alle postulierten Besonderheiten des Lernens durch Einsicht (z. B. Plötzlichkeit des Lösungseinfalls, Beibehaltung des Verhaltens ohne Übung, leichte Übertragbarkeit auf ähnliche Bereiche etc.) in der angenommenen Art entweder nicht zutrafen oder aber problemlos im Rahmen des operanten Ansatzes und des Modellernens erklärt werden können, so daß dem Lernen durch Einsicht kein eigener Erklärungswert zukommt, der Begriff also höchstens als beschreibender (deskriptiver) verwandt werden darf. Dessenungeachtet mag mancher Lernvorgang durch Einsicht begünstigt – wenn auch nicht begründet – werden (vgl. Selg 1996).

Doch nun wieder zurück zu den selbstbezogenen Aspekten im Modell von Bandura. Sie werden vor allem in zweierlei Hinsicht untersucht: zum einen in ihrer Bedeutung für die *Selbstregulation*, d. h. die Verhaltensbeeinflussung durch interne Standards und Bewertungen, und zum anderen im Hinblick auf *Wirksamkeits- und Erfolgserwartungen* (»self-efficacy«) (vgl. Kap. 4.2.3).

Unter Selbstregulation versteht Bandura die Möglichkeit des Individuums, sich von den Einflüssen der Umwelt (externe Belohnung und Bestrafung) unabhängig zu machen und »in eigener Regie« sein Verhalten zu steuern. Während diese Thematik in der traditionellen Persönlichkeitspsychologie unter dem Begriff »Willenskraft«, verstanden als relativ invariante Eigenschaft, und in der psychoanalytischen Theoriebildung unter demjenigen des »Ich-Konzeptes« diskutiert wird (vgl. Reinecker 1978), handelt es sich bei Bandura um eine funktionale Analyse, die nach den kontrollierenden Bedingungen der Selbstregulation fragt. Selbstregulation setzt dann ein, wenn der automatisierte, routinierte Handlungsablauf unterbrochen wird, sei es z. B. weil das Individuum nicht über das notwendige Repertoire verfügt, vor die Wahl zwischen verschiedenen Alternativen gestellt wird oder eine bestimmte Reaktion nicht ausführen kann. Der an einem derartigen Entscheidungspunkt ausgelöste Selbstkontrollprozeß besteht aus drei voneinander unterscheidbaren und wechselseitig aufeinander bezogenen Komponenten, nämlich der *Selbstbeobachtung*, dem *Bewertungsprozeß* und der *Selbstreaktion*.

Will man sein Verhalten beeinflussen, so muß dieses zuerst genau *beobachtet* werden. Auf welchen Aspekt des Verhaltens bzw. dessen Effekt, der Leistung, sich diese Beobachtung zentriert, ist weitgehend von dem zu berücksichtigenden Bereich abhängig. So werden leistungsbezogene Tätigkeiten in der Regel nach ihrer Qualität, Quantität und Originalität eingeschätzt, während bei sozialem Verhalten eher dessen Übereinstimmung mit der relevanten Norm und seine Kontextentsprechung eine Rolle spielen. Bei sportlichen Aktivitäten mögen demgegenüber Kraft, Ausdauer und Geschicklichkeit entscheidend sein. Die über Selbstbeobachtung gewonnenen Informationen dienen dem Individuum zur Erstellung realistischer Leistungsstandards wie auch zur Bewertung von Verhaltensänderungen. Systematische Selbstbeobachtung führt zu Einsichten über die Determinanten eigenen Verhaltens und hat damit auch eine diagnostische Funktion, welche nicht selten zu einer Veränderung des beobachteten Verhaltens führt. Von besonderer Relevanz erweist sich die zeitliche Nähe der Beobachtung zu dem in Frage stehenden Verhalten: Je unmittelbarer die Selbstbeobachtung, desto genauer die erhaltenen Informationen und desto größer die Möglichkeit, eine Veränderung einzuleiten. Als Beispiel führt Bandura hier die Bemühungen eines Individuums an, das sein Übergewicht reduzieren will: Eine auf die täglich eingenommene Kalorienzahl ausgerichtete Selbstbeobachtung zieht mit höherer Wahrscheinlichkeit einen Erfolg nach sich als die gelegentliche Überprüfung des Gewichts auf der Waage.

Wesentlich für selbstregulatorische Prozesse ist nun die *Bewertung* der beobachteten Verhaltens- und/oder Leistungseffekte mittels eines Gütemaßstabes oder Standards. So sagt die von einem Studenten in einer Klausur erzielte Punktzahl für sich genommen noch nichts über die Güte seiner Leistung aus, sondern muß erst einem Vergleich mit einem Standard unterzogen werden. Bei diesem Vergleich kann sich der Student grundsätzlich auf drei unterschiedliche Bezugsrahmen konzentrieren, nämlich die mit der Punktzahl erzielte Note (Standardnorm), die von anderen Kommilitonen erbrachten Ergebnisse (sozialer Vergleich) oder das eigene Abschneiden bei früheren Prüfungen (persönlicher Vergleich). In jedem Fall nimmt er unabhängig davon, auf welchen Standard er sich nun beziehen mag, eine Bewertung seines Leistungsergebnisses vor. Damit ein Verhalten überhaupt bewertet wird, muß es für den Handelnden persönliche Relevanz besitzen. Neutral oder irrelevant erlebte Handlungen führen in aller Regel zu keiner Einschätzung.

An Faktoren, die den Erwerb von Standards beeinflussen, diskutiert Bandura neben der direkten Unterweisung die aus der sozialen Umwelt erfolgenden bewertenden Reaktionen auf eigenes Verhalten. In diesem Sinn wählt ein Individuum jenen Standard, für dessen Einhaltung es von signifikanten Bezugspersonen eine Belohnung erwarten kann. Natürlich können Standards auch über Modellernen zustande kommen. Die Übernahme von Bewertungsmaßstäben durch stellvertretende Selbstbekräftigung konnte experimentell sowohl bei Kindern als auch bei Erwachsenen wiederholt bestätigt werden. Sie erfolgt um so bereitwilliger, je mehr das Modell dem Beobachter hinsichtlich seiner Kompetenz ähnelt. Die Setzung eines Standards wird natürlich durch Erfolg bzw. Mißerfolg bei der Aufgabenbearbeitung beeinflußt, wie im Zuge der Erforschung des Leistungsmotivs überzeugend nachgewiesen wurde. Vereinfacht ausgedrückt, neigen Individuen in vielen Fällen nach Erfolg zu einer Erhöhung des Standards, während sie nach anhaltendem Mißerfolg ihre zukünftigen Erwartungen eher reduzieren oder aber ins Gegenteil verfallen und sie unrealistisch hoch ansetzen. Während in frühen Entwicklungsstadien Standards aktivitätsspezifisch angewandt werden, generalisieren sie im weiteren Verlauf auf ganze Lebensbereiche. Da sowohl im gleichen als auch in verschiedenen Lebensbereichen häufig widersprechende und konkurrierende Einflußfaktoren auf die Standardsetzung einwirken, handelt es sich um ein sehr komplexes, keinesfalls ausreichend erforschtes Bedingungsgefüge.

Auf der Grundlage des Bewertungsprozesses kommt es im dritten und letzten Stadium der Selbstregulation zur Vergabe *selbsterzeugter Konsequenzen* (»self-reaction«). »Dies wird erreicht, indem Anreize für die eigenen Handlungen geschaffen werden und indem auf das eigene Verhalten in Abhängigkeit seiner Entsprechung mit einem internalen Standard bewertend reagiert wird«

(Bandura 1986, S. 350). Bei Erreichung oder Überschreitung des Standards erfolgt eine Selbstbekräftigung, wobei sich das Individuum auf die ganze Palette möglicher Verstärker (vgl. Kap. 3.3.3) beziehen kann. Im Unterschied zur externen Verstärkung übt es nun selbst die Kontrolle über den Verstärker aus, d. h. im Grunde genommen frei zugängliche Verstärker werden in der Selbstregulation *freiwillig* so lange zurückgehalten, bis ein bestimmtes Leistungsniveau gezeigt wird, auf das sie kontingent vergeben werden. Selbstregulation verlangt demnach ein hohes Maß an Disziplin. Neben konkreten Verstärkern (»tangible incentives«) wirken auch wertende Selbstreaktionen (z. B. »Das habe ich gut gemacht«), die mit Selbstzufriedenheit einhergehen (Selbstbelohnung), bekräftigend. Beiden Arten selbsterzeugter Konsequenzen ist die motivierende Funktion gemeinsam, über die sie verhaltenssteuernd Einfluß nehmen.

Wird der als verbindlich erachtete Standard nicht erreicht, folgt in der Regel eine negative Selbstreaktion, z. B. in Form von Selbstkritik oder – in gleiche Richtung wirkend – eine selbstgesetzte Bestrafung durch Vorenthaltung eines Verstärkers. Wie experimentell nachgewiesen werden konnte, ist jedoch Selbstbelohnung ein besseres Mittel der Verhaltensänderung als Selbstbestrafung. Günstige Selbstbeurteilungen führen im allgemeinen zu Zufriedenheit, Stolz und Wohlbefinden, während ungünstige Beurteilungen Unzufriedenheit, Selbstkritik und Tadel nach sich ziehen. Zu keinerlei Selbstreaktionen kommt es schließlich, wenn das gezeigte Verhalten keine persönliche Bedeutung besitzt.

4.2.3 Selbstbezogene Gedanken

Erwartung und Lernen: Tolman

Das Konzept der Erwartung wurde bereits sehr früh von Tolman (1932) in die lernpsychologische Diskussion eingeführt, jedoch lange Zeit nicht hinreichend beachtet. Im Gegensatz zum klassischen Behaviorismus, der sich auf die Analyse von Einzelverhaltensweisen (Bewegungen) ausrichtete, vertrat Tolman eine ganzheitliche Perspektive und betonte die Zweck- und Zielgerichtetheit des Verhaltens. Da in diesem Modell vor allem größere Handlungseinheiten interessieren, spricht man auch von »molarem Behaviorismus«.

Das Wesentliche am Lernvorgang sind für Tolman weder Reiz-Reaktions- noch Reaktions-Konsequenz-Verbindungen, sondern die Gerichtetheit des Verhaltens (Handelns) auf ein bestimmtes Ziel. Lernen wird damit zum kognitiven Lernen, d. h. es ist von Kognitionen und Erwartungen geleitet und begleitet. Gelernt werden dieser Meinung nach keine spezifischen Reaktionen (Bewegungen), sondern *Wissen* über Reize, Verhaltensweisen und darauffolgende Konseqenzen. Für dieses Wissen verwendet Tolman den Begriff der *Erwartung*. In sehr einfallsreichen Experimenten zur räumlichen Orientierung (Ortslernen; »place learning«) von Ratten konnte er einige seiner Annahmen experimentell belegen. Werden z. B. in einem Labyrinth, an dessen Ende die Ratten immer Futter vorfanden, einzelne Gänge durch Barrikaden versperrt, sind die Tiere nicht hilflos, sondern wählen in der Regel den nächst kürzeren Weg zum Ziel. Diese (und weitere) Befunde sprechen dafür, daß die Versuchstiere lernen, wie die verschiedenen Gänge des Labyrinths im Raum angeordnet sind. Derartige Orientierungsstrukturen nennt Tolman *kognitive Landkarten* (»cognitive maps«). Sie bilden sich ihm zufolge in der zunehmenden Auseinandersetzung mit einer Aufgabe. Zu Beginn eines Versuchs haben die Erwartungen nur sehr vorläufigen Charakter, Tolman spricht hier von Hypothesen. Bei zunehmender Bestätigung durch die Wirklichkeit werden sie jedoch zu Überzeugungen (»beliefs«) und damit zu Verhaltensbereitschaften. Da Lernen für Tolman Erwerb von Wissen durch Erwartungsbildung bedeutet, konnte er auch die in Banduras Ansatz wichtige Unterscheidung von Aneignung und Ausführung eines Verhaltens als einer der ersten mit dem Begriff des *latenten Lernens* (»latent learning«) vorwegnehmen. Wie bei Bandura entscheiden erst spezifische motivationale Bedingungen über die Performanz einer Handlung.

Mit zunehmendem Interesse für kognitive Variablen innerhalb der psychologischen Forschung mehrten sich Versuche, die Ergebnisse der traditionellen Lernpsychologie erwartungstheoretisch zu interpretieren. So wurden die Befunde der klassischen Konditionierung über die Ausbildung von *Reiz-Reiz-Erwartungen* (»stimulus-outcome expectancies«) und diejenigen des operanten Lernens über die Ausbildung von *Verhaltens-Reiz-Erwartungen* (»behavior-outcome expectancies«) erklärt. Im Zentrum dieser Interpretation steht nun nicht mehr die zeitlich-räumliche Kontiguität der Stimuli oder die auf das Verhalten folgende Verstärkung an sich, sondern die Wahrnehmung von Beziehungen zwischen Stimuli, Verhalten und dessen Konsequenzen. Anstelle der als automatisch wirksam gedachten Bedingungen »Kontiguität« und »Verstärkung« geht es jetzt um das Erkennen und die Abschätzung der *Korrelation* und *Kovariation* von Ereignissen (vgl. Alloy & Tabachnik 1984). Eine Gemeinsamkeit derartiger Ansätze besteht deshalb in der Annahme der subjektiven Repräsentation von Reiz- und Konsequenzbedingungen im kognitiven System des Organismus. So werden für die Ausbildung von Erwartungen nicht die objektiven Reizgegebenheiten als entscheidend betrachtet, sondern die Wahrnehmung eines Zusammenhanges zwischen ihnen. »Menschen lernen – wenn überhaupt – kaum etwas aus gepaarten Erfahrungen, wenn sie nicht erkennen, daß die Ereignisse korrelieren« (Bandura 1979, S. 74). Da der Organismus in diesem Wahrnehmungsprozeß einer Täuschung unterliegen kann, ist es möglich, daß objektiv vorhandene Beziehungen nicht erkannt bzw. objektiv nicht vorhandene angenommen werden. Auch derartige falsche Erwartungen steuern das Verhalten, obwohl ihnen eine nachweisbare Entsprechung in der Wirklichkeit fehlt.

Da Erwartungen auf Erfahrungen beruhen, stellt sich die Frage, wie sich ein Individuum in völlig neuartigen, unbekannten Situationen zurechtfinden kann. Nach Rotter (1966) ist dies über *generalisierte Erwartungen* möglich. Ihm zufolge überträgt (generalisiert) eine Person in diesem Fall ihre Erwartungen aus Situationen, die der neuartigen in irgendeiner Weise ähnlich sind. Mit zunehmendem Bekanntheitsgrad werden die generalisierten Erwartungen dann wieder durch spezifische – nur für diesen situativen Kontext geltende – ersetzt. Generalisierte Erwartungen können hinsichtlich aller erdenklichen Dimensionen entwickelt werden. Für besonders wichtig hält Rotter die sogenannten *Kontrollüberzeugungen*, mit deren Hilfe ein Individuum ein bestimmtes Verhalten entweder durch die eigene Person (internal) oder durch externe, umweltbezogene Aspekte (external) verursacht sieht. Diese Erwartungsformen sind unter dem Begriff *»locus of control«* vor allem unter sozialpsychologischer Perspektive systematisch untersucht worden. In unserem Zusammenhang soll eine von Bandura in die Diskussion gebrachte Erwartungsart, nämlich die Selbstwirksamkeitserwartung, abschließend noch näher betrachtet werden.

Selbstwirksamkeit

Mit dem Konzept der Selbstwirksamkeit *(»self-efficacy«)* spezifiziert Bandura eine bis dahin in der Lernpsychologie nicht diskutierte Erwartungsart, nämlich die Kompetenz, welche ein Individuum sich in der Auseinandersetzung mit einer Aufgabe zuspricht. Derartige Kompetenzerwartungen (»efficacy expectations«) stehen in Wechselwirkung zu den auch im operanten Modell thematisierbaren Ergebniserwartungen (»outcome expectations«), die Folgen einer Handlung zum Inhalt haben (subjektive Repräsentation von Konsequenzbedingungen). »Wahrgenommene Selbstwirksamkeit stellt eine Beurteilung der eigenen Befähigung, ein bestimmtes Leistungsniveau zu erreichen, dar, wohingegen eine Ergebniserwartung eine Beurteilung der wahrscheinlichen Konsequenz ist, die ein solches Verhalten hervorrufen wird« (Bandura 1986, S. 391). Trotz des häufig linearen Zusammenhangs beider Erwartungsformen müssen sie auseinandergehalten werden, da eine Person z. B. der Überzeugung sein kann, ein für sie wichtiges Ergebnis lasse sich durch eine bestimmte Handlung hervorrufen, es sich aber nicht zutraut, diese Handlung selbst erfolgreich auszuführen. Nach Bandura soll eine derartige Konstellation mit Selbstabwertung und depressivem Verhalten verbunden sein, während Resignation und Apathie entstehen sollen, wenn sowohl Kompetenz- als auch Ergebniserwartungen niedrig ausfallen. Im günstigsten Fall sind beide Erwartungen hoch ausgeprägt und bewirken dann bei der Person eine erfolgreiche aktive Auseinandersetzung mit dem Problem. Hält sich das Individuum jedoch in einem Handlungsbereich für kompetent und kann mit dieser Kompetenz keine positiven Handlungsfolgen erwirken, z. B. weil die Umwelt darauf nicht belohnend reagiert, wird es Bandura zufolge versuchen, auf die Umweltbedingungen in seinem Sinne einzuwirken oder aber in einem anderen sozialen Umfeld die gewünschten positiven Folgen suchen. Umgangssprachlich formuliert können niedrige Ergebniserwartungen mit dem Zustand der *Hoffnungslosigkeit* (»Nichts kann mir helfen«), niedrige Kompetenzerwartungen mit demjenigen der *Hilflosigkeit* (»Ich kann nichts tun«) verglichen werden.

Kompetenzerwartungen üben ihren Einfluß hauptsächlich in motivationaler Hinsicht aus, insofern als ihre Ausprägung darüber mitentscheidet, welcher Aufgabe (Aktivität) sich das Individuum zuwendet und wie ausdauernd eine Auseinandersetzung mit ihr im Falle auftretender Schwierigkeiten erfolgt. Im allgemeinen neigen Personen dazu, sich mit solchen Aktivitäten zu beschäftigen, die sie ihren Kompetenzerwartungen zufolge als lösbar einschätzen, d. h. sie wählen bevorzugt Bereiche aus, in denen sie sich für tüchtig halten. Ergeben sich bei der Aufgabenbewältigung Schwierigkeiten, wird um so mehr Anstrengung in die Lösungssuche investiert, je stärker die Kompetenzerwartungen ausgeprägt sind.

Sollen Kompetenzerwartungen diagnostiziert werden, sind wenigstens folgende drei Aspekte zu berücksichtigen: das zugetraute Schwierigkeitsniveau (leichte, mittlere, schwierige Aufgaben), das Ausmaß der Verallgemeinerung (nur wenige oder viele Aufgaben- und Lebensbereiche umfassende Einschätzung) sowie die Stärke (schwache Kompetenzbeurteilungen sollen im Gegensatz zu starken durch Erfahrung schneller modifiziert werden).

Auf die Frage, über welche Mechanismen die verschiedenen Erwartungen ausgebildet werden, nennt Bandura folgende Punkte: Erfolgserwartungen sollen sich durch direkte oder stellvertretende externe Verstärkung sowie über Anweisung (Instruktion) entwickeln. In keinem dieser drei Fälle werden neue Verhaltensweisen angeeignet, sondern es wird nur gelernt, welche Effekte mit bereits beherrschten Verhaltensweisen erreichbar sind. Als Grundlage für die Ausbildung von Kompetenzerwartungen nennt Bandura vier verschiedene Quellen:

Der stärkste Einfluß geht von den durch *unmittelbare Erfahrung* gewonnenen Leistungseffekten aus. Erfolge stabilisieren und erhöhen die Wirksamkeitseinschätzung, während anhaltende Mißerfolge ihre Reduktion nach sich ziehen. Natürlich wirken sich auch *stellvertretende Erfahrungen* aus, insbesondere wenn die Person noch keine eigenen Erfahrungen sammeln konnte. Obwohl die *verbale Überzeugung*, also das Gespräch, im Bereich der Psychotherapie eine der am häufigsten angewandten Arten ist, Wirksamkeitserwartungen zu beeinflussen, nützt sie nur begrenzt, solange sie als alleinige Methode eingesetzt wird. Sie mag dann hilfreich sein, wenn die einer Person »eingeredeten« Kompetenzen tatsächlich vorhanden sind, führt aber zu einer nur noch größeren Selbstabwertung, wenn unrealistische Ziele gesetzt werden. Als letzte Quelle der Kompetenzbeurteilung ist noch der *physiologische Zustand* des Individuums zu nennen, aus dessen Beobachtung ebenfalls Einschätzungen abgeleitet werden. Hohe Erregungszustände, Müdigkeit oder Schmerzempfinden korrelieren dabei mit niedriger Selbstwirksamkeitsbeurteilung.

Die ersten empirischen Arbeiten zur Selbstwirksamkeitstheorie wurden mit phobischen Versuchspersonen durchgeführt. So konnten Bandura, Adams & Beyer (1977) die wesentlichen Aussagen des Modells bei Schlangenphobikern bestätigen: Alle verwendeten Interventionsmaßnahmen bewirkten eine positive Änderung der Kompetenzerwartungen, deren Höhe darüber entschied, welche konkrete Aufgabe eine Versuchsperson im Umgang mit einer Schlange tatsächlich ausführen konnte. Erfahrungsorientierte Methoden (»participant modeling«) zogen dabei die stärkste Kompetenzzunahme nach sich im Gegensatz zu stellvertretenden (»vicarious experiences«), die aber noch deutlich über der Kontrollgruppe lagen. Bandura & Adams (1977) fanden, daß Verhaltensunterschiede bei gleichermaßen erfolgreich desensibilisierten Patienten (ebenfalls Schlangenphobiker) auf unterschiedliche Kompetenzerwartungen zurückgingen, d. h. daß die Effekte der systematischen Desensibilisierung über die moderierende Wirkung von Wirksamkeitserwartungen zustande kommen können. Die Bedeutung des Konzepts der Selbstwirksamkeit hat Bandura nicht nur im klinischen Bereich, sondern auch für Verhaltensweisen aus den verschiedensten Lebensfeldern wie Gesundheit, Sport oder Beruf nachgewiesen (siehe im Überblick Bandura 1997).

4.3 Bewertung

Mit seiner Lerntheorie gelingt es Bandura, die behavioristische und kognitivistische Tradition der psychologischen Forschung in einer tragfähigen Synthese zu vereinen und damit Einseitigkeiten der beiden Positionen deutlich zu relativieren. Durch die Berücksichtigung kognitiver Faktoren wird eine Unterscheidung hinsichtlich Aneignung und Ausführung des gelernten Verhaltens möglich und damit die übende Auseinandersetzung (»enactive learning«; »learning by doing«) nicht mehr zur notwendigen Voraussetzung des Lernens. Auch das Verstärkungskonzept verliert nun seine zentrale Bedeutung, da es nur noch als Performanzvariable betrachtet wird, d. h. der Verhaltenserwerb auch ohne Verstärkungsbeteiligung erklärt werden kann. Trotz dieser Erweiterungen bleibt Bandura in methodologischer Hinsicht dem Kanon eines gemäßigten Behaviorismus verpflichtet und bemüht sich um Operationalisierung und experimentelle Kontrolle der von ihm postulierten Parameter.

Die bis in die 70er Jahre fast ausschließlich tierexperimentell orientierte lernpsychologische Forschung wird durch Bandura auch für den Humanbereich erschlossen. Zentrales Anliegen ist dabei die Beeinflussung von Verhalten, weshalb sein Modell insbesondere in der angewandten Psychologie – speziell der klinischen – bereitwillig aufgenommen wurde. Bower & Hilgard (1984, S. 298) beurteilen Banduras Ansatz deshalb auch folgendermaßen: »Insgesamt gesehen bietet die soziale Lerntheorie die beste Integration dessen, was die moderne Lerntheorie zur Lösung praktischer Probleme zu bieten hat. Sie liefert außerdem einen Rahmen, in dem Informationsverarbeitungstheorien des Sprachverstehens, des Gedächtnisses, der Vorstellung und des Problemlösens ihren Platz finden.«

Andererseits sind hier aber auch die Schwächen des Modells zu sehen, die in seiner eklektischen Theorieausrichtung liegen. Zwar werden eine Vielzahl von Parametern angesprochen und auch experimentell untersucht, jedoch bleibt ihr gegenseitiger Bezug im Gesamtsystem weitgehend unklar. Es fällt darüber hinaus auf, daß Bandura vorliegende Theorien zu den von ihm als wichtig erachteten Phänomenen (z. B. Gedächtnis; vgl. die folgenden Kapitel) inhaltlich nicht aufgreift. So wird im Grunde die Bedeutung von kognitiven Variablen ohne eigentliche systematische kognitive Theorie diskutiert. Deshalb muß Stalder (1985, S. 268f) darin zugestimmt werden, daß man Banduras Modell »wohl kaum als Theorie im Sinne eines Systems von aufeinander bezogenen Aussagen bezeichnen« kann. Bei dem derzeitigen psychologischen Kenntnisstand darf dies jedoch von einem so umfassenden Ansatz auch kaum erwartet werden.

5 Reproduktive Gedächtnisforschung: Die Tradition von Ebbinghaus

Als Begründer der experimentellen Gedächtnispsychologie gilt Hermann Ebbinghaus (1850–1909), der 1885 mit der Schrift »Über das Gedächtnis« einen ersten Erfahrungsbericht vorlegt. Als wesentliche Grundzüge der durch ihn geprägten frühen Gedächtnisforschung sind zu nennen:

- der experimentelle Umgang mit weitgehend »*künstlichem*« *Lernmaterial,*
- die Annahme eines *einheitlichen*, noch nicht ausdifferenzierten *Gedächtnisspeichers* sowie
- das Interesse an der *Erinnerung* des vorher eingeprägten Lernmaterials, weshalb Prinz (1983, S. 49 ff) von »erinnerungsorientierter Gedächtnispsychologie« spricht.

Inhaltlich geht es vor allem um den Zusammenhang zwischen Einprägungs- und Erinnerungszeitpunkt bei systematischer Variation von Stoffmenge (Umfang des Lernmaterials) und Prüfzeitpunkt (verstrichene Zeit seit der Einprägung). Das Gedächtnis wird also unter dem Aspekt seiner Kapazität untersucht.

5.1 Lernmaterial und dessen Kontrolle

Das in der klassischen Gedächtnispsychologie am häufigsten verwendete Lernmaterial stellen die sog. *sinnlosen* (besser: sinnarmen) *Silben*, eine Konsonant-Vokal-Konsonant-Folge (z. B. SOB, KUW, LOF) dar, von denen man annahm, daß sie es erlauben, das Gedächtnis in seiner »Reinform«, d. h. unabhängig von Bedeutungshaltigkeit und Länge des Lernstoffs zu studieren. Trotz der Bevorzugung von »sinnlosen Silben« experimentierten die frühen Gedächtnispsychologen wie Ebbinghaus, Müller und Pilzecker auch mit anderem Material, wie z. B. einzelnen Wörtern, Ziffern, Buchstaben und gelegentlich mit Gedichten (z. B. Stanzen von Byron).

Bezüglich der sinnlosen Silben hat die spätere Forschung zum *Verbalen Lernen* – so nennt sich heute der auf Ebbinghaus zurückgehende Entwicklungsstrang der Gedächtnispsychologie – festgestellt, daß diese keineswegs sinnlos sein müssen, sondern in ihrem Bedeutungsgehalt variieren können. Da der Bedeutungsgehalt des Lernmaterials neben anderen Aspekten dessen Einprägung erleichtert, versucht man, das in den Experimenten verwendete Lernmaterial zu kontrollieren (standardisieren), um valide Schlüsse aus den Ergebnissen ziehen zu können. In diesem Sinne wurden in der Tradition des Verbalen Lernens verschiedene Methoden zur Kontrolle des Lernmaterials entwickelt, die nicht nur für sinnlose Silben, sondern auch für andere Arten des Lernstoffs verwendet werden können. Hier ist vor allem die Überprüfung der Bedeutungshaltigkeit (m = »meaningfulness«) und der Bildhaftigkeit (i = »imagery«) zu nennen, mit deren Hilfe das Lernmaterial standardisiert werden kann:

Als Maß der *Bedeutungshaltigkeit* einer sinnlosen Silbe oder eines Wortes dient häufig der Umfang von Assoziationen, der mit ihnen verknüpft werden kann. So ermittelte man z. B., wieviele Assoziationen auf 2000 sinnlose Silben gegeben werden konnten, und ließ für alle möglichen Konsonant-Vokal-Konsonant-Abfolgen die Assoziationsstärke einschätzen. Natürlich läßt sich diese Methode auch für Wörter oder Buchstabenfolgen einsetzen.

Die *Bildhaftigkeit* eines einzuprägenden Inhaltes erleichtert ebenfalls dessen Einprägung und wird in der Regel analog der Bedeutungshaltigkeit ermittelt, in dem die Versuchspersonen die mit dem Material verbundene Anzahl von Vorstellungen angeben oder einschätzen. Wie Paivio (1971) belegen konnte, erweist sich die Bildhaftigkeit eines Lernstoffes von grundlegenderer Wichtigkeit als der Bedeutungsgehalt, obwohl beide in der Praxis meist hoch miteinander kovariieren.

Für die Kontrolle von Wörtern als Gedächtnismaterial wird zumeist die Beobachtung ihrer *Häufigkeit in der Sprachbenutzung* als Kriterium herangezogen.

Die für ein Gedächtnisexperiment zusammengestellten Wörter einer Liste lassen sich – einem Vorschlag von Miller & Selfridge (1950) zufolge – auch bezüglich des *Grades ihrer gegenseitigen Abhängigkeit* kategorisieren, wenn man ihre Verwendungs- und Verbundwahrscheinlichkeit berücksichtigt. Es handelt sich dabei um die Annäherung (Approximation) von Wortfolgen an die Struktur eines sinnvollen Textes (z. B. einen Satz), dessen Elemente (Wörter) ja in einem gewissen durch Sinngehalt und grammatikalische Regeln definierten Zusammenhang stehen und damit wegen ihrer Redundanz in gewissem Ausmaß vorhersehbar sind. So genügt uns im Alltag häufig das Auffangen von Gesprächsteilen, um über den Gesprächsinhalt schon relativ gut informiert zu sein. Miller & Selfridge haben die zwischen Wörtern einer Liste bestehende Abhängigkeit folgendermaßen hergestellt: Bei einer sog. »Approximation 0. Ordnung« sind sowohl Auftretens- als auch Verbundwahrscheinlichkeit kontrolliert, so daß keine Abhängigkeiten bestehen. Derartige Approximationen gewinnt man durch zufällige Auswahl der Wörter aus einem Wörterbuch. Approximationen 1. Ordnung werden durch Zufallsauswahl von Wörtern aus einem sinnhaltigen Text gewonnen, wobei die Wahrscheinlichkeit des Auftretens durch die Häufigkeit im Sprachgebrauch mitbestimmt wird. Häufig benutzte Wörter haben nun eine höhere Chance ausgewählt zu werden, wenngleich zwischen den Wörtern noch keine Beziehungen bestehen. Ab der Approximation 2. Ordnung ist letzteres ebenso der Fall, da nun auch die Verbundwahrscheinlichkeit der Wörter Berücksichtigung findet. Man gewinnt diese, indem man ein Wort vorgibt und das darauffolgende von der Versuchsperson assoziieren oder erraten läßt, womit zwischen beiden ein Zusammenhang hergestellt wird. Analog lassen sich bei Vorgabe von n Wörtern Approximationen höherer (n^{ter}) Ordnung generieren. Zur Illustration seien einige Beispiele für unterschiedliche Ordnungsgrade aufgeführt (nach Herrmann 1972, S. 102 f):

Approximation 0. Ordnung: »... Beweis Ausraufung stabil Linde Stiel gemäß dir Imparität Türke Vormerkung zisalpin Kastell...«
Approximation 2. Ordnung: »... Arbeit gedeiht im Januar schneit es oft lieber geschwätzig als Putzfrau fegen... «
Approximation 5. Ordnung: »... Mainz fand vorige Woche der Kongreß statt und endete mit Applaus aller... «

Wie diese Beispiele zeigen, nehmen mit ansteigendem Approximationsgrad gleichzeitig Grammatikalität und Bedeutungsgehalt der so erzeugten Wortfolgen zu. Während Miller & Selfridge (1950) aufgrund ihrer Versuchsergebnisse davon ausgingen, daß die Reproduktionsleistung nur bis zur 4. Approximationsstufe ansteigt und dann auch für einen Text auf diesem Niveau bleibt, konnten spätere Untersuchungen zeigen, daß Wortfolgen über dem 4. Approximationsgrad dann besser erinnert werden, wenn die Versuchspersonen die in der Liste enthaltenen Wörter nicht nur nennen, sondern auch in ihrer richtigen Reihenfolge angeben müssen.

5.2 Lern- und Prüfsituationen

Während umfangreicheres bedeutungshaltiges Material (z. B. ein Gedicht) in der Einlernphase zusammenhängend dargeboten wird, haben sich für den Umgang mit Einzelwörtern, Buchstaben etc. spezifische Versuchsanordnungen herausgebildet, die z. T. heute noch Anwendung finden. Besonders bedeutend wurden dabei das Listen- und Paarassoziationslernen.

Beim *Listenlernen* (synonym: serielles bzw. sequentielles Lernen; Abk.: SL), dem sich Ebbinghaus ausschließlich widmete, werden der Versuchsperson eine Reihe einzelner Elemente – sei es eine Liste von Wörtern, sinnlosen Silben etc. – nacheinander akustisch oder optisch dargeboten und sie muß später in der Prüfphase angeben, welches Item auf das vorausgehende folgen wird, d. h. sie muß das jeweils nächste Element der Itemliste antizipieren.

Beim sog. *Paarlernen* (synonym: Paarassoziationslernen; Abk.: PAL) besteht demgegenüber das Lernmaterial nicht aus Einzelelementen, sondern ist jeweils aus Paaren zusammengesetzt, die entweder durch gleichartige (z. B. Zwei-Wort-Kombinationen: Teller – Auto) oder ungleiche (z. B. Wort-Zahl-Verbindungen: Tür – 128) Glieder gebildet werden. In der Prüfphase wird der Versuchsperson jeweils das erste Element (Reizelement) der Kombination gezeigt und nach dem dazugehörigen zweiten (Antwortelement) gefragt. Als Alltagsbeispiel zum Paarlernen ist jedem das Vokabellernen im Fremdsprachenunterricht bekannt. Nachstehende Tabelle gibt je ein Beispiel für die Anordnung des Lernmaterials im SL- und PAL-Paradigma.

Tab. 2: Beispiel-Liste zum SL und PAL

Serielles Lernen	Paarassoziationslernen
Herr	Herr – 5
Blume	Blume – 1
Fett	Fett – 9
Wächter	Wächter – 3
Entnahme	Entnahme – 4
Hader	Hader – 2
Abschied	Abschied – 6
Jod	Jod – 8
Tag	Tag – 7

Die Präsentation der Items erfolgt meist mittels einer sog. Gedächtnistrommel, einem Gerät, das jeweils ein Listenelement bzw. -paar für eine kontrollierte Zeitspanne (in der Regel zwischen 1 und 4 sec) in einem Display visuell darbietet, wobei sowohl für SL als auch PAL gilt, daß die Reihenfolge der Itempräsentation in jedem Durchgang identisch bleibt. Beim freien Reproduzieren (s. u.) wird demgegenüber in jedem Durchgang die Reihenfolge der Elemente geändert.

Zur Überprüfung von Art und Umfang des behaltenen Materials wurden verschiedene Vorgehensweisen entwickelt, von denen insbesondere die Reproduktion (gebunden versus frei), die Treffermethode, das Wiedererkennen und die Ersparnismethode zu nennen sind:

Bei der (unmittelbaren) *freien Reproduktion* gibt die Versuchsperson ohne Verwendung von Hilfsmitteln und ohne Berücksichtigung der Reihenfolge an, was sie nach einmaliger Darbietung aus der Liste behalten hat. Demgegenüber wird bei der *gebundenen Reproduktion* eine Hilfestellung – wie zum Beispiel das erste Element eines Paares beim PAL – gegeben, auf das dann mit dem dazugehörigen zweiten Element geantwortet werden muß.

Über die *Treffermethode* läßt sich schließlich der Prozentsatz richtig reproduzierter Elemente feststellen und damit ein Vergleichsmaßstab für die Leistungsgüte ermitteln. Die Reproduktion verlangt von der Versuchsperson somit zweierlei, nämlich zum einen das Abrufen eines Inhaltes aus dem Gedächtnis und zum anderen die Beurteilung, ob das Abgerufene tatsächlich den gesuchten Inhalt darstellt.

Demgegenüber hat es die Versuchsperson beim *Wiedererkennen* etwas leichter, da hier die erste Teilkomponente des Reproduzierens entfällt. Aus einer Gesamtmenge, in der auch Elemente enthalten sind, die nicht eingeprägt wurden (sog. Distraktoren), muß die Versuchsperson jene herausfinden (wiedererkennen), die sie sich in der Lernphase eingeprägt hat. In der Regel entspricht die Itempräsentation in der Lernphase derjenigen des freien Reproduzierens. Falsche Lösungen kommen dabei zustande, wenn gelernte Elemente als neuartig oder aber neue Elemente (Distraktoren) als gelernt eingeschätzt werden. Für die Items des SL-Beispiels in Tabelle 2 könnte die Prüfung nach der Wiedererkennungsmethode folgendermaßen lauten:

Schinken Fell Menge Tag Küste Abschied Wächter Tafel Student Hader Licht Gletscher Herr Wucht Blume Jod Moder Entnahme

Die Feststellung, Wiedererkennen sei dem Reproduzieren überlegen, gilt jedoch nicht uneingeschränkt. Sind sich Distraktoren und gelernte Items sehr ähnlich, kommt es zu zahlreichen Verwechslungen. Da die Wiedererkennungsleistung einer Versuchsperson auch durch reines Raten zustandekommen kann, hat man versucht, das Antwortverhalten bei dieser Prüfbedingung genauer zu analysieren. Hierbei erwies sich die Signalentdeckungstheorie – ein im Rahmen der Reizschwellenuntersuchung entwickeltes Modell der Wahrnehmungspsychologie – als hilfreich. Während sich dieser Ansatz in der Wahrnehmungspsychologie mit Empfindungsstärken beschäftigt, wird er beim Wiedererkennen auf den Bekanntheitsgrad des Versuchsmaterials bezogen. Die Versuchsperson muß aufgrund des subjektiv erlebten Bekanntheitsgrades entscheiden, ob ein Element der Prüfliste von ihr gelernt wurde oder dieser neu hinzugefügt ist. Je nachdem, ob sie in dieser Beurteilung ein strenges oder schwaches Kriterium anwendet, d. h. wenig oder viel rät, unterlaufen ihr unterschiedlich viele Treffer und Fehler. Bei den Antworten eines Wiedererkennungstests muß deshalb gleichzeitig geprüft werden, ob ein gelerntes Item bzw. ein Distraktor richtig oder nicht richtig erkannt wurde. Aus der wahrscheinlichkeitstheoretischen Analyse der Verteilung der Antworten auf diese Kategorien läßt sich der Sicherheitsgrad bestimmen, mit dem eine Versuchsperson die in der Prüfphase vorgegebenen Reize beurteilt. Auf gleichwertige Lernleistungen kann deshalb gelegentlich auch trotz zahlenmäßig unterschiedlicher Trefferergebnisse geschlossen werden.

Die noch auf Ebbinghaus zurückgehende *Ersparnismethode* besteht aus zwei Abschnitten. Im ersten wird ein neuer Lernstoff so lange wiederholt, bis er fehlerfrei reproduziert werden kann. Nach Verstreichen eines bestimmten Zeitintervalls wird der gleiche Lernstoff nochmals bis zur fehlerfreien Wiedergabe gelernt. Die Differenz zwischen den notwendigen Wiederholungen (bzw. der benötigten Zeit) im ersten und zweiten Abschnitt erlaubt eine quantitative Beurteilung der Gedächtnisleistung und läßt sich im Prozentsatz der (Lern-)Ersparnis ausdrücken: Mußte ein Lernstoff bis zur fehlerfreien Reproduktion im ersten Abschnitt 30mal wiederholt werden und nach drei Tagen nur noch 15mal, so betrug die Ersparnis also 50%.

5.3 Befunde der klassischen Gedächtnisforschung

Vergessenskurve

Eines der bekanntesten Ergebnisse der älteren Gedächtnispsychologie stellt die sog. *Vergessenskurve* dar, die Ebbinghaus in umfangreichen, insgesamt 163 Selbstversuchen mit Listen von je 13 sinnlosen Silben über die Ersparnismethode ermittelte. Die unabhängige Variable stellte in diesen Experimenten das seit der letzten vollständigen Einprägung verstrichene Zeitintervall (nämlich 20 Min., 1 Std., 9 Std., 1 Tag, 2 Tage, 6 Tage, 31 Tage) dar, dessen Einfluß auf die abhängige Variable, die »Behaltensleistung« bzw. den »Vergessensumfang«, interessierte. Ebbinghaus fand in diesen Studien eine negativ beschleunigte Kurve (siehe Abb. 7), derzufolge in den ersten Stunden nach der Einprägung der größte Gedächtnisverlust eintritt. In der Folgezeit nimmt er deutlich ab, d. h. kurz nach dem Erlernen eines Stoffes vergessen wir viel mehr als später.

Diese Funktion konnte in zahlreichen Replikationsstudien bestätigt werden und fand sich im Prinzip auch bei Verwendung anderer Lernmaterialien und Prüfmethoden, wenngleich es dann zu signifikanten Unterschieden in der Ausprägung der Kurve kam. So

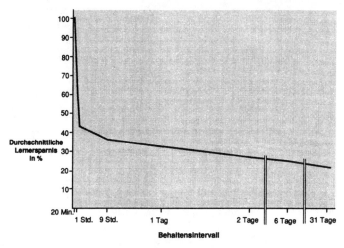

Abb 7: Vergessenskurve (nach Ebbinghaus)

ist die Vergessensrate bei sinnhaltigem Material deutlich geringer als bei sinnlosem, zeigt aber immer noch den negativ beschleunigten Verlauf. Ebbinghaus interpretierte den Abfall in der Behaltensleistung als Folge ausbleibender Übung des Materials während der Behaltensperiode und stellte ihn als logarithmische Funktion der verstrichenen Zeit dar, eine Annahme, die spätere Forscher in Frage stellten. McGeoch (1932) zufolge ist weniger die verstrichene Zeit an und für sich für das Vergessen verantwortlich, als die während des Behaltensintervalls herrschenden Bedingungen (vgl. Kap. 8).

Serialer Positionseffekt

Notiert man für jedes Element einer seriellen Liste die auf es in einem Lernexperiment entfallenden Fehler und trägt diese in einem Diagramm gegen die Position des Elements in der Liste ein, so ergibt sich die *serielle Positionskurve*. Ihre Verlaufscharakteristika (siehe Abb. 8) haben sich als äußerst konstant erwiesen und finden sich auch bei Verwendung der freien Reproduktion.

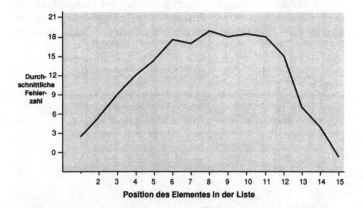

Abb. 8: Seriale Positionskurve (fiktive Daten)

Während auf die Anfangs- und Endelemente einer Liste die wenigsten Fehler entfallen, kommt es im mittleren Positionsbereich zur höchsten Fehlerzahl, d. h. die ersten und letzten Listenelemente werden am leichtesten, diejenigen im Mittelbereich am schwersten gelernt (s. hierzu Seite 133 f).

»Transfer of training« (Lernübertragung)

Der Frage, wie das Erlernen einer ersten Liste dasjenige einer darauffolgenden beeinflußt, wird in Studien zum »Transfer of training« (Lernübertragung) nachgegangen. Man spricht von *positivem Transfer*, wenn das Lernen der zweiten Liste erleichtert wird, von *negativem*, wenn durch das Lernen der ersten Liste der Erwerb der zweiten erschwert wird und von *Null-Transfer*, wenn sich das Lernen des früheren Lernstoffs nicht auf dasjenige des späteren auswirkt. In der Literatur unterscheidet man darüber hinaus den *spezifischen* und *unspezifischen* Transfer, wobei ersterer auf Merkmale des Lernstoffs, letzterer jedoch auf allgemeine Faktoren zurückgeht. Unspezifischer Transfer dürfte z. B. in den Arbeiten von Ebbinghaus häufig zur Anwendung gekommen sein, da der intensive Umgang mit sinnlosen Silben zu vielfältigen Erfahrungen mit solchem Material führt, welche das weitere Lernen derartigen Lernstoffs begünstigen. Es handelt sich hierbei um die Entwicklung von Lernstrategien *(Lernen zu lernen)*, die aufgabenspezifisch wirksam werden. Die früheren Erwartungen in diesen Effekt, vorgetragen z. B. von Vertretern der »formalen Bildung«, denen zufolge sich Übung in einem Lernfeld (z. B. im Lateinischen) generell auch in anderen Bereichen (z. B. der allgemeinen Intelligenz) günstig auswirken sollte, ließen sich indes nicht bestätigen. Auch unspezifische Transfereffekte bleiben weitgehend auf den Umgang mit dem jeweiligen Lernmaterial begrenzt. Neben dem »Lernen zu lernen« ist noch der *Anwärmeffekt* (»warming-up«) als weitere wichtige Form unspezifischen Transfers zu nennen. Hierunter versteht man die Verbesserung einer Gedächtnisleistung infolge unmittelbar vorausgehender Lernerfahrungen. Interessanterweise müssen diese nicht auf das später einzuprägende Lernmaterial, wohl aber auf die Lernsituation bezogen sein, können also auch in anderen Aktivitäten bestehen. So setzte man z. B. das Lesen von Cartoons als Anwärmtätigkeit vor einer Lernaufgabe ein.

In der Tradition des Verbalen Lernens wurden verschiedene experimentelle Anordnungen zur Überprüfung spezifischer Transfereffekte entwickelt, deren grundlegendste für das Paarassoziationslernen in Tabelle 3 zusammengefaßt sind.

In Anordnung (a) bestehen zwischen beiden Listen keinerlei Gemeinsamkeiten, so daß kein spezifischer Transfer wirksam werden kann. Im zweiten Versuchsplan (b) werden auf gleiche Stimuli unterschiedliche Reaktionen gelernt, also in Liste 1 z. B. »Stuhl – chair« und in Liste 2 »Stuhl – sedia«. Unter diesen Bedingungen

Tab 3: Versuchsanordnungen zum Studium von Transfereffekten

	Liste 1	Liste 2	Variationsquelle der Liste 2	Transfer
(a)	A–B	C–D	Reize und Antworten	null
(b)	A–B	A–C	Antworten	negativ
(c)	A–B	C–B	Reize	positiv
(d)	A–B	A–B$_{vt}$	Antworten vertauscht	negativ

Die Großbuchstaben (A, B, C...) stehen für die Reiz- und Antwortelemente einer Paarassoziationsliste; identische Buchstaben bedeuten dabei identische Listenelemente; vt: vertauscht

wird das Lernen der zweiten Liste im allgemeinen erschwert (negativer Transfer). Bleiben dagegen die Antworten konstant und ändern sich die mit ihnen verbundenen Reize [Bedingung (c)], wird das Lernen der zweiten Liste erleichtert (Beispiel: »chair – Stuhl«; »sedia – Stuhl«), tritt also positiver Transfer ein. Werden auf die gleichen Reize hin die Antworten der ersten Liste vertauscht [Bedingung (d)], zeigt sich wiederum eine Lernerschwernis (negativer Transfer) für Liste zwei (Beispiele: Liste 1: »Haus – offen«; »Wald – kräftig«; Liste 2: »Haus – kräftig«; »Wald – offen«).

Am Zustandekommen von Transfereffekten sind viele Variablen beteiligt. Zu nennen sind insbesondere Ähnlichkeit und Bedeutungshaltigkeit der Lernaufgaben sowie Ausmaß und Intensität des Lernens (vgl. z. B. Kintsch 1982, S. 43 ff).

5.4 Praktische Anwendung: Einfache Lernhilfen

Die praktische Umsetzung von Ergebnissen der klassischen Gedächtnispsychologie konzentriert sich v. a. auf Empfehlungen hinsichtlich der optimalen Aufteilung der Stoffmenge, der Einhaltung bestimmter Pausen während des Lernens sowie der systematischen Durchführung von Stoffwiederholungen.

Insbesondere bei umfangreichem und schwierigem Lernmaterial ist es günstig, dieses in kleine Lerneinheiten zu gliedern und schrittweise zu erarbeiten. Auf diese Weise kommt es zu negativ beschleunigten Lernkurven, d. h. die Fortschritte werden schneller sichtbar und fördern die Lernmotivation. Die Untersuchungen zum negativen Transfer zeigten, daß aufeinanderfolgende Lernstoffe sich gegenseitig stören können, woraus die Notwendigkeit zur Einhaltung von Pausen abgeleitet wird. Zwischen unterschiedlicher Stoffaneignung ist es deshalb empfehlenswert, kurze, einige Minuten dauernde Pausen einzulegen. Darüber hinaus soll man beim Einprägen verschiedener Stoffgebiete darauf achten, ähnliche Lernmaterialien nicht hintereinander zu lernen, sondern zur Vermeidung von Ähnlichkeitshemmungen die Reihenfolge der Gebiete (z. B. Schulfächer) eher zu kontrastieren (also nicht für zwei Fremdsprachen hintereinander lernen, sondern dazwischen die Mathematik- oder Physikaufgaben bearbeiten).

Besondere Aufmerksamkeit wurde der richtigen Wiederholung des Stoffes zuteil. So entwickelte Leitner (1972) für das Vokabellernen eine Lernkartei, die das traditionelle Vokabelheft ersetzen soll. Es handelt sich dabei um einen Karteikasten mit fünf Fächern von zunehmender Größe. Der Lernstoff wird auf Karteikärtchen geschrieben, deren Vorderseite den deutschen und deren Rückseite den fremdsprachlichen Ausdruck einer Vokabel festhält. Das Vokabellernen gestaltet sich nun folgendermaßen: Neue Wörter werden auf den Kärtchen festgehalten und im ersten Fach abgelegt. Bei der Wiederholung nimmt man die Karte heraus und überprüft sein Wissen. Bei richtiger Beantwortung »wandert« das Karteikärtchen in das zweite Fach des Kastens, bei falscher verbleibt es im ersten und wird am folgenden Tag mit den dann neu anfallenden Vokabeln wiederholt. Ist das zweite Fach gefüllt, werden alle dortigen Karten kontrolliert und wandern bei richtiger Wiedergabe ins dritte, bei falscher jedoch zurück ins erste Fach. Für die Fächer drei und vier gilt ein analoges Vorgehen. Bei der Überprüfung von Fach 5 können alle richtig behaltenen Vokabeln schließlich der Kartei entnommen werden, da sie sich nun fest im Gedächtnis verankert haben.

5.5 Bewertung

Wissenschaftsgeschichtlich betrachtet ist es ein Hauptverdienst der in diesem Kapitel behandelten Sichtweise, daß sich nicht zuletzt mit ihrer Hilfe die Psychologie zum Ausgang des letzten Jahrhunderts als eigenständige Wissenschaft etablierte und in der Folgezeit als experimentell ausgerichtete Disziplin verstand. Trotz der extremen inhaltlichen und theoretischen Einschränkungen hat diese Perspektive auch heute noch Bedeutung. So schreibt Kintsch (1982, S. 3): »Jeder, der die gegenwärtige Forschung verstehen will, muß sich mit dieser Tradition vertraut machen.« Ihren Einfluß und ihre Relevanz mag man auch daran erkennen, daß sie für über 50 Jahre die beherrschende und fast konkurrenzlose Richtung in der Gedächtnispsychologie darstellte und viele ihrer Befunde heute noch Gültigkeit besitzen.

Die Kritik der in der Tradition von Ebbinghaus stehenden Gedächtnisforschung richtet sich im Grunde genommen gegen die diesem Forschungszweig zugrundeliegenden Prämissen. Die Verwendung sinnloser Silben als Lernmaterial wurde bereits von Bartlett in den dreißiger Jahren scharf angegriffen, der die Elimination von Bedeutung und Sinn aus den gedächtnispsychologischen Studien als grundsätzlich verfehlt ansah, da für ihn die Suche nach Bedeutung zum wesentlichen Charakteristikum der Gedächtnistätigkeit gehörte. Die von Bartlett (1932) vorgeschlagene und lange Zeit weitgehend ignorierte Forschungsalternative verbindet zwar mit derjenigen Ebbinghausens die Analyse des Gedächtnisses im Hinblick auf den Abruf bereits vergangener Ereignisse, ist also genauso wie jene erinnerungsorientiert, jedoch wird die Gedächtnistätigkeit hier als aktiver Prozeß der Rekonstruktion vergangener Ereignisse verstanden.

Die von den Vertretern des Verbalen Lernens favorisierte Lernform ist das mechanische Lernen (Auswendiglernen; Memorieren), dem zwar im 19. Jahrhundert im Rahmen des sich ausweitenden Schulwesens größte Bedeutung beigemessen wurde, dessen Attraktivität jedoch im 20. Jahrhundert deutlich zugunsten eines gesteigerten Interesses an aktiven und komplexen Formen des Problemlösens zurückging. Diese Interessenänderung zog es nach sich, daß der Forschungsansatz des Verbalen Lernens nicht nur wegen des verwendeten Lernmaterials, sondern auch wegen der favorisierten Lernart im Lauf der Zeit zunehmend an ökologischer Validität verlor. Im Unterschied zu manchen »modernen« Lernmethoden wie zum Beispiel dem Superlearning (siehe hierzu Edelmann 1994) besitzen die im Kontext des Verbalen Lernens entwickelten Verfahren jedoch den Vorteil, empirisch abgesichert zu sein.

Spätestens seit der von Tulving (1972) vorgeschlagenen Trennung eines episodischen und eines semantischen Gedächtnisses kann die ausschließliche Orientierung der Gedächtnispsychologie an der Erinnerung früherer Ereignisse (episodischer Aspekt), wie sie in der Forschungstradition zum Verbalen Lernen praktiziert wird, nicht mehr als ausreichend betrachtet werden. Unter »episodischem Gedächtnis« versteht Tulving das Gedächtnis »für persönliche Erfahrungen und ihre zeitlichen Beziehungen« (1972, S. 401 f), d. h. diese Gedächtnisform hat chronologisch-autobiographischen Charakter, insofern ihre Inhalte (Episoden) nach der

Art »Ich tat das und das, an dem und dem Ort, zu der und der Zeit.« (Tulving 1972, S. 389) erinnert werden können. Während das episodische Gedächtnis auf den Kontext von Erfahrungen angewiesen ist, d. h. auf deren Einordnung in Raum und Zeit, kommt Tulving zufolge das »semantische Gedächtnis« ohne ein zeitliches Kriterium zurecht (s. Kap. 7).

Für die weitere Entwicklung war schließlich besonders die Aufgabe der Annahme eines einheitlichen Gedächtnissystems von Bedeutung. So bestimmte die Suche nach verschiedenen Gedächtnissystemen etwa ab 1960 die Forschung. Damit war ein intensives Interesse an Prozessen und Variablen verbunden, die zwischen Einprägung und Wiedergeben wirksam werden. Außerdem kam es zur Konzeptualisierung erster umfangreicher Theorien der Gedächtnistätigkeit.

6 Gedächtnissysteme und Verarbeitungstiefen

Die im vorausgehenden Kapitel behandelte Sichtweise von Gedächtnisphänomenen wurde gegen Mitte der 60er Jahre einer grundlegenden Revision unterzogen und von einer neuen Perspektive abgelöst, bei der Ablauf und Art der Informationsverarbeitung im Mittelpunkt stehen. Gedächtniserscheinungen werden seither in Modellen der Informationsverarbeitung analysiert, wie sie von Forschungsbefunden aus der Linguistik, Kommunikationstechnologie und Computerwissenschaft (vgl. Wessells 1984) nahegelegt wurden. Innerhalb dieses Rahmens lassen sich zwei Paradigmen unterscheiden, die relativ unabhängig nebeneinander bestehen und teilweise miteinander konkurrieren. Die sog. *Mehrspeichermodelle* geben die Annahme eines einheitlichen Gedächtnissystems auf und postulieren mehrere Gedächtnisarten (Gedächtnisspeicher), die von den aufgenommenen Informationen auf der Zeitachse durchlaufen werden können und für die Kodierung (Verschlüsselung), die Speicherung und den Abruf der Information verantwortlich sind.

Dieser horizontalen (strukturellen) Betrachtung steht mit dem *Mehrebenenansatz* (»levels of processing«) eine vertikal orientierte Analyse gegenüber, bei der das Gedächtnis nicht in verschiedene Komponenten untergliedert wird, sondern Differenzen in der Gedächtnisleistung auf unterschiedliche Grade (Tiefen) der Informationsverarbeitung zurückgeführt werden.

6.1 Mehrspeichermodelle

Die ersten Mehrspeichermodelle wurden in Form der Zweispeichermodelle entwickelt und beziehen sich auf die Unterscheidung zweier getrennter Gedächtnisarten für kurz- und langfristige Behaltensleistungen, dem *Kurzzeitgedächtnis* (KZG) und dem *Langzeitgedächtnis* (LZG). Beiden Gedächtnisarten sollen unterschiedliche Systeme zugeordnet sein, die für ihre Leistungen verantwortlich sind, nämlich der Kurzzeit- und Langzeitspeicher (KZS; LZS). Die Übertragung von Informationen aus dem Kurzzeit- in das Langzeitgedächtnis erfolgt dabei über einen Wiederholungsmechanismus (»rehearsal«), worunter das Memorieren eines Lernstoffs zu verstehen ist. Wegen der begrenzten Kapazität des KZG kann von dem Wiederholungsmechanismus jedoch nur eine kleine Informationsmenge verarbeitet werden. Atkinson & Shiffrin (1968) haben diese duale Gedächtnistheorie um einen dritten Speicher, das dem Kurzzeitgedächtnis vorgeschaltete *sensorische Register*, erweitert und vertreten damit ein »Drei-Speicher-Modell«, das die damals bekannten Befunde der Gedächtnispsychologie zusammenfaßt und bis in die heutige Zeit nachwirkt, wenngleich am ursprünglichen Ansatz wesentliche Modifikationen erforderlich wurden.

Die verschiedenen Speicher sollen sich hinsichtlich der Menge verarbeitbarer Informationen (Kapazität), der Dauer ihrer Verfügbarkeit (Haltezeit), sowie der Informationsverschlüsselung (Kodierung; z. B. sensorisch versus semantisch; unkodiert versus kodiert) unterscheiden. Neben der Annahme einer durch die postulierten Speicher festgelegten invarianten Struktur des Gedächtnisses ist für den Ansatz von Atkinson & Shiffrin noch die Hypothese unterschiedlicher Kontrollprozesse kennzeichnend, die sowohl die Arbeitsweise innerhalb als auch die Interaktion zwischen den Speichern regeln und u. a. für die Verschlüsselung der Information (Kodierung) und deren Abruf verantwortlich sind. Im Gegensatz zur festgelegten Struktur handelt es sich bei den Kontrollprozessen um flexible Verarbeitungsprozesse, die unter dem willentlichen Einsatz der Person stehen. In Abbildung 9 sind die wesentlichen Komponenten eines (einfachen) Mehrspeichermodells wiedergegeben.

In den folgenden drei Abschnitten seien exemplarisch einige wesentliche Aspekte dieser Gedächtnissysteme kurz charakterisiert.

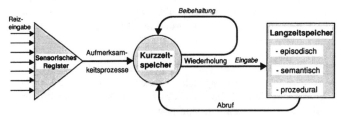

Abb. 9: Mehrspeichermodell des Gedächtnisses (mod. nach Houston 1981, S. 340)

6.2 Sensorisches Gedächtnis

Als erster Speicher wird im Modell von Atkinson & Shiffrin das »Sensorische Gedächtnis« (syn. sensorisches Register) angenommen, dem die von den Sinnesorganen aufgenommenen Reizeindrücke zugeführt werden. Ein sensorisches Register ließ sich für visuelle und akustische Stimuli bislang relativ eindeutig belegen, wobei die umfangreichsten Forschungen aus dem Bereich visueller Sinneseindrücke vorliegen, für die Neisser (1967) den Begriff *Ikonisches Gedächtnis* prägte. Obwohl nur für die genannten zwei Bereiche intensiv erforscht und eindeutig belegt, gehen viele Forscher davon aus, daß es für jede Sinnesmodalität ein eigenes sensorisches Gedächtnis geben soll, wenngleich die empirische Befundlage hierfür noch recht spärlich und keineswegs eindeutig ist. Nachfolgend soll anhand der Untersuchungen zum visuellen sensorischen Gedächtnis von Sperling (1960) Ableitung, Funktion und Arbeitsweise dieses Gedächtnisspeichers erläutert werden.

Die Versuche Sperlings

Sperling setzte in seinen Versuchen ein Gerät ein, das es erlaubt, eine Reizvorlage für extrem kurze Zeit darzubieten (Tachistoskop). Das »Lernmaterial« bestand aus drei bzw. vier Reihen von Buchstaben, die 50 msec lang visuell präsentiert wurden. Danach mußten die Versuchspersonen (Vpn) soviel als möglich von der Reizvorlage »erinnern« (Ganzberichtsverfahren). Bei diesem Vorgehen konnten durchschnittlich 4,5 Buchstaben der Vorlage korrekt wiedergegeben werden. Angeregt durch Mitteilungen seiner Vpn, die angaben, das gesamte Reizmuster für sehr kurze Zeit erkannt, dann aber wieder vieles »vergessen« zu haben, änderte Sperling seine Versuchsanordnung und ließ anstatt aller Buchstaben nur noch einen bestimmten Teil (eine Reihe) reproduzieren: Nach der Präsentation des Musters ertönte ein akustisches Signal, dessen Höhe angab, welche Reihe der Vorlage wiederzugeben war. Bei der so geänderten Anordnung – Teilberichtsverfahren genannt – waren die Vpn fast immer in der Lage, die zu reproduzierende Reihe richtig wiederzugeben. Da bei der Reizpräsentation noch nicht bekannt war, nach welcher Reihe anschließend gefragt wurde, und da dessen ungeachtet die erfragte Reihe nahezu korrekt erinnert wurde, mußte also das gesamte Reizmuster für einen bestimmten Zeitraum den Vpn bewußt gewesen sein.

In weiteren Versuchen stellte Sperling die Frage, wie lange der Vorteil des Teilberichtsverfahrens anhält. Er variierte deshalb den

Zeitpunkt der Präsentation des Signals für die Reproduktion einer bestimmten Reihe, wobei sich zeigte, daß die Reproduktionsleistung mit zeitlicher Verzögerung des Signals kontinuierlich abnahm und bei einer Verzögerung von etwa 1,0 sec den im Ganzberichtsverfahren erzielten Ergebnissen entsprach. Der Vorteil der Teilwiedergabe hält demnach nur eine sehr kurze Zeit (etwa 250–500 msec) an.

Mit diesen Befunden sind bereits die wesentlichen Merkmale des ikonischen Gedächtnisses angesprochen, nämlich die relativ hohe Speicherkapazität einerseits sowie der Zerfall eines Großteils des Erinnerbaren innerhalb weniger als einer Sekunde. Eine weitere wichtige Frage betrifft die Art der Informationsspeicherung in diesem Gedächtnistyp. Sperling ging noch davon aus, daß die Materialien im sensorischen Register in roher, unverarbeiteter Form vorliegen und sich die Information nur auf physikalische Merkmale (z. B. Helligkeit, Größe, Position, Farbe, Kontur etc.) beziehe, d. h. noch keiner Kodierung oder Kategorisierung unterliege. Diese Annahme sah er durch folgende Modifikation seines Versuchsplanes bestätigt: Wenn das Reizmaterial sowohl aus Buchstaben als auch aus Ziffern bestand und den Vpn im Teilwiedergabeverfahren aufgetragen wurde, auf einen bestimmten Ton hin entweder nur die Buchstaben oder nur die Ziffern zu reproduzieren, also die Reize nach einem bedeutungshaltigen Format einzuschätzen, fand sich kein signifikanter Unterschied zwischen Teil- und Ganzberichtsverfahren. Anscheinend war der für die Kodierung benötigte Zeitaufwand größer als die Zeitspanne in der das Muster vollständig zur Verfügung stand. Die Vpn waren demnach noch nicht in der Lage, eine Kategorisierung der Reizvorlage vorzunehmen. Diese Hypothese schien sich in weiteren Untersuchungen anfangs auch zu bestätigen, wurde in nachfolgenden Experimenten (s. u.) jedoch widerlegt.

Wie kann man sich nun die im ikonischen Gedächtnis von der Reizpräsentation bis zur Verbalisierung eines Items ablaufenden Prozesse vorstellen? Offensichtlich muß die Reizaufnahme viel umfassender und schneller sein als ihre Reproduktion. Sperling (1967) legte zur Erklärung folgendes Modell vor: Eine im visuellen Speicher festgehaltene Vorlage wird danach einem Durchmusterungsprozeß unterzogen, der etwa 100 Buchstaben pro Sekunde aufnehmen kann und anschließend einem Zwischenspeicher des Wiedererkennens zugeführt. Dieser wandelt das visuelle Bild in die für das Aussprechen (oder Niederschreiben) des Buchstabens notwendigen motorischen Befehle um. Da ein so hoher Stimulusinput aber in der kurzen Zeit weder wiederholt noch benannt werden kann, muß im Wiedererkennensspeicher eine Information so lange gehalten werden, bis sie über ein Wiederholungssystem in einen akustischen Speicher übertragen ist. Wegen der unterschiedlichen Einlese- und Ausgabekapazität des Wiedererkennungsspeichers kommt es schließlich in der Reproduktion zur Begrenzung auf 4–5 Elemente der Vorlage.

Während in Sperlings Erklärungsansatz darauf verzichtet wird, die zugrundeliegenden physiologischen und neurologischen Prozesse zu untersuchen, widmeten sich andere Forscher dieser Fragestellung. Sakitt (1976) interpretiert das ikonische Gedächtnis in Analogie zu den aus der Wahrnehmungspsychologie bekannten Nachbildern, worunter unmittelbare Nachwirkungen sehr starker optischer Reize verstanden werden. Blickt man z. B. in eine leuchtende Glühbirne und danach auf eine weiße Wand, so erscheint dort die Form der Birne in unterschiedlicher Helligkeit. Sakitt postuliert deshalb eine in der Peripherie des Nervensystems (nämlich den Zapfen und Stäbchen der Retina) stattfindende Speicherung. Dagegen können zwei Einwände geltend gemacht werden: Zum einen, daß die Spuren des ikonischen Gedächtnisses im Unterschied zu den bis zu etwa 45 sec anhaltenden Nachbildern binnen 300 msec zerfallen, zum anderen, daß Nachbilder sehr intensive Beleuchtung voraussetzen, die Befunde zum sensorischen Register aber auch bei nur geringer Lichtintensität auftreten. Andere Forscher halten die Beteiligung von zentral-nervösen Prozessen für erwiesen. Während Nachbilder statischen Charakter haben, also keine Bewegung von Stimuli wiedergeben können, zeigten Treisman, Russell & Green (1975), daß im ikonischen Gedächtnis Bewegungsvorgänge gespeichert werden können, und liefern damit einen Beleg für die Beteiligung von Anteilen des zentralen Nervensystems.

Die Funktion des sensorischen Gedächtnisses wird von Klix (1980) von den genannten Kapazitätseigenschaften und Zeitverhältnissen abgeleitet. Das kurzfristige Anhalten einer Reizvorlage »ermöglicht die Extraktion von Merkmalen, ihre Nutzung für den Erkenntnisvorgang. Die Zeitspanne ermöglicht insbesondere eine *Auswahl* von Reizeinflüssen nach deren Ordnung oder *Bewertung* in einem relevanten Kontext« (Klix 1980, S. 65).

Neuere Forschungen melden jedoch Zweifel an der Existenz eines eigenen Speichers im Sinne des sensorischen Registers an. So konnte mit einer veränderten Versuchsanordnung auch für das sensorische Register eine kategoriale (kodierte) Informationsverarbeitung nachgewiesen und damit ein wichtiges Argument zur Postulierung eines selbständigen Speichers entkräftet werden. Zusammenfassend urteilt deshalb Best (1986, S. 131), »daß die

Grenzlinien um das sensorische Register – seine Einschränkungen – viel verschwommener sein können als man ursprünglich dachte«.

6.3 Kurzzeitgedächtnis und Arbeitsgedächtnis

Da die im sensorischen Register enthaltene Information nur für extrem kurze Zeit zur Verfügung steht, ist ihre teilweise Übertragung in ein System notwendig, in dem sie weiterverarbeitet wird und dann eventuell auch für längere Zeit verfügbar bleibt. Atkinson & Shiffrin gehen davon aus, daß dies im Kurzzeitgedächtnis, dem zweiten Speicher des Modells, geschieht.

Auf diese Gedächtnisart hat bereits W. James 1890 aufgrund introspektiv gewonnener Beobachtungen hingewiesen und sie als »primäres Gedächtnis« vom »sekundären Gedächtnis«, dem noch zu besprechenden Langzeitgedächtnis, abgehoben. Während die Inhalte (Informationen) des primären Gedächtnisses in die psychologische Gegenwart fallen, uns also bewußt sind, gehören diejenigen des sekundären Gedächtnisses der psychologischen Vergangenheit an, sind dem Bewußtsein entzogen und müssen erinnert werden. Die hier vorgenommene Unterscheidung durchzieht die gesamte Literatur zu den Mehrspeicher-Modellen, wenngleich teils unter anderer Bezeichnung bzw. weiterer Differenzierung. So schließen sich z. B. Waugh & Norman (1965) der Terminologie von James an, während Wessels (1984) den Begriff »unmittelbares Gedächtnis« vorzieht.

Die klassischen experimentellen Studien zum Nachweis des Kurzzeitgedächtnisses stammen von Brown (1958) und Peterson & Peterson (1959). Betrachten wir die von den letztgenannten Autoren verwendete Versuchsanordnung etwas genauer: Nachdem Peterson & Peterson nachgewiesen hatten, daß ihre Versuchspersonen eine Drei-Konsonanten-Folge (ein sog. Trigramm; z. B. LBF) 30 Sekunden nach dessen einmaliger Präsentation problemlos wiedergeben (erinnern) konnten, erschwerten sie den Versuchsablauf durch Einführung einer Ablenkungs-(Distraktions)Aufgabe, die während des Behaltensintervalls zu lösen war. Sie wählten hierzu eine Subtraktionsaufgabe, d. h. ihre Versuchspersonen mußten von einer vorgegebenen Zahl aus in Dreierschritten laut rückwärts zählen. Damit hatte der Versuch folgenden Ablauf: akustische Darbietung des Trigramms, gefolgt von der Nennung einer dreistelligen Zahl durch den Versuchsleiter (z. B. 471), woraufhin die Versuchspersonen nun für ein bestimmtes Zeitintervall (Behaltensintervall) so schnell sie konnten in Dreierschritten laut rückwärts zählten (also 468, 465...). Nach Ablauf des in den Experimenten systematisch variierten Behaltensintervalls mußte das Trigramm erinnert werden. Unter diesen Bedingungen reduzierte sich die Wiedergabeleistung drastisch in Abhängigkeit der Verlängerung des Behaltensintervalls. Bereits nach 18 Sekunden lag sie um etwa 90% niedriger als das ohne Einsatz einer Distraktionsaufgabe übliche Leistungsniveau.

Das Rückwärtszählen diente in diesem Versuch dem Zweck, eine innere Wiederholung des Trigramms durch eine im Langzeitgedächtnis automatisierte Information zu verhindern und damit auszuschließen, daß das Trigramm im Kurzzeitgedächtnis gehalten wird. Wiederholung, z. B. in Form von subvokalem Sprechen, übernimmt bei verbalem Material nämlich die Funktion, eine Information beliebig lange im KZG festzuhalten, und ist damit für das Behalten in diesem Speicher verantwortlich. Wenn wir eine Telefonnummer nicht kurzfristig vergessen wollen, brauchen wir sie demnach nur zu wiederholen, wie jeder aus seiner Alltagserfahrung weiß. So ist für Atkinson & Shiffrin (1968, S. 111) »der primäre Zweck der Wiederholung die Erweiterung der Zeitspanne, in der Information im Kurzzeitspeicher verbleibt«.

Neben dieser *erhaltenden Wiederholung* (»maintenance rehearsal«) kommt dem Wiederholen eines Lernmaterials als weitere Aufgabe die Übertragung der Information in den Langzeitspeicher zu. Hierbei reicht das mechanische Repetieren im allgemeinen jedoch nicht aus. Für eine langfristige Speicherung muß ein Lernstoff mit einer sog. *elaborierenden Wiederholung* bearbeitet werden, bei der nicht so sehr die Anzahl der Wiederholungen relevant ist, als vielmehr die Art und Weise ihrer Durchführung. Elaborierende Wiederholung geht mit einer »tieferen Verarbeitung« (s. Kap. 6.7) einher, die in aller Regel zu einem höheren Bedeutungsgehalt des Lernmaterials führt. So wird beispielsweise das langfristige Einprägen der folgenden Wortliste durch das gedankliche Bindeglied »Säugetiere« wesentlich erleichtert:
»Hund, Schaf, Katze, Elefant, Tiger, Eichhörnchen etc.«

Es wäre jedoch nicht angemessen, beide Wiederholungsformen als klar voneinander verschieden anzusehen. Vielmehr scheint die Annahme eines fließenden Überganges zwischen ihnen gerechtfertigter.

Kapazität

Die Kapazität des KZG wird meist über die Ermittlung der Gedächtnisspanne definiert, d. h. es wird überprüft, wieviele Einheiten nach einmaliger Darbietung richtig reproduziert werden können. In einer sehr bedeutenden Arbeit hat Miller (1956) den Umfang des KZG auf »sieben, plus/minus zwei« Einheiten geschätzt, was für ein sehr begrenztes Fassungsvermögen spricht. Im Gegensatz zur (fast) unbegrenzten Kapazität des sensorischen Registers können im KZG immer nur sehr wenige Informationen gehalten werden. Miller hat für die kleinste Informationseinheit des KZG den Begriff »*chunk*« (Klumpen) gewählt und darauf hingewiesen, daß es sich dabei nicht um ein einzelnes Element handeln muß, wie folgendes Beispiel (aus Arbinger 1984, S. 45) zeigt. Nehmen wir an, die Buchstabenliste »B M W T V W D R I B M V W« wird auf die beiden folgenden Arten, also mit unterschiedlich gelagerten Sprechpausen vorgetragen:

»(a) BM (Pause) WTV (Pause) WD (Pause) RIB (Pause) MVW

 (b) BMW (Pause) TV (Pause) WDR (Pause) IBM (Pause) VW«

Da es sich im zweiten Fall um gängige Abkürzungen handelt, werden hier – trotz identischer Elementenzahl der Liste – zweifelsohne mehr Buchstaben richtig erinnert als im ersten. Durch die Struktur des Lernmaterials, seine Bedeutung, können demnach mehrere Elemente zu einem »chunk« zusammengefaßt werden. Gelingt die Herstellung eines sinnhaften Bezugs, läßt sich die Gedächtnisspanne erweitern, wie in einfallsreichen Experimenten mit Schachspielern von Chase & Simon (1973) belegt werden konnte. So waren Spieler der Meisterklasse wesentlich besser als nur mittelmäßig oder gar schlecht Geübte in der Lage, tatsächlich vorkommende Figurenpositionen nach einer Darbietungsdauer von nur 5 Sekunden richtig wiederzugeben, während sich ihre Gedächtnisleistung bei zufälligen (sinnlosen) Positionen nicht von derjenigen ungeübter Spieler unterschied. Infolge ihrer umfangreichen Erfahrungen mit dem Spiel scheinen geübte Schachspieler im LZG viele Informationen gespeichert zu haben, die eine Strukturierung der Reizvorlage und damit eine größere Zusammenfassung von Einzelelementen ermöglichen.

Im Hinblick auf den in Abbildung 9 dargestellten sequentiellen Informationsablauf sind diese Befunde insofern kritisch, als sie dafür sprechen, daß zumindest bestimmte Bereiche des Langzeitgedächtnisses dem Kurzzeitgedächtnis vorgelagert sein können.

Kodierung

Während die im sensorischen Register enthaltene Information noch weitgehend »originalgetreu«, d. h. entsprechend ihrer physikalischen Eigenschaften gespeichert wird, erfolgt im KZG eine Veränderung dieser Information in eine andere Form. Die über die Sinnesorgane zugeführten Reize werden dabei verschlüsselt, ähnlich dem Vorgehen beim Morse-Alphabet, in dem z. B. der Buchstabe E durch einen Punkt repräsentiert wird. In der Gedächtnis- und Kognitionspsychologie hat sich für die Verschlüsselung von Information der Begriff *Kodierung* (syn. Enkodierung) eingebürgert, der dem Alltagsbegriff des Einprägens weitgehend entspricht.

Frühe Forschungsbefunde von Conrad (1964) legten nahe, daß Informationen des KZG in akustischer Form verschlüsselt werden. Conrad präsentierte seinen Vpn in visueller Form Konsonantengruppen zu je sechs Buchstaben und analysierte die bei der Wiedergabe unterlaufenen Fehler. Hierbei zeigte sich, daß die Vpn bei fehlerhafter Reproduktion ähnlich klingende und nicht – wie nach der Darbietungsform zu erwarten gewesen wäre – ähnlich aussehende Buchstaben verwendeten (z. B. A anstatt H; B anstatt T). Deshalb schloß Conrad auf eine akustische Informationsverschlüsselung. Die Ergebnisse späterer Untersuchungen von Conrad (1970) mit gehörgeschädigten Kindern sprechen jedoch dafür, daß nicht so sehr die Lautwahrnehmung (akustischer Kode) als vielmehr die Lauterstellung (Artikulationskode) für die Fehler verantwortlich ist. Da beide Kodierungsformen im Alltag untrennbar verbunden sind, kann von einer *akustisch-artikulatorischen* Repräsentation im KZG ausgegangen werden. Es wäre jedoch ein Irrtum, wie die frühen Mehrspeichertheoretiker anzunehmen, es handele sich dabei um die einzige Kodierungsform im KZG. Zwar dürfte der akustisch-artikulatorischen Kodierung herausragende Bedeutung zukommen, jedoch sind auch andere Repräsentationsformen für das KZG nachgewiesen, z. B. bedeutungshaltige (semantische) oder sensorische (visuelle, olfaktorische).

Informationsabruf

Zur Klärung der Frage, wie auf Informationen des Kurzzeitgedächtnisses zurückgegriffen wird, haben vor allem die Arbeiten von Sternberg (1966) beigetragen. In seinen Experimenten bot er zuerst eine Reihe von maximal sechs Ziffern dar und ließ seine

Versuchspersonen anschließend beurteilen, ob eine Ziffer (sog. Probeziffer) in dieser Reihe enthalten war oder nicht. Als unabhängige Variable diente dabei der Umfang der Ziffernreihe (Ziffernanzahl), als abhängige Variable die Reaktionszeit der Vpn. Die Ergebnisse seiner Forschungen legen nahe, daß der Informationsabruf (»retrieval«) aus dem KZG durch einen sehr schnell ablaufenden Durchmusterungsprozeß erfolgt. Dabei werden die im KZG befindlichen Informationen Stück für Stück (*sequentiell* oder *seriell*) mit der Probeziffer verglichen, was Sternberg mit der Abhängigkeit der Reaktionszeit von der Reihenlänge belegen konnte: Mit zunehmender Ziffernzahl der Liste steigt die Reaktionszeit der Vpn kontinuierlich und proportional an. Letzteres wäre bei paralleler Verarbeitung, d. h. gleichzeitiger Berücksichtigung mehrerer Elemente (Ziffern) nicht der Fall.

Sternbergs Befunde sprechen schließlich dafür, daß der Durchmusterungsprozeß, also der Vergleich der gespeicherten Items mit der Probeziffer, bei seinen Versuchen in jedem Fall alle Elemente einbezieht, d. h. *erschöpfend* oder *vollständig* erfolgt, unabhängig davon, ob eine positive (Ziffer enthalten) oder negative (Ziffer nicht enthalten) Entscheidung verlangt wird. Dieses Ergebnis ist insofern überraschend, als man annehmen möchte, die Vp breche ihre Suchstrategie ab, sobald sie feststellt, daß die Probeziffer in der Reihe enthalten ist. Da sich aber die Reaktionszeiten in beiden Entscheidungsfällen nicht voneinander unterscheiden, geht Sternberg von einer vollständigen Durchmusterung aus. Diese Position blieb nicht unwidersprochen: So unterscheiden Schneider & Shiffrin (Schneider & Shiffrin 1977, Shiffrin & Schneider 1977) einen automatisierten und einen kontrollierten Informationsabruf. Letzterer stellt einen serialen, aber »selbstbeendenden« Suchprozeß dar, der abgebrochen wird, wenn das gesuchte Element gefunden ist, während ersterer sich auf im LZG fest verankerte Inhalte bezieht und damit von der im KZG befindlichen Information unabhängig ist, so daß er automatisch abläuft und vor allem für die Orientierung in »vertrauter Umgebung« verantwortlich sein soll. Somit muß davon ausgegangen werden, daß der Abruf aus dem KZG nicht nur auf eine Art zustande kommen kann, sondern je nach Vorerfahrung der Vp und verwendeter Aufgabenart auf unterschiedliche Weise erfolgt.

Eine vielbeachtete Weiterentwicklung und Ergänzung des traditionellen Kurzzeitgedächtnismodells stammt von dem englischen Psychologen Alan Baddeley, der zusammen mit seinem Kollegen Graham Hitch die Frage stellte: »Wozu dient der Kurzzeitspeicher«? (Baddeley 1997, S. 50). Die zur Klärung dieser Frage durchgeführten Forschungsarbeiten untersuchten das Gedächtnis unter mentalen Anforderungsbedingungen, wie z. B. einer gleichzeitig ablaufenden Denktätigkeit (siehe z. B. Baddeley & Hitch 1974; Baddeley 1986b, 1992, 1997) und führten zur Konzeptualisierung des sog. *Arbeitsgedächtnisses* (»working memory«).

Den Ausgangspunkt für die Untersuchungen von Baddeley bildeten die dargestellten Befunde des Kurzzeitgedächtnisses zu seiner begrenzten Kapazität und zu seiner Beanspruchung durch Tests der Gedächtnisspanne. Bei einer Aus- oder Überlastung dieser Kapazität durch eine der Gedächtnisspanne entsprechende oder sie gar überschreitende Ziffernreihe ist zu erwarten, daß ein deutlicher Leistungsabfall bei der Ausführung einer weiteren das Kurzzeitgedächtnis beanspruchenden Tätigkeit eintritt.

Zur Überprüfung dieser Hypothese wurde von der Arbeitsgruppe um Baddeley die Methode der *Zweitaufgabenbearbeitung* entwickelt, bei der die Versuchsperson simultan zwei Aufgaben durchführt. So mußte sie in einigen Versuchen eine Reihe von Ziffern laut nachsprechen und gleichzeitig eine Denkaufgabe lösen. Letztere bestand z. B. in der Darbietung von Sätzen, welche die Reihenfolge der Buchstaben A und B zum Inhalt hatten (z. B. »B wird A nicht vorangestellt«). Auf jeden Satz folgte das Buchstabenpaar AB bzw. BA. Die Versuchsperson hatte nun zu entscheiden, ob in der Aussage des Satzes die Buchstaben A und B in dieser Reihenfolge genannt wurden (Beispiel für einen als richtig einzuschätzenden Satz: »B wird A nachgestellt – AB«).

Die Ergebnisse derartiger Studien waren insofern *erwartungswidrig*, als die Versuchspersonen bei der Bearbeitung der zwei Aufgaben im allgemeinen keinen deutlichen Leistungsabfall zeigten. Die Denkaufgabe wurde trotz des gleichzeitigen Aufsagens der Ziffern mit einer Fehlerrate von lediglich 5% gelöst. Bestand eine der beiden Aufgaben in der Wiedergabe von Wortlisten, die andere aus einer aufzusagenden Reihe von 6 Ziffern, blieb darüberhinaus der dem Kurzzeitspeicher zugeschriebene »recency-effect« (s. Positionseffekt S. 133f) unbeeinflußt. Baddeley zog aus diesen Befunden den Schluß, daß das Kurzzeitgedächtnis keine einheitliche Größe darstellt und »die Begrenzung der Gedächtnisspanne durch eines von mehreren Subsystemen zustandekommt, welches die Funktionsfähigkeit anderer Komponenten des Arbeitsgedächtnisses relativ ungestört läßt« (Baddeley 1997, S. 52).

In seinem Ansatz interpretiert Baddeley den Kurzzeitspeicher als *Arbeitsgedächtnis* und differenziert dieses in drei Teilbereiche, eine Leitzentrale (»central processor«) und zwei ihr zugeordnete

Hilfssysteme, phonologische Schleife (»phonological loop«) und bildhaft-räumlicher Notizblock (»visuo-spatial scratch pad«) genannt.

Die Hauptaufgabe der *Leitzentrale* soll in der Lenkung von Aufmerksamkeit sowie der Kontrolle, Koordination und Integration von insbesondere aus den zwei Hilfssystemen stammenden Informationen bestehen. Die intensivsten Forschungsbemühungen wurden im Arbeitsgedächtnismodell der *phonologischen* (synonym: artikulatorischen) *Schleife* zuteil. Sie besteht aus einem phonologischen Speicher, der sprachbezogene Informationen aufnimmt und einem artikulatorischen Kontrollprozeß, der durch subvokale Wiederholung (siehe Abschnitt 6.3: erhaltende Wiederholung) ein Verbleiben der Information garantiert. Das Konstrukt der phonologischen Schleife erlaubt, mehrere Phänomene zu erklären, wie zum Beispiel den phonologischen Ähnlichkeitseffekt. Ihm zufolge wird die unmittelbare Wiedergabe ähnlich klingender Items einer Liste negativ beeinflußt. Baddeley nimmt an, daß die sprachbezogene Kodierung des phonologischen Speichers in diesem Fall eine mangelnde Diskriminierung der Items nach sich zieht (zu weiteren Belegen für die phonologische Schleife siehe z. B. Baddeley 1997, Kapitel 4, oder Healy & McNamara 1996, S. 153–154). Dem *bildhaft-räumlichen Notizblock* kommt die Aufgabe zu, räumliche und visuelle Informationen, die über Wahrnehmungsprozesse oder das Langzeitgedächtnis zugeführt werden, zu verarbeiten und festzuhalten. Der bildhaft-räumliche Notizblock soll u. a. eine aktuelle Orientierung im räumlich-visuellen Bereich ermöglichen. Im Gegensatz zur phonologischen Schleife bedarf die Bereithaltung von Information im Notizblock keiner kontinuierlichen Wiederholung.

Von Dörner (1996, S. 163 f) stammt der Vorschlag, neben dem hier vorgestellten das unmittelbare Behalten betreffenden Kurzzeitgedächtnis ein sog. *Protokollgedächtnis* anzunehmen, das »eine mehr oder minder lückenhafte, zeitlich geordnete Aufzeichnung der kognitiven Aktivitäten der unmittelbaren Vergangenheit, d. h. etwa der letzten Minuten und Stunden« enthält. Diese Annahme stützt sich auf neurophysiologische Überlegungen und klinische Beobachtungen (vgl. Sinz 1980), wartet aber noch auf ihre experimentelle Bestätigung.

6.4 Langzeitgedächtnis

Nach Klix (1980, S. 77) besteht die grundlegende Funktion des Langzeitgedächtnisses »in der dauerhaften Abbildung, genauer: in der zeitstabilen und störresistenten Einlagerung von Informationen, die aus äußeren oder inneren Rezeptorregionen in zentralen Abschnitten des Nervensystems eintreffen«. Aus dieser Funktion werden von Klix als die drei wesentlichen Leistungen des LZG das Identifizieren, Reproduzieren und Produzieren abgeleitet. Die Leistung des Identifizierens besteht im Erkennen und Wiedererkennen aktueller Meldungen, diejenige des Reproduzierens in der Wiedergewinnung von Gedächtnisinhalten. Beim Produzieren erfolgt schließlich eine Umformung alter oder eine Konstruktion neuer Gedächtnisinhalte.

Mit dem längerfristigen Behalten eines Lernmaterials, einem wichtigen Aspekt des Langzeitgedächtnisses, auch »permanent memory« genannt, haben wir uns schon in Kapitel 5 beschäftigt, das einige Befunde aus der Tradition des Verbalen Lernens behandelt. Dort wurde ebenfalls mit der Unterscheidung von episodischem und semantischem Gedächtnis darauf hingewiesen, daß das Langzeitgedächtnis mehrere Bereiche umfaßt. Mittlerweile halten einige Autoren (z. B. Tulving 1985; Anderson 1988) die Differenzierung in einen semantischen und einen episodischen Teil nicht mehr für ausreichend und fordern, einen weiteren Aspekt des Langzeitgedächtnisses zu berücksichtigen, nämlich das *prozedurale Gedächtnis*. Das darin gespeicherte Wissen bezieht sich auf die Ausführung von (automatisierten) Fertigkeiten (z. B. Schwimmen, Radfahren, Schreibmaschineschreiben etc.). Daneben ist es nach Squire (1987) auch für die in Kapitel 10 berichteten Priming-Befunde zum sog. impliziten Gedächtnis verantwortlich. Im Unterschied zu den der absichtlichen Erinnerung zugänglichen episodischen und semantischen Gedächtnisinformationen, die gelegentlich unter der Bezeichnung »deklaratives Gedächtnis« zusammengefaßt werden, sind prozedurale Gedächtnisinhalte weitgehend ohne bewußte Erinnerungsleistung des Individuums verhaltenswirksam. In späteren Arbeiten (z. B. Squire, Knowlton & Musen 1993) wird der Begriff »prozedurales Gedächtnis« durch den Terminus »nicht-deklaratives Gedächtnis« ersetzt und dieser synonym mit der Bezeichnung »implizites Gedächtnis« verwendet.

Da auf das semantische und das implizite Gedächtnis jeweils in einem eigenen Kapitel Bezug genommen wird, sollen in diesem Abschnitt nur zwei Annahmen, die sich vornehmlich auf das episodische Gedächtnis beziehen, referiert werden, und zwar die

Überlegungen Paivios zur Kodierung sowie die Hypothese der Kodierungsspezifität von Tulving.

Die Theorie der dualen Kodierung

Paivio (1971, 1978, 1986) zufolge gibt es für die Verschlüsselung, die Speicherung und den Abruf von Informationen des LZG zwei voneinander unabhängige Möglichkeiten, nämlich zum einen ein imaginales (anschaulich-bildhaftes) und zum anderen ein verbales (symbolisch-sprachliches) System. Beide unterscheiden sich in der Information, auf die sie sich beziehen, und in der Art, wie sie diese Information verschlüsseln.

Wie der Name sagt, verarbeitet das *imaginale System* nichtsprachliche Informationen in bildhafter Form, d. h. es werden bei dieser Kodierungsart Sinneseindrücke (z. B. Farbe, Form, räumliche Beziehungen...) in Form von Vorstellungen festgehalten. Eine Landschaft oder das Gesicht eines Bekannten können wir in der Erinnerung nicht oder nur sehr unzutreffend in Worten beschreiben, sondern am besten durch ein Vorstellungsbild erfassen. Da hierbei der zu behaltende Inhalt in der gleichen Sinnesmodalität (z. B. visuell, taktil, akustisch...) und im gleichen Maßstab wie der „Originalreiz" festgehalten wird, d. h. bei gleichzeitiger Berücksichtigung mehrerer Merkmale, spricht man von einer *analogen* Kodierung. Paivio zufolge wäre es aber falsch anzunehmen, die Informationsverschlüsselung erfolge in diesem System quasi wie eine Photographie oder Kopie der Information »in unserem Kopf«. Trotz der analogen Verarbeitung können Vorstellungsbilder auch auf abstrakte Weise gebildet werden, z. B. durch Weglassung von Details.

Demgegenüber bezieht sich das *verbale System* auf sprachliche Informationen, also auf solche, die von der sensorischen Qualität der repräsentierten Inhalte unabhängig und nur symbolisch durch die jeweils herrschende Sprachkonvention festgelegt sind. Derartige Repräsentationen werden *diskret* genannt, weil sich die Informationsverarbeitung jeweils nur auf einen Aspekt bezieht. Da auch die Verbindung so repräsentierter Inhalte Schritt für Schritt erfolgt, arbeitet das verbale System langsamer als das bildhafte.

Beide Systeme können auf unterschiedlichen Ebenen aktiviert werden. Im einfachsten Fall *(repräsentationale Ebene)* führen äußere Reize zu der ihnen entsprechenden Kodierungsform, so daß jedes System für sich arbeitet. Auf der *referentiellen Ebene* kommt es zu einer Verbindung beider Systeme, insofern die Aktivierung des einen durch das andere erfolgt (z. B. kann die Vorstellung des

Aussehens einer Person zur Erinnerung ihres Namens führen und umgekehrt). Schließlich unterscheidet Paivio noch eine *assoziative Ebene*, auf der innerhalb der jeweiligen Kodierungsform Verbindungen zu anderen Elementen auftreten.

Seine Theorie sieht Paivio durch Ergebnisse bestätigt, die zeigen, daß Lernmaterial um so besser behalten wird, je konkreter (anschaulicher) es ist. Die höchste Behaltensleistung fand er bei Verwendung von Bildern, die schlechteste bei abstrakten Begriffen, während das Behalten von anschaulichen Begriffen dazwischen liegt. Diese Unterschiede in der Behaltensleistung erklärt Paivio mit den unterschiedlichen Kodierungsarten: Seiner Meinung nach findet die Kodierung von Bildern auf der referentiellen Ebene statt, so daß sowohl das imaginale als auch das verbale System an der Repräsentation beteiligt ist, wohingegen bei abstrakten Begriffen nur die repräsentationale Ebene des verbalen Systems angesprochen werden soll. Anschauliche Begriffe werden zwar verbal verarbeitet, da sie aber wegen ihrer Anschaulichkeit ebenfalls eine imaginale Kodierung nahelegen, kommt es zu besserem Behalten als bei abstrakten Begriffen.

Paivios Theorie findet auch durch neurophysiologische Befunde eine gewisse Bestätigung, denen zufolge die linke Hirnhälfte für sprachliche und die rechte für nicht-sprachliche Verarbeitung verantwortlich ist.

Die Überlegungen Paivios blieben nicht unwidersprochen und wurden insbesondere von Pylyshyn (1973) einer Kritik unterzogen. Zusammen mit anderen Forschern geht Pylyshyn von der Existenz einer weiteren abstrakten, jedoch nicht-sprachlichen (sog. propositionalen; s. Kap. 7.4) Kodierungsform aus. Ob diese neben den beschriebenen zwei Kodierungsformen besteht oder ihnen zugrundeliegt, ist bislang jedoch unklar (siehe hierzu z. B. Wippich 1984, Kap. 5).

Informationsabruf

Zum Abruf der Information aus dem LZG existieren verschiedene Ansätze, die sich z. T. auf unterschiedliche Lernsituationen und Gedächtnisaspekte beziehen. In diesem Abschnitt wird nur auf das von Tulving und seinen Mitarbeitern konzipierte *Modell der Kodierungsspezifität* eingegangen. Die zentrale Annahme besagt im Hinblick auf die Erinnerung von Wörtern einer Liste, daß »spezifische Abruf-Hinweisreize die Erinnerung dann und nur dann erleichtern, wenn die Information über sie und ihre Beziehung zu dem zu erinnernden Wort gleichzeitig wie die Information über die Zugehörigkeit des zu erinnernden Wortes in einer gegebenen Liste aktiviert wird« (Tulving & Osler 1968, S. 593). Die zum Zeitpunkt der Einprägung (Kodierung) wirksamen Reizverhältnisse (Kontextbedingungen) werden damit zu einer wesentlichen Bedingung für den gelungenen Informationsabruf, vorausgesetzt, sie sind zum Erinnerungszeitpunkt präsent.

Das Modell der Kodierungsspezifität wurde aus Befunden zum Paarassoziationslernen abgeleitet, d. h. ursprünglich dienten Wörter als den Abruf erleichternde Hinweisreize. Anschließende Untersuchungen konnten zeigen, daß das Prinzip auch für andere Kontextbedingungen Gültigkeit besitzt und der Abruf sogar durch beiläufige Hinweisreize erleichtert wird, vorausgesetzt, sie wurden während des Einprägens verarbeitet. Wenn Sie z. B. einen verlegten Gegenstand suchen, werden Sie schneller zum Erfolg gelangen, wenn Sie die Stelle aufsuchen, an der Sie ihn zum letzten Mal bewußt benutzt oder wahrgenommen haben. Nicht nur umweltbezogene (z. B. räumliche Verhältnisse, Tageszeit…), sondern auch in der Person liegende Kontextreize, wie z. B. kognitive, emotionale und zustandsbezogene Bedingungen erleichtern schließlich das Erinnern. So erhöht ein Student die Wahrscheinlichkeit, in einer Prüfung den Stoff wiederzugeben, wenn er sich während des Lernens (Kodierung) bereits die Prüfungssituation (Raum, Prüfer, Atmosphäre…) vorstellt (kognitive Hinweisreize).

Auch Gefühle und Stimmungen können als Kontextvariablen wirksam werden. Die Erinnerungsleistung steigt beispielsweise an, wenn die zum Zeitpunkt der Einprägung wirksame Stimmungslage auch beim Informationsabruf besteht. Depressive Verstimmungen führen – wie die klinische Praxis belegt – zu erhöhter Erinnerung an bedrückende Ereignisse, welche wiederum den depressiven Zustand stabilisieren. Aktivitätsfördernde und damit stimmungssteigernde Interventionsstrategien erfahren somit auch von gedächtnispsychologischer Seite eine gewisse Unterstützung. Als letztes Beispiel zur Kodierungsspezifität sei noch das zustandsabhängige Lernen (»state-dependent learning«) angeführt, demzufolge der internale psychophysiologische Zustand als Kontextvariable fungiert. So konnte gezeigt werden, daß eine unter Drogenwirkung (Marihuana) gelernte Wortliste unter dem Einfluß dieser Droge auch besser wiedergegeben wird. Interessanterweise zeigt sich dieser Effekt aber nur bei Verwendung des freien Reproduzierens als Prüfmethode, jedoch nicht bei Verwendung der Wiedererkennungsmethode.

6.5 Empirische Belege für die Unterscheidung von Speichern

Die vorausgehenden Abschnitte behandelten einige grundlegende Merkmale der in den meisten Speichermodellen als wesentlich erachteten Gedächtnissysteme. Nun wollen wir zwei Phänomene genauer betrachten, die mit Hilfe einer derartigen Differenzierung besser verstanden und erklärt werden können.

Positionseffekt

Wir haben gesehen, daß insbesondere die ersten und auch letzten Elemente einer seriellen Liste besonders gut behalten werden, was in der Fachsprache als »*primacy*-« und »*recency-effect*« bezeichnet wird. Unter Bezug auf den Kurz- und Langzeitspeicher läßt sich dieser Befund folgendermaßen verstehen:

Zu Beginn des Lernens treffen die ersten Wörter (Elemente) der Liste auf den noch leeren Kurzzeitspeicher und können deshalb bis zur Erreichung von dessen Kapazitätsgrenze noch häufig wiederholt werden. Nach der maximalen Auslastung des Speichers müssen sich aber zwangsläufig die auf ein Wort entfallenden Wiederholungen reduzieren. Da durch Wiederholung die Wahrscheinlichkeit erhöht wird, daß ein Element in das Langzeitgedächtnis übertragen wird, kann man insbesondere für die ersten Wörter der Liste eine Aufnahme ins LZG annehmen. Die bessere Reproduktionsleistung für den Anfangsteil der Liste (»primacy-effect«) geht diesen Überlegungen zufolge auf dessen Übertragung in den Langzeitspeicher zurück. Demgegenüber müssen die auf den gefüllten Kurzzeitspeicher treffenden Wörter für ihre Aufnahme ein im Speicher enthaltenes Element verdrängen und mit weniger »Platz« auskommen. Da sie unter diesen Bedingungen nicht mehr so oft wiederholt werden können, werden sie schlechter behalten. Letzteres trifft jedoch für die letzten Elemente (Wörter) der Liste – trotz geringerer Wiederholungsmöglichkeit – nicht zu, da sie zum Zeitpunkt der Reproduktion noch im KZG enthalten sind und deshalb unmittelbar aus ihm abgerufen werden können. Der »recency-effect« ist damit eine Funktion des KZG. Stört man den für die Beibehaltung eines Inhaltes im KZG notwendigen Wiederholungsprozeß (z. B. durch lautes Zählen unmittelbar nach Darbietung der Liste), kann er tatsächlich unterbunden werden, während der »primacy-effect« erhalten bleibt. (Für weitere z. T. andere Interpretationen des Positionseffektes siehe Baddeley 1979, S. 211–218; Parkin 1996, S. 19–22).

Klinische Beobachtungen

Vielen Autoren gelten die Beobachtungen an amnestischen Patienten, also solchen mit klinischen Gedächtnisstörungen, als die aussagekräftigsten Belege für die Existenz separater Gedächtnisspeicher. Das amnestische Syndrom definiert Parkin (1987, S. 77) als »eine andauernde umfassende Störung des Gedächtnisses als Folge einer Hirnschädigung«. Bei den sog. *traumatischen Amnesien* werden die Hirnschädigungen durch Verletzungen (z. B. einen Sturz oder einen Schlag auf den Kopf) hervorgerufen. Unmittelbar nach einem solchen Unfall ist der Patient in der Regel für eine bestimmte Zeit verwirrt und desorientiert (posttraumatische Amnesie). Dieses Stadium klingt nach kürzerer oder längerer Zeit ab und wird von der *retrograden Amnesie* abgelöst, bei der ein spezifischer, unter Umständen mehrere Jahre zurückreichender Erinnerungsverlust im Mittelpunkt steht. Der Patient kann sich nun nicht mehr an Ereignisse erinnern, die ihm vor dem Unfall bekannt waren. Aber nicht nur Unfälle, sondern auch Behandlungsformen wie die Elektroschocktherapie können derartige Symptome zur Folge haben.

Während bei den genannten Störungsbildern neben Beeinträchtigungen der Gedächtnisfunktion auch andere Auffälligkeiten im kognitiven (z. B. Konzentrationsstörungen) und/oder emotionalen (z. B. Reizbarkeit) Bereich zu verzeichnen sind, zentriert sich die Symptomatologie bei der *reinen Amnesie* (fast) nur auf die Gedächtnisfunktion. Ein sehr bekannt gewordener Fall dieser Art – Herr M. – wurde von Milner (1966) mitgeteilt. Die Amnesie trat hier nach einer Gehirnoperation auf und zeigte sich in der Unfähigkeit zur Speicherung neuer Information bei gleichzeitig intaktem Erinnerungsvermögen an frühere Ereignisse. Relativ reine Amnesien findet man in der klinischen Praxis am häufigsten beim »Korsakoff-Syndrom«, einer bei Alkoholabhängigen auftretenden Krankheit. Reine Amnesien scheinen hirnorganisch mit einer Schädigung beider Hirnhälften verbunden zu sein, wobei vornehmlich Verletzungen des Temporallappens, des Hippocampus und/oder der Mammillarkörper beobachtet werden.

Patienten mit reinen Amnesien zeigen in der Regel ein intaktes Kurzzeitgedächtnis, d. h. sie verfügen über eine normale Gedächtnisspanne und erbringen in der Versuchsanordnung von Peterson und Peterson die gleichen Ergebnisse wie gesunde Personen. Auch der beim seriellen Lernen beobachtete »recency-effect« läßt sich bei ihnen nachweisen und spricht für ein intaktes Kurzzeitgedächtnis. Da jedoch der »primacy-effect« bei ihnen deutlich niedriger ausfällt, kann das amnestische Syndrom als Störung des Langzeitgedächtnisses (genauer: der Informationsübertragung in den LZS) aufgefaßt werden. Von den drei verschiedenen Bereichen dieses Systems ist aber nur das episodische Gedächtnis beeinträchtigt, während das semantische und prozedurale Gedächtnis weitgehend ungestört funktionieren. So können amnestische Patienten früher erworbene Fertigkeiten in einer neuen Situation sinnvoll einsetzen, sind aber nicht in der Lage, sich tags darauf daran zu erinnern. Baddeley (1986 a) berichtet von einem Patienten, der zwar lernt, eine neue Melodie auf dem Klavier zu spielen und diese auch einige Zeit danach noch beherrscht, der sich aber »nicht an die Situation erinnern kann, in der er die neue Fertigkeit erworben hat« (Baddeley 1986a, S. 164).

Wegen der nur teilweisen (episodischen) Gedächtnisbeeinträchtigung verwundert es nicht, daß amnestische Patienten bei einer Reihe von Anforderungen keine Leistungsbeeinträchtigung erkennen lassen. Nach einer Aufgabenanalyse von Moscovitch (1984) ist dies dann zu erwarten, wenn a) die zur Lösung notwendige Fertigkeit (prozeduraler Gedächtnisaspekt) bereits im Repertoire des Patienten enthalten ist, b) die Anforderungen unmittelbar aus der Aufgabenstrukturierung ersichtlich sind und c) die Lösung der Aufgabe ohne Bezug auf frühere Erinnerungen (episodischer Aspekt) möglich ist. Diese Aufgabenanalyse macht verständlich, daß amnestische Personen beim »Turm von Hanoi«, einem komplizierten Problemlösespiel, keine großen Schwierigkeiten haben, während sie einfache Labyrinthaufgaben wegen ihrer starken Anforderung an das episodische Gedächtnis vor fast unlösbare Probleme stellen können.

Für die postulierten Komponenten des Arbeitsgedächtnisses liegen ebenfalls stützende Befunde aus Studien mit hirngeschädigten Patienten vor. Beispielsweise interpretiert Baddeley die mit der Alzheimer Erkrankung verbundenen Gedächtnisstörungen als teilweise auf eine Störung der Leitzentrale des Arbeitsgedächtnisses zurückgehend (Baddeley 1997, S. 307–309).

6.6 Mehrebenenansatz (»levels of processing«)

Mit dem »levels of processing«-Ansatz haben Craik und Lockhart 1972 ein Modell vorgeschlagen, das unterschiedliche Gedächtnisleistungen nicht durch den Rückgriff auf verschiedene Gedächtnisspeicher erklärt, sondern auf *Unterschiede in der Reizverarbeitung* (Kodierung) zurückführt. In einer Grundannahme

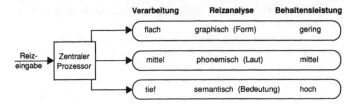

Abb. 10: Das Modell der Verarbeitungstiefen (»levels of processing«)

des Modells wird davon ausgegangen, daß die Analyse eines Stimulus auf unterschiedlichen, hierarchisch angeordneten Ebenen verlaufen kann, je nachdem, welche Reizdimension im Vordergrund steht. Im einfachsten Fall, der sog. *flachen* Verarbeitung, werden lediglich physikalische und sensorische Merkmale (z. B. Farbe, Helligkeit, Kontur ...) beachtet, während auf einer *mittleren* Stufe phonemische Eigenschaften des Reizes im Mittelpunkt stehen sollen. Eine sog. *tiefe* Verarbeitung berücksichtigt schließlich semantische Aspekte, also den Bedeutungsgehalt eines Items. Die Ausführung einer bestimmten Verarbeitungsart erfolgt jeweils über den »zentralen Prozessor«, dem der Reizinput zugeführt wird (siehe Abb. 10). Craik & Lockhart zufolge geht mit einer tieferen Verarbeitung eine stärkere Gedächtnisspur und damit eine bessere Gedächtnisleistung einher.

Zur Überprüfung dieser Grundgedanken wurden eigene Versuchsanordnungen wie z. B. diejenige von Craik & Tulving (1975) entwickelt: Zur Anregung einer bestimmten Verarbeitungstiefe (-art) erhalten die Vpn vor Darbietung der Items unterschiedliche Orientierungsaufgaben, die sich auf die *Form* (sensorische Analyse, z. B.: »Ist das Wort kursiv geschrieben?«), auf einen *Reim* (phonemische Analyse, z. B.: »Reimt sich das Wort auf X?«) oder die *Bedeutung* (semantische Analyse, z. B.: »Kann das mit dem Wort Bezeichnete fliegen?«) des Items beziehen. Die Vpn müssen nun die mit der Orientierungsaufgabe gestellte Frage beantworten, indem sie eine von zwei Tasten drücken.

Im Unterschied zu den meisten Versuchen, die in Zusammenhang mit den Mehrspeichermodellen durchgeführt wurden, bedienen sich die Mehrebenentheoretiker in ihren Experimenten meist des *beiläufigen* (inzidentellen) *Lernens,* d. h. ihre Vpn wissen über die eigentliche Untersuchungsabsicht nicht Bescheid, da ihnen die Versuche als Wahrnehmungs- und nicht als Gedächtnisexperimente dargestellt werden. Zu einem späteren Zeitpunkt wird jedoch in einem Gedächtnistest geprüft, wieviele Items von den Vpn behalten wurden.

Craik & Tulving (1975) gelang es mit dieser Versuchsanordnung, die Basisannahmen des Modells empirisch zu bestätigen: Ihre Vpn zeigten nämlich die besten Behaltensleistungen bei Wörtern, die auf einer tieferen Verarbeitungsebene kodiert wurden. Da aber neben der unterschiedlichen Verarbeitungsart gleichzeitig die hierfür benötigte Zeit parallel anstieg, argumentierten Kritiker, für das Ergebnis sei nicht die Verarbeitungstiefe, sondern der höhere Zeitaufwand verantwortlich. Durch eine geänderte Versuchsanordnung konnte diese Kritik jedoch entkräftet werden. Als Craik & Tulving nämlich eine zeitaufwendige flache Verarbeitung (die Vpn mußten entscheiden, ob die Vokal-Konsonant-Abfolge eines Items einem bestimmten Muster entsprach; z. B. VKKVK bei dem Wort »Apfel«) mit einer rasch erfolgenden tiefen Verarbeitung (hier mußte darüber befunden werden, ob das Item in einen vorgegebenen Satz paßte) verglichen, wurde dennoch mit der tieferen (semantischen) Verarbeitungsebene die bessere Gedächtnisleistung erzielt.

Ein ernstzunehmender Kritikpunkt am Mehrebenenansatz ist jedoch die zirkuläre Definition des Begriffs »Verarbeitungstiefe«. So wird die durch eine bestimmte Orientierungsaufgabe angeregte Tiefe der Verarbeitung aus der Behaltensleistung erschlossen und gleichzeitig diese Behaltensleistung durch die Verarbeitungstiefe erklärt. Ein derartiger zirkulärer Schluß ist unzulässig. Notwendig wäre ein unabhängiges Maß für das Konstrukt »Verarbeitungstiefe«, d. h. eine Definition ohne Bezug auf die zu erklärende Behaltensleistung.

Seit seiner ersten Formulierung wurden am Mehrebenenansatz erhebliche Veränderungen vorgenommen, die jedoch nicht unbedingt so negativ zu bewerten sind, wie Bower & Hilgard (1984, S. 246) meinen, wenn sie behaupten, »daß die Theorie der Verarbeitungsebenen als kohärentes begriffliches Gebäude zerfallen ist«. Bezogen auf das ursprüngliche Konzept ist aber festzuhalten, daß die Verarbeitungstiefe als ausschließliches Erklärungskonzept für die Gedächtnisleistung nicht als ausreichend angesehen werden kann. So führt bei manchen Lernaufgaben – z. B. dem Wiedererkennen von Stimmen – eine relativ flache, oberflächliche Verarbeitungstiefe zu besseren Behaltensleistungen als eine tiefe Verarbeitung, wie Kolers (1979) auch experimentell am Beispiel eines typographisch ungewohnt gestalteten Textes (z. B. gespiegelte Schrift) belegte. Viele Studenten können sich nicht nur an den gelernten Stoff (semantische Verarbeitungsebene), sondern auch daran erinnern, wo dieser auf einer bestimmten Seite gestanden hat (sensorische Verarbeitungsebene). Schließlich gibt es ja auch den Fall, daß nur noch sensorische Merkmale (z. B. Farbe des Buches) behalten wurden, während der Inhalt gänzlich vergessen ist!

Auch die Annahme der nacheinander zu durchlaufenden Verarbeitungsebenen (hierarchischer Aspekt) ist in der ursprünglichen Fassung zu einfach gehalten. So können beim sinnverstehenden Lesen eines Textes semantische Aspekte zugänglich sein, bevor – bzw. ohne daß – eine orthographische Ebene durchlaufen wurde.

Die Revisionen des Mehrebenenansatzes (siehe zusammenfassend z. B. Craik & Simon 1980) versuchen, diesen und weiteren Einwänden gerecht zu werden, indem sie u. a. nicht mehr von einer ausschließlich hierarchischen Informationsverarbeitung – von flach zu tief reichend – ausgehen, sondern die Verarbeitung als interaktives System verstehen, in das auch vorausgehende Lernerfahrungen einbezogen werden. Die Verarbeitung von Information kann demnach auch auf der semantischen Ebene beginnen und nach »unten« fortschreiten. Darüber hinaus wurde dem Konzept der Verarbeitungstiefe als qualitativ unterschiedliche Stimulusanalyse (sensorische, phonemische, semantische Merkmale betreffend) dasjenige der *Elaboration* als gleichwertig gegenübergestellt. »»Tiefe« bezieht sich auf Unterschiede in der qualitativen Art der Analyse und der Gedächtniskodierung, wohingegen sich »Elaboration« auf die Ausdehnung oder Reichhaltigkeit der auf jeder Ebene oder Tiefe erfolgenden Verarbeitung bezieht« (Craik & Simon 1980, S. 97). Mit dieser Erweiterung lassen sich auch für flachere Ebenen gute Behaltensleistungen prognostizieren, vorausgesetzt sie sind mit einem entsprechend hohen Elaborationsausmaß verbunden.

6.7 Bewertung

Im Unterschied zur Tradition von Ebbinghaus, die das Gedächtnis noch als einheitliche, feste Größe interpretierte, interessieren sich die in diesem Kapitel behandelten Ansätze für die zwischen Reizaufnahme und Reaktion ablaufenden Stadien und Prozesse der Informationsverarbeitung. Damit sind drei wesentliche Weiterentwicklungen gedächtnispsychologischer Theoriebildung und Forschung verbunden: Zum ersten wird das Phänomen »Gedächtnis« in verschiedene Komponenten ausdifferenziert und damit in vielschichtigerer Weise analysierbar, wobei sich diese Analyse nun auf feste Strukturen (die verschiedenen Speicher) und/oder variable Verarbeitungsprozesse (Verarbeitungsebenen) beziehen kann. Aus dieser Erweiterung resultiert eine »praxisnahere« Forschung, d. h. der esoterische Charakter (vgl. Lachman, Lachman & Butterfield 1979) anfänglicher Gedächtnispsychologie wird zugunsten einer realitätsbezogeneren Perspektive aufgegeben, was sich u. a. in wirklichkeitsnäheren Experimenten ausweist. Zum zweiten ändert sich mit diesem Paradigmawechsel auch die Betrachtung des Organismus, d. h. das implizite Menschenbild, insofern das Individuum nicht mehr als reaktiv (quasi mechanisch), sondern als aktiv einwirkend verstanden wird, da bei der Verarbeitung von Information eine Vielzahl von Entscheidungs- und Auswahlprozessen möglich wird. Drittens führte der Informationsverarbeitungsansatz schließlich zu einer Betrachtung von Gedächtnisphänomenen in ihrem Zusammenhang mit anderen psychischen Funktionen (z. B. Wahrnehmung, Denken etc.) und trug entscheidend zur Entwicklung der »Kognitiven Psychologie« bei.

Die von den frühen Mehrspeichertheoretikern postulierte klare Unterscheidbarkeit verschiedener Gedächtnissysteme hat sich in den folgenden Jahren der Forschung jedoch eindeutig als zu einfach erwiesen. So stellte sich die Annahme speicherspezifischer Kodierungsformen (z. B. phonemische Kodierung im KZG, semantische im LZG) – eines der frühen Hauptargumente für die Differenzierung in verschiedene Speicher – bald als unrichtig heraus, insofern sich zwischen den Systemen keine so klaren Trennungen vornehmen lassen und eine ausgeprägtere Flexibilität in ihrer Funktionsweise besteht als ursprünglich vermutet wurde. Die Ausführungen zur Ausdifferenzierung eines Arbeitsgedächtnisses machen dies sehr deutlich. Eine Änderung läßt sich auch hinsichtlich der Beurteilung des sensorischen Gedächtnisses feststellen, das als nicht mehr so wichtig für Gedächtnisprozesse angesehen wird. Die zitierten Befunde zur Erweiterung der Gedächtnisspanne durch die Berücksichtigung von Wissensbeständen verlangen eine Vorverlagerung bestimmter Bereiche des Langzeitgedächtnisses (siehe hierzu Bredenkamp 1998, Kap. 2.2) Trotz dieser geänderten Befundlage ist Best (1986, S. 142) jedoch zuzustimmen, der feststellt, »daß die meisten kognitiven Psychologen immer noch eine Version der Informations-Verarbeitungs-Theorie des Gedächtnisses bevorzugen, aber vielleicht nicht genau in der von Atkinson & Shiffrin beschriebenen Art«. Genau zehn Jahre später äußern Healy & McNamara (1996, S. 168) in ihrem Übersichtsreferat die Überzeugung, »daß das Mehrspeichermodell immer noch einen nützlichen Bezugsrahmen für die aktuelle Literatur zum Verbalen Lernen und Gedächtnis abgibt.«

Zum Verhältnis von Mehrspeicher- und Mehrebenenansatz zueinander ist festzuhalten, daß dieses – obwohl gelegentlich zu Unrecht als konkurrierend dargestellt – eher auf gegenseitige Ergänzung angelegt ist und durch die gleichzeitige Berücksichtigung von strukturellen (Differenzierung in Speicher) als auch funktionalen (Differenzierung nach Verarbeitungsprozessen) Merkmalen gedächtnisbezogene Aspekte angemessener erforschen läßt. So sind in allen neueren Speicheransätzen Annahmen der Mehrebenentheorie integriert.

7 Semantisches Gedächtnis: Repräsentation von Wissen

7.1 Vorbemerkungen

Wie bereits erwähnt, wurde der Begriff »semantisches Gedächtnis« 1972 von Tulving eingeführt, um darauf aufmerksam zu machen, daß nicht nur für die Erinnerung konkret gemachter Erfahrungen, sog. kontextbezogener Informationen (z. B. »Letztes Jahr war ich im Oktober auf der Frankfurter Buchmesse.«) Gedächtnisleistungen vonnöten sind, sondern auch für das Verstehen von Begriffen und Situationen allgemein. Dabei geht es nicht mehr um die zeitlich-räumliche Einordnung eines Geschehens (»Wann und wo habe ich das erlebt?«), sondern um die Beantwortung der Frage: »Was ist, bzw. was bedeutet das?«, d. h. ein inhaltliches Kriterium.

Wenn eine Versuchsperson in einem Gedächtnisexperiment lernt, daß das Wort »Hund« in einer Liste auftaucht, ist ihr natürlich auch die Bedeutung dieses Begriffs präsent, ein Wissen, das sie in dieser Situation nicht (mehr) zu lernen braucht. Die unter dem Sammelbegriff *semantisches Gedächtnis* subsumierbare Forschungsrichtung wendet sich nun gerade dem Aspekt des Wissens zu und fragt danach, wie dieses im Gedächtnis gespeichert ist. Mit einer solchen Fragestellung wird eine Brücke zwischen zwei Bereichen geschlagen, die bis dahin relativ unverbunden nebeneinanderstanden, nämlich der Gedächtnispsychologie einerseits und der Denkpsychologie andererseits.

Die Unterscheidung zwischen erfahrungs- (episodischem) und wissensbezogenem (semantischem) Gedächtnis ist jedoch keineswegs so eindeutig, wie es auf den ersten Blick erscheinen mag und wird deshalb von einigen Autoren – und neuerdings zunehmend häufig – in Zweifel gezogen. Im Alltag sind nämlich beide Aspekte eng miteinander verflochten, da z. B. ja auch unser Wissen über bestimmte Sachverhalte während unserer Biographie erst einmal über konkrete – meist schulische – Erfahrungen, also episodisch erworben werden muß, wie zum Beispiel beim Vokabellernen einer Fremdsprache: Bevor eine Vokabel sicher im Gedächtnis verankert ist, muß sie systematisch gelernt werden, wie auch die geschilderte Methode der Lernkartei die Analogie zum klassischen Gedächtnisexperiment anschaulich vor Augen führt. Wurde eine

Vokabel aber sicher im Gedächtnis verankert, kann sie sich vom Kontext lösen und ins semantische Gedächtnis übergehen, wobei bis heute allerdings ungeklärt ist, wann und auf welche Weise diese Übertragung erfolgt. Wie zu zeigen sein wird, haben sich Modellvorstellungen zum semantischen Gedächtnis überwiegend mit der *Struktur* und der *Organisation* von Wissen beschäftigt und der Frage nach der Herausbildung von Wissensstrukturen unter entwicklungs- und differentialpsychologischem Aspekt noch relativ wenig Beachtung geschenkt.

Nicht genug, daß zwischen episodischem und semantischem Gedächtnis offensichtlich fließende Übergänge bestehen; bereits die Auslegung des Begriffs erfolgt keineswegs einheitlich. Tulving gibt folgende Definition: »Semantisches Gedächtnis ist das Gedächtnis, das für den Gebrauch der Sprache notwendig ist. Es ist ein geistiges Wörterbuch, das organisierte Wissen, das eine Person besitzt über Wörter und andere sprachliche Symbole, ihre Bedeutung und Referenten, über Beziehungen zwischen ihnen und über Regeln, Formeln und Algorithmen für die Handhabung dieser Symbole, Begriffe und Beziehungen« (1972, S. 386). Dagegen subsumiert Kintsch (1982, S. 244) unter diesen Begriff auch unser »Wissen über die Welt« und nimmt damit eine wesentlich weitere Auslegung vor, die sich nicht nur auf sprachlich-symbolische Aspekte beschränken muß. Prinz (1983, S. 56 ff) hält schließlich die Bezeichnung »semantisches Gedächtnis« für unzulänglich, da sie nichtsprachliches (z. B. sinnes- und handlungsbezogenes) Wissen nicht berücksichtige, und schlägt deshalb vor, sie durch diejenige des »strukturellen Gedächtnisses« bzw. »Wissensgedächtnisses« zu ersetzen. Wenngleich Prinzens Einwand in der Sache richtig ist, werden im folgenden die Begriffe »semantisches Gedächtnis« und »Wissensgedächtnis« synonym verwendet; da wir uns in diesem Kapitel fast nur auf Modelle und Untersuchungen aus dem Bereich des Sprachverstehens beziehen, kann diese begriffliche Unschärfe in Kauf genommen werden.

Unabhängig von der Auslegungsweite handelt es sich bei dem Wissensgedächtnis um eine Gedächtnisart, für die Prozesse des Schlußfolgerns eine wichtige Rolle spielen können. Die aus ihm abgerufene Information kann nämlich das Ergebnis von Regelanwendung sein, wie folgendes Beispiel zeigt: Wenn man Ihnen die Frage stellt »Wie lautet die Telefonnummer von Wolfgang Amadeus Mozart?«, werden Sie wohl kaum in Ihrem Gedächtnis nach einer Nummer suchen, sondern aus der Tatsache, daß zu Lebzeiten Mozarts das Telefon noch nicht erfunden war, die Antwort »Er hatte keine.« ableiten.

Was die Versuchsanordnungen betrifft, geht der in diesem Kapitel zu behandelnde Perspektivenwechsel mit der Entwicklung neuer Methoden einher, da das traditionelle Gedächtnisexperiment mit seiner Unterscheidung von Präsentations-, Einprägungs- und Prüfphase im Rahmen der hier interessierenden Fragestellungen natürlich keine Validität mehr besitzt. Anstatt einen Lernstoff aufzunehmen und wiederzugeben, sieht sich die Versuchsperson im typischsten Verfahren zur Erforschung des semantischen Gedächtnisses – der *Verifikationsaufgabe* – nun vor das Problem gestellt, die Richtigkeit einer Aussage (z. B. »Ein Rotkehlchen kann fliegen«) zu beurteilen. Als bedeutendste abhängige Variable dient dabei die von ihr zur Entscheidung benötigte Zeit (Reaktionszeit = RZ), über die man Einsicht in die Struktur und Organisation des semantischen Gedächtnisses zu gewinnen hofft.

Neben diesen experimentellen Vorgehensweisen kommen nun auch Simulationsstudien zum Einsatz, die sich um eine Nachbildung der hier interessierenden Aspekte im Bereich der Computertechnologie bemühen.

7.2 Repräsentation von Begriffen

Die elementaren Bausteine des semantischen Gedächtnisses stellen nach Tulving unsere Begriffe dar. Mit ihrer Hilfe sind wir in der Lage, die uns umgebende Wirklichkeit zu ordnen und in einem »Wissen über die Welt« zu erfassen. Als wesentliche Funktion der Begriffsbildung ist zum einen die Reduktion der im Wahrnehmungsprozeß aufgenommenen Information in zusammenfassende Einheiten zu nennen, sowie zum anderen die Möglichkeit, bislang noch unbekannte Informationen sinnvoll in bestehendes Wissen zu integrieren. Nach Hoffmann (1983, S. 52 ff) läßt sich die grundlegende kognitive Fähigkeit der Begriffsbildung durch folgende drei Charakteristika beschreiben:

- Die *hierarchische Struktur* von Begriffsystemen ermöglicht es, allgemeinere (weitere) bzw. speziellere (engere) Begriffe zu bilden, d. h. die Zusammensetzung von Objektklassen je nach situativer Erfordernis zu wechseln. Allgemeinere Begriffe umfassen dabei die spezifischen: So sind beispielsweise im Oberbegriff »Pflanze« sowohl die Begriffe »Blume« als auch »Tulpe« enthalten.
- Unter *Kreuzklassifikation* versteht Hoffmann (1983, S. 54) »die Tatsache, daß ein und dasselbe Objekt in Abhängigkeit von der

jeweiligen Verhaltenseinstellung sehr verschiedenen Begriffen zugeordnet werden kann«. So läßt sich eine Rose z. B. als Geschenk, Tischschmuck oder Zeichen der Zuneigung verstehen.

- Schließlich ist noch die *Typikalität* als weiteres Merkmal natürlicher Begriffsbildung anzuführen. Sie besagt, daß einige Objekte als charakteristischere Vertreter eines Begriffs erscheinen als andere (die Rose gilt als typischer für den Begriff »Blume« als die Chrysantheme).

In unserem Zusammenhang stellt sich nun die Frage nach der gedächtnismäßigen Repräsentation von Begriffen. Mit Hoffmann (1983, Kap. 2.2) können drei Modellvorstellungen unterschieden werden:

Den vielleicht einfachsten Fall bildet die Annahme einer *Mengenrepräsentation*, derzufolge ein Begriff durch alle seine möglichen Verwirklichungsformen im Gedächtnis abgebildet wird. Die Gesamtmenge der zu ihm gehörenden Objekte stellt hier das Repräsentationskriterium dar. Der Begriff *Hund* würde dann durch alle möglichen Hunderassen abgebildet. Um ein bestimmtes Objekt als Vertreter eines Begriffs zu erkennen, verlangt die Mengenrepräsentation eine schrittweise (sequentielle) Durchmusterung der zu diesem Begriff gespeicherten Elemente. Da allgemeinere Begriffe mehr Elemente (Objekte) enthalten als spezifischere, müßte eine Versuchsperson demnach bei der Entscheidung, ob ein bestimmtes Objekt einem abstrakteren oder spezifischeren Begriff subsumierbar ist, für den ersten Fall mehr Zeit benötigen als für den zweiten. Tatsächlich finden sich für diese Annahme empirische Bestätigungen. Während einige im Zusammenhang mit dem ersten Netzwerkmodell (s. Kap. 7.3.2) von Collins & Quillian (1969) gewonnenen Ergebnisse die Annahme der Mengenrepräsentation zu stützen scheinen, gibt es aber auch eine Vielzahl widersprechender Befunde. So wird in Übereinstimmung mit dem Modell die Aussage, »Eine Birke ist ein Baum« schneller als richtig erkannt als die Aussage »Eine Birke ist eine Pflanze«. Andererseits wird schneller erkannt, daß ein Schimpanse ein Tier ist, als daß er zu den Primaten zählt. Darüber hinaus sprechen viele Resultate dafür, daß es möglich ist, die gesamte, einen Begriff kennzeichnende Menge unabhängig von ihren Einzelelementen verfügbar zu haben, so daß der Mengenrepräsentation nur eine eingeschränkte Bedeutung zukommen dürfte und sie sich nicht als grundlegende Repräsentationsform von Begriffen eignet.

Eine alternative Erklärungsform legte Rosch (1978) mit dem *Prototypenansatz* vor, demzufolge ein Begriff durch eine einzige

Einheit, nämlich den für ihn typischen Vertreter (Prototyp) im Gedächtnis repräsentiert ist. Es werden dieser Annahme zufolge keine einzelnen Objekte, sondern nur besonders typische Vertreter eines Begriffs gespeichert. Das Modell geht insofern über die Annahme der Mengenrepräsentation hinaus, als in ihm auch neue, vorher nicht bekannte Objekte einem Begriff sinnvoll eingeordnet werden können, vorausgesetzt, sie sind dessen Prototyp in gewisser Weise ähnlich. So kann ich – entgegen der Annahmen des Mengenrepräsentationsmodells – durchaus einen Hund einer mir noch nicht bekannten Rasse als solchen erkennen.

Der Prototypenansatz läßt auch überprüfbare Annahmen zu, z. B. die Erwartung, daß dem Prototyp ähnliche Objekte schneller als Vertreter eines zu beurteilenden Begriffs erkannt werden als ihm unähnliche Objekte. Rosch und ihre Mitarbeiter konnten diese Hypothese bestätigen: Die Verifikationszeit – d. h. die Zeit, die benötigt wird, um die Richtigkeit einer Aussage zu überprüfen – des Satzes »Ein Sperling ist ein Vogel« ist kürzer als diejenige der Aussage »Ein Strauß ist ein Vogel«.

Der Prototypenansatz läßt auch die Möglichkeit von Kreuzklassifikationen zu, da ein Objekt verschiedenen Prototypen ähnlich sein kann und damit mehrfach zuzuordnen ist. Schließlich kann die hierarchische Struktur von Begriffssystemen in dem Modell verdeutlicht werden. Rosch nimmt dabei an, daß Begriffe in unserem Bewußtsein auf drei Ebenen ausgebildet werden. Die mittlere Ebene entspricht dem sog. Primärbegriff (z. B. Tisch), der durch den Prototypen gebildet wird. Eine Stufe über ihm liegt der abstraktere Oberbegriff (z. B. Möbel) und eine Ebene unter ihm der spezifischere Unterbegriff (z. B. Küchentisch). Sollen Gegenstände spontan benannt werden, werden sie im allgemeinen zuerst auf der Ebene des Primärbegriffes (z. B. Apfel) und danach auf einer niedrigeren (z. B. Golden Delicious) bzw. höheren (z. B. Frucht) Ebene eingeordnet. Schwierigkeiten zeigen sich bei diesem Ansatz jedoch bezüglich der Voraussage des Abstraktionsgrades, der zur Bestimmung des Primärbegriffes herangezogen wird. Rosch fand vor allem bei biologischen Begriffen erwartungswidrige Zuordnungen. Ihre Versuchspersonen verwendeten z. B. nicht Barsch, Adler und Eiche, sondern Fisch, Vogel und Baum als Primärbegriff. Möglicherweise hängen diese Befunde mit der im Schulunterricht vermittelten differenzierteren biologischen Begriffssystematik zusammen, die ja mehr als drei Ebenen unterscheidet. Dessen ungeachtet ist es mit Hilfe dieses Modells jedoch nicht möglich, a priori zuverlässig zu bestimmen, auf welcher Abstraktionsebene einer Begriffshierarchie die Prototypenbildung erfolgt.

Als weiteres Problem nennt Hoffmann die Erklärung der Typikalität bei Begriffen, die sehr unterschiedliche Objekte beinhalten. Der Begriff »Möbel« ist z. B. durch so heterogene, aber dennoch typisch geltende Objekte wie »Tisch« und »Schrank« definiert. Wie hat man sich einen Prototypen für diesen Begriff vorzustellen? Hoffmann hält es für wahrscheinlich, daß die Prototypenbildung aufgrund einer Merkmalsanalyse zustandekommt, womit der Prototypenansatz unmittelbar in das nächste Modell überführt werden könnte.

Dieser Position – *Merkmalsrepräsentation* genannt – zufolge werden Begriffe über die für sie typische Merkmalsstruktur im Gedächtnis gespeichert. Für den Begriff »Baum« könnte eine derartige Repräsentation folgende Merkmale enthalten: Stamm, Krone, Wurzel, Äste, Blätter etc. Allgemeine (abstrakte) Begriffe sind dabei durch weniger und unspezifischere Merkmale (Eigenschaften) bestimmt als spezifischere der gleichen Kategorie. So lassen sich nach Baumart verschiedene Stamm-, Wurzel- und Blätterarten differenzieren. Die Beobachtung, daß die Lernzeit für Sätze mit spezifischen Begriffen länger dauert als diejenige für solche mit allgemeinen Begriffen, kann auch im Sinne der Merkmalsrepräsentation sinnvoll interpretiert werden, da die Merkmalsstruktur spezifischer Begriffe umfangreicher und damit bearbeitungsaufwendiger ausfällt.

Zusammenfassend ist festzuhalten, daß die Modelle der Prototypen- und Merkmalsrepräsentation von Begriffen in mehrerlei Hinsicht als identisch angesehen werden können, da beide – entweder synthetisch oder sukzessiv angeordnet – auf relevanten Merkmalen des zu repräsentierenden Objekts basieren und die Zuordnung eines bestimmten Objekts zu einem Begriff durch den Vergleich der wahrgenommenen Objektmerkmale mit den im Gedächtnis gespeicherten Begriffsmerkmalen entschieden wird.

Prototypen- und Merkmalsrepräsentation sind Hoffmann zufolge nur dann voneinander unterscheidbar, wenn für beide Formen unterschiedliche Merkmalsvergleichsprozesse nachgewiesen werden können. Demgegenüber berücksichtigt die Mengenrepräsentation andere Aspekte, sowohl im Hinblick auf die gespeicherte Information als auch im Hinblick auf ihre Verarbeitung. Im Gegensatz zur Merkmals- und Prototypenrepräsentation dürfte ihr aber u. a. wegen des sehr aufwendigen Speicherbedarfs nur eingeschränkte Bedeutung im Umgang mit natürlichen Begriffen zukommen.

7.3 Repräsentation von Begriffsrelationen

Begriffe stehen nicht unverbunden nebeneinander, sondern weisen gegenseitige Bezüge auf, wie bereits aus der Alltagserfahrung bekannt ist. Sollen wir z. B. zum Begriff »Himmel« ein Wort assoziieren, werden viele Personen mit dem Wort »Wolken« antworten, da beide Begriffe in einer bestimmten Relation zueinander stehen. Es ist dabei wahrscheinlich, daß die in der Wirklichkeit vorkommenden Beziehungen zwischen bestimmten Objekten die Relation der Speicherstrukturen im Gedächtnis bestimmen. Die Tatsache, daß ein Hammer meist benutzt wird, um einen Nagel in eine Wand zu schlagen, wäre dann für die assoziative Verbindung der Begriffe »Hammer« und »Nagel« verantwortlich. Nachfolgend werden einige grundlegende Vorstellungen zur Repräsentation begrifflicher Relationen im semantischen Gedächtnis vorgestellt.

7.3.1 Merkmalsvergleichsmodell

Smith, Shoben & Rips (1974) haben zur Analyse einfacher Begriffsrelationen das Modell des Merkmalsvergleichs vorgeschlagen, das von der im vorausgehenden Abschnitt behandelten Merkmalsrepräsentation von Begriffen ausgeht. Wie wir gesehen haben, wird in diesem Ansatz postuliert, daß ein Begriff durch eine Merkmalsliste im Gedächtnis repräsentiert ist. Wenn es nun gilt, einen Satz, z. B. »Das Rotkehlchen ist ein Vogel« zu verifizieren, nimmt dieses Modell an, daß die Merkmalslisten der Begriffe »Rotkehlchen« und »Vogel« miteinander verglichen werden und das Ausmaß ihrer Übereinstimmung geprüft wird.

Eine grundlegende Annahme des Merkmalsvergleichsmodells bezieht sich auf den Grad, in dem bestimmte Merkmale für eine Definition wesentlich sind. Hierbei wird zwischen *definierenden* (zwingenden) und *charakteristischen* (möglichen) Merkmalen unterschieden. Definierende Merkmale sind für die Begriffskennzeichnung notwendig und hinreichend, sie gelten für alle Vertreter einer Kategorie und erlauben eine eindeutige begriffliche Zuordnung (z. B. für den Begriff »Vogel« das Merkmal »hat Federn«). Bei den charakteristischen Merkmalen handelt es sich dagegen um für einen Begriff typische, aber unwesentliche und damit nicht zwingende Eigenschaften, durch welche Einzelvertreter einer Kategorie gekennzeichnet werden (z. B. »ein Vogel kann fliegen«).

Die Verifikation eines Satzes erfolgt dem Ansatz zufolge auf zwei Stufen: In einem ersten Schritt werden definierende und charakteristische Merkmale beider Begriffe verglichen. Bei sehr hoher und sehr geringer Übereinstimmung beider Merkmalslisten reagiert die Vp sehr schnell mit der Antwort »ja (richtig)« bzw. »nein (falsch)«. Liegt jedoch nur ein mittleres Ausmaß an Übereinstimmung vor, muß zu einer zweiten Stufe übergegangen werden. Die Antwort »richtig« erfolgt hier, wenn es bezüglich *aller* definierender Merkmale eine Übereinstimmung gibt. Besteht jedoch auch nur hinsichtlich eines definierenden Merkmals Ungleichheit, reagiert die Vp im Verifikationsversuch mit »nein (falsch)«.

Im Gedächtnis sind dabei nur die Merkmalslisten abgespeichert, deren Übereinstimmung im Vergleichsprozeß quasi »errechnet« wird. Die begriffliche Relation selbst ist nicht unmittelbar gespeichert, sondern jeweils neu zu bestimmen. Im Unterschied zu den im nächsten Abschnitt dargestellten Netzwerkmodellen handelt es sich beim Merkmalsvergleichsmodell somit um die Angabe von *Operationsvorschriften* zur Beurteilung begrifflicher Relationen. Der Vorteil einer derartigen prozessualen Vorgehensweise ist in dem geringen Speicherbedarf zu sehen, der lediglich die gedächtnismäßige Repräsentation der Merkmalslisten verlangt. Diesem Vorteil steht als Nachteil die zeitaufwendige, stets neu durchzuführende Vergleichsoperation gegenüber.

Trotz einiger empirischer Evidenz sieht sich das Merkmalsvergleichsmodell auch mit erwartungswidrigen Befunden konfrontiert, auf die in unserem Zusammenhang nicht näher eingegangen werden kann. Als eine Hauptschwierigkeit des Ansatzes ist die lediglich beschreibende (deskriptive) Verwendung der für das Modell zentralen Unterscheidung von definierenden und charakteristischen Merkmalen anzusehen. Im Ansatz sind nämlich keine Aussagen enthalten, wie definierende und charakteristische Merkmale gebildet werden. Darüber hinaus ergibt sich aus der Einschränkung des Modells auf Verifikationsprobleme eine Eingrenzung seines Gültigkeitsbereichs. Schließlich ist zu fragen, ob der zweistufige Entscheidungsprozeß überhaupt nötig ist und es nicht ausreicht, gleich auf der zweiten Stufe mit dem Vergleich der definierenden Merkmale einzusetzen.

7.3.2 Semantische Netzwerkmodelle

Semantische Netzwerktheorien oder semantische Netze gehen von der Vorstellung aus, daß Begriffe, bzw. Wissenselemente im semantischen Gedächtnis netzartig miteinander verbunden sind:

Die Begriffe werden dabei durch die Knoten des Netzes symbolisiert, während die Kanten (Fäden) für die zwischen ihnen bestehenden Relationen oder Assoziationen stehen. Nach Dörner handelt es sich bei diesen Theorien um einen »Versuch, Gedächtnisstrukturen qualitativ (nicht nur quantitativ nach der Menge des gespeicherten Materials) und zugleich formal zu beschreiben, um daraus Ableitungen über Gedächtnisprozesse machen zu können« (1996, S. 167). Alle in diesem Kapitel noch zu behandelnden Ansätze gehen von einer sog. faktischen Informationsspeicherung aus. Sie postulieren, daß Begriffs- und Wissensrelationen nicht jeweils neu ermittelt werden (vgl. Merkmalsvergleichsmodell), sondern *direkt* im Netzwerk enthalten sind. Anstatt sie zu »errechnen«, muß die Versuchsperson sie nur noch suchen.

»Teachable language comprehender« (TLC)

Das erste Netzwerkmodell, den »teachable language comprehender« (TLC), haben Collins & Quillian (1969) entwickelt. Der Schwerpunkt ihrer Analyse lag dabei – analog demjenigen des Merkmalsvergleichsmodells – auf einfachen Begriffsrelationen. Collins und Quillian postulierten eine hierarchische Repräsentation von Begriffen in dem Netzwerk. Die höchste (dritte) Ebene sollte dabei für allgemeinere Begriffe (z. B. den Begriff Tier) gelten, während spezifischere (z. B. Vogel) auf der zweiten Ebene angesiedelt wurden. Ganz konkrete Begriffsvertreter (z. B. Rotkehlchen) machen schließlich die unterste (erste) Ebene aus (siehe Abb. 11). Eine wichtige Annahme des TLC-Modells betraf die Art der Speicherung von Begriffsmerkmalen. Die Autoren behaupteten, daß auf jeder Ebene andere Eigenschaften und darüber hinaus jede Eigenschaft nur einmal und zwar auf der höchst möglichen Ebene in der Hierarchie abgespeichert sind. Wegen des damit verbundenen geringen Speicherbedarfs spricht man von einer *kognitiven Ökonomie*. So mag bei dem Begriff »Tier« das Merkmal »kann atmen«, bei dem Begriff »Vogel« das Merkmal »hat Flügel« und beim Begriff »Rotkehlchen« die Eigenschaft »hat rote Brust« im Netzwerk repräsentiert sein.

Je nachdem, wieviele Ebenen in einem Verifikationsexperiment zu durchlaufen sind, wird die Reaktionszeit kürzer oder länger ausfallen. Die Aussage »Ein Rotkehlchen hat eine rote Brust« (gleiche, nämlich unterste Ebene), soll demnach schneller verifiziert werden als der Satz »Ein Rotkehlchen muß atmen« (drei Ebenen), da »kann atmen« mit dem Begriff »Tier« abgespeichert ist.

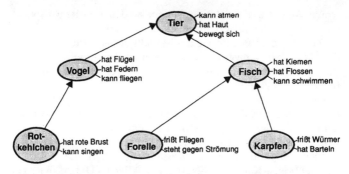

Abb. 11: Wissensspeicherung im Modell von Collins & Quillian
(mod. nach Collins & Quillian 1969, S. 241)

Im hierarchischen Netz gibt es zwei Arten von Kanten, nämlich die horizontal angelegten Eigenschaftscharakterisierungen (sog. *hat-Relationen*; z. B. Rotkehlchen hat rote Brust), welche die interne Begriffsstruktur ausmachen, sowie die vertikal angelegten zwischenbegrifflichen *ist-ein-Relationen*, welche die Begriffshierarchie determinieren (z. B. ein Vogel ist ein Tier; siehe Abb. 11).

Das TLC-Modell hat nachfolgenden empirischen Überprüfungen jedoch nicht standgehalten. Collins & Loftus haben als Alternative deshalb das im nächsten Abschnitt behandelte Aktivationsausbreitungsmodell vorgeschlagen.

Aktivationsausbreitungsmodell

Collins & Loftus (1975) geben in diesem Ansatz die Annahme einer hierarchischen Struktur des Netzes sowie die Hypothese des Ökonomieprinzips auf und führen als neues Ordnungs- oder Strukturprinzip des Netzwerks das *semantische Ähnlichkeitskonzept* (semantische Entfernung) ein. Ihm zufolge sind Begriffe um so verwandter (ähnlicher), je mehr Verbindungen (Kanten des Netzes) zwischen ihnen bestehen. Im Unterschied zum einfachen Netz des TLC gehen nun eine Vielzahl von Beziehungen (Relationen) ein, z. B. die Prädikatsrelation, in welcher zwei oder mehr Begriffe durch ein Verb miteinander verbunden sind (z. B. »Fische *fressen* Würmer«). Für Verifikationsaufgaben besonders relevant ist die Einführung der »ist-kein-Relation«, mit der Begriffsbeziehungen negiert werden (z. B. »Fische *sind keine* Würmer«). Daraus resultiert ein wesentlich höherer Komplexitätsgrad des Netzwerks. Die Begriffsähnlichkeit bestimmen die Autoren auf empirischem Weg, u. a. über Ratings, indem sie den Vpn Begriffspaare vorlegen und deren Beziehungen schätzen lassen.

Die besondere Bedeutung des Modells der Aktivationsausbreitung liegt aber weniger auf den erwähnten strukturellen Erweiterungen als vielmehr in prozessuellen Aspekten, die den Informationsabruf zu erklären versuchen.

Wie kann man sich nun den Faktenabruf bei einfachen Verifikationsaufgaben wie der Aussage »Ein Karpfen hat Flossen« vorstellen (vgl. Wender, Colonius & Schulze 1980, S. 89 f)?

In einem ersten Schritt werden alle mit der Aussage verbundenen Knoten (im Beispiel also »Karpfen« und »Flossen«) sowie die dazugehörigen Kanten des Netzwerks aktiviert. Die Aktivierung bleibt jedoch nicht auf diese Knoten begrenzt, sondern breitet sich – wie der Name des Ansatzes sagt – auf benachbarte Knoten und deren Kanten aus. Zwischen den Startknoten (Karpfen und Flossen) wird ein Weg – Intersektion genannt – hergestellt, sobald sich die Erregungsausbreitung auf Kanten bezieht, die mit dem anderen Startknoten verbunden sind. Um welche Art von Kanten es sich dabei handelt (z. B. eine ist-, hat- oder ist-kein-Relation), ist in dieser Phase noch unbedeutend. Da aber diese Unterscheidung für die Verifikation einer Aussage wesentlich ist, erfolgt im zweiten Schritt eine Bewertung der Relationen des aktivierten Weges im Hinblick auf die zu überprüfende Aufgabe. In unserem Beispiel wird die aktivierte hat-Relation (Ein Karpfen hat Flossen) herangezogen und der Satz damit als richtig erkannt.

Die Art der Aktivierungsausbreitung soll nach Collins und Loftus etwa folgendermaßen verlaufen: Die Stärke der Aktivierung reduziert sich mit zunehmendem Zeitverlauf und zunehmender Distanz von den Startknoten (sog. *Dämpfungsannahme*). Die intensivste Aktivierung entfällt auf unmittelbar mit den Startknoten verbundene Konzepte und nimmt bei mittelbar verknüpften Begriffen mit der Zahl dazwischenliegender Knoten ab. Die Verbindungswege (Kanten) im Netz besitzen unterschiedliche Stärke und Zugänglichkeit, die v. a. von ihrer Nutzungshäufigkeit abhängen. Häufig verwendete Begriffe, also in der Erfahrung oft zusammen auftretende Konzepte (z. B. Hammer-Nagel), sind durch starke, leicht zugängliche und damit leicht aktivierbare Wege miteinander verbunden im Gegensatz zu selten zusammen auftretenden (z. B. Hammer-Butter).

Mit Hilfe dieser Annahme kann der *semantische Instruktionseffekt* (»semantic priming effect«) erklärt werden. Hierbei erleichtert die Aktivierung eines Wortes die Verarbeitung eines nachfolgenden begrifflich verwandten Wortes, wie Meyer & Schvaneveldt

(1971) experimentell belegen konnten. Sie legten ihren Vpn Elementenpaare vor und ließen sie u. a. entscheiden, ob es sich dabei um lexikalisch vorkommende Worte handelt. Die Entscheidungszeiten für semantisch verwandte Paare (z. B. Brot-Butter) fielen dabei deutlich kürzer aus als diejenigen für unverwandte Paare (z. B. Krankenschwester-Butter). Collins und Loftus können diesen Befund im Rahmen ihres Modells folgendermaßen erklären: Die durch das Wort »Brot« ausgelöste Aktivierung bezieht auch das verwandte Konzept »Butter« mit ein, welches nicht neu aktiviert werden muß und damit eine verkürzte Reaktionszeit zur Folge hat. Demgegenüber verlangen die miteinander nicht verwandten Begriffe »Krankenschwester« und »Butter«, da sich die Aktivationsausbreitung hier nicht überschneidet, eine neue eigene Knotenaktivierung.

7.3.3 Neuronale Netzwerkmodelle

Eine weitere Form der Netzwerkdarstellung wurde etwa 15 Jahre nach den ersten Arbeiten zu den semantischen Netzwerken von der Forschungsgruppe um Rumelhart und McClelland (1986) entwickelt. Diese Modellvorstellung wird in der Psychologie je nach Akzentuierung ihrer Prämissen unter verschiedenen Begrifflichkeiten diskutiert. Die Bezeichnung »neuronale Netzwerke« geht dabei auf die Orientierung des Ansatzes an Aufbau und Funktion von Nervenzellen zurück. Da die Informationsspeicherung in den Verbindungen (Konnektionen) des Netzes erfolgt, spricht man auch von »konnektionistischen Netzwerken«. Als weitere Bezeichnung findet sich häufig der Begriff »PDP-Modell«, der sich aus der in diesem Ansatz postulierten Form der Informationsverarbeitung, der sog. parallel-verteilten Verarbeitung (»parallel-distributed-processing«), ableitet. Die Bezeichnung »parallel« meint dabei, daß zur gleichen Zeit mehr als ein Prozeß stattfindet; die Bezeichnung »verteilt« weist darauf hin, daß die Verarbeitung an vielen unterschiedlichen Orten stattfindet. Hoffmann (1993) spricht bei der hier interessierenden Anwendung des Modells auf die Begriffsrepräsentation schließlich von einem Klassifikationsnetzwerk.

Die Beiträge und Befunde neuronaler Netzwerktheoretiker haben sich u. a. im Rahmen der Kognitionswissenschaft, der Kognitiven Psychologie und der Gedächtnispsychologie als relevant erwiesen. Obwohl der Ansatz auch als ein Versuch der allgemeinen Modellbildung von Gedächtnisphänomenen verstanden werden kann (vgl. Baddeley 1997, Kapitel 14; McClelland 2000), wird er hier aus didaktischen Gründen im Hinblick auf seine Bedeutung für die Repräsentation begrifflicher Aspekte behandelt und der Modellvorstellung des semantischen Netzwerks gegenübergestellt.

Nach Stoffer (1990) handelt es sich bei einem neuronalen Netzwerk »um eine Menge funktionell homogener, vielfältig miteinander verknüpfter Einheiten, die in idealisierter Form Eigenschaften von Neuronen und ihren synaptischen Verbindungen untereinander nachbilden sollen. Charakteristisch für diese Netzwerke ist die Parallelität der Informationsverarbeitung in und zwischen allen Einheiten« (276). Genauso wie ein semantisches Netz besteht demnach auch ein neuronales aus einzelnen Knoten, die man nun *Neurone* oder *Einheiten* (»units«) nennt. Drei Merkmale bestimmen die funktionalen Eigenschaften der Einheiten des Netzes:

- Erstens befindet sich jeder Knoten immer im Zustand eines bestimmten *Aktivierungsniveaus*, das – je nach Modellvorstellung – z. B. aktiv (+), neutral (0) oder gehemmt (-) sein kann.
- Zweitens können die Einheiten über die Verbindungen des Netzwerkes von anderen Knoten einen *aktivierenden oder hemmenden Input* erhalten. Die Stärke dieser Eingangsinformation ist für jede Verknüpfung unterschiedlich gewichtet. Man geht davon aus, daß sich die Verbindungsstärken zwischen den Knoten über Lernprozesse verändern können. Die an einem Knoten registrierbare Eingangsinformation wird unter Berücksichtigung von Aktivierungsniveau und Verbindungsstärke zu einem Summenwert addiert.
- Erreicht oder überschreitet der sich ergebende Summenwert einen bestimmten *Schwellenwert*, gibt der Knoten drittens seine Erregung oder Hemmung an andere Einheiten weiter.

Jeder Knoten nimmt also von allen mit ihm zu einem bestimmten Zeitpunkt exzitatorisch bzw. inhibitorisch verbundenen Einheiten unterschiedlich gewichtete Erregung bzw. Hemmung auf und leitet von einer bestimmten Aktivierungsstärke (Schwellenwert) an Erregung bzw. Hemmung an andere Einheiten weiter. In Abbildung 12 sind für eine mit drei anderen Knoten verbundene Netzeinheit diese Zusammenhänge graphisch dargestellt.

In diesem hypothetischen Fall erhält die aufnehmende Einheit (K_A) vom oberen Knoten (K_1) einen exzitatorischen (+1), vom unteren Knoten (K_3) einen hemmenden (-1) und vom mittleren Knoten (K_2) keinen (0) Input. Als Verbindungsgewichte werden 0.8 (zu K_1), 0.4 (zu K_2) und 0.2 (zu K_3) bestimmt. Die Berechnung der

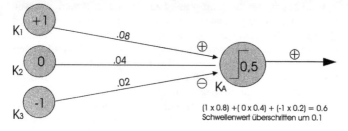

Abb. 12: Erregungs- und Hemmungsübermittlung im neuronalen Netzwerk

Gesamtaktivierung ergibt sich aus der Summe der Produkte von Aktivierungsart (Erregung; Hemmung; Neutralität) und Verbindungsstärke (Verbindungsgewicht). In unserem Fall also $(1 \times 0.8) + (0 \times 0.4) + (-1 \times 0.2) = 0.6$. Postulieren wir für die aufnehmende Netzeinheit noch einen Schwellenwert von 0.5, dann wäre der errechnetet Input ausreichend für die Weiterleitung einer erregenden Aktivierung an andere Knoten.

Die Struktur neuronaler Netze kann durch die Anzahl unterschiedener Knotenschichten (»layers«) definiert werden. Im einfachsten Fall sind nur zwei Schichten, nämlich *Eingangseinheiten* (»input units«) und *Ausgangseinheiten* (»output units«) vorgesehen. Jede einzelne Eingangseinheit reagiert dabei immer auf ein spezifisches Merkmal aus der Umwelt – in unserem Zusammenhang auf einen ganz bestimmten inhaltlichen Einzelaspekt des jeweiligen Begriffes – und leitet seine Aktivierung an die Ausgangseinheiten unmittelbar weiter. Für die Untersuchung komplexer Fragestellungen, wie sie zum Beispiel Überlegungen zur Repräsentation von Begriffen und Begriffsrelationen darstellen, nimmt man noch zwischen Eingangs- und Ausgangseinheiten angesiedelte *versteckte Einheiten* (»hidden units«) an. Ihnen kommt die Aufgabe zu, eingehende Erregung (oder Hemmung) zu moderieren, so daß komplexe Merkmalsaspekte in Form unterschiedlich gewichteter Kombinationen der Eingangseinheiten berücksichtigt werden können. Je nachdem, wie viele »hidden units« hintereinander geschaltet sind, spricht man von einem drei-, vier- oder n-schichtigen Netzwerk. Ähnlich wie das semantische Netzwerk kennt auch das konnektionistische das Prinzip der Aktivierungsausbreitung. Sie erfolgt nun aber nicht mehr schrittweise, sondern gleichzeitig und auf viele Knoten sowie Kanten des Netzes verteilt.

Worin liegt nun der Unterschied zu den semantischen Netzwerken? In diesem Zusammenhang sind mehrere Aspekte zu nennen. Zum einen besitzen weder die Knoten noch die Kanten (Konnektionen) des neuronalen Netzes einen symbolischen Bedeutungsgehalt. Sie dienen lediglich der Aktivationsaggregation und Aktivationsübermittlung. Daraus folgt, daß ein Begriff im neuronalen Netz nicht mehr durch einen einzelnen Knoten repräsentiert werden kann, wie das z. B. im Modell von Collins und Quillian (vgl. Abb. 11, z. B. Begriff »Forelle«) bzw. Collins und Loftus der Fall ist. Zum anderen sind im neuronalen Netzwerk keine Regeln (z. B. hat-, oder ist-ein Relationen) implementiert, d. h. es enthält weder Rechenvorschriften noch Zuordnungsanweisungen. Neuronale Netzwerktheoretiker sehen einen Begriff in dem *Konfigurationsmuster* repräsentiert, das sich aus den *gleichzeitig aktivierten Verbindungen und Knoten* ergibt. Die Begriffsrepräsentation erfolgt hier über alle aktivierten Knoten, deren Verknüpfungen und jeweiligen Verbindungsstärken.

Aus der Ablehnung eines spezifischen Repräsentationsortes für Begriffe bzw. Begriffsrelationen resultieren zwei Eigenschaften, die im Rahmen semantischer Netzwerke nicht realisierbar sind, nämlich eine *hohe Flexibilität* des Repräsentationssystems einerseits und eine *optimale Speicherökonomie* andererseits. Die Flexibilität ergibt sich aus der Möglichkeit, einen bestimmten Begriff zu unterschiedlichen Zeitpunkten auf unterschiedliche Weise zu repräsentieren, also nicht immer die gleichen Knoten für die Repräsentation benutzen zu müssen. Der ökonomische Vorteil bezüglich des Speicherplatzes folgt aus der Möglichkeit, die gleichen Knoten an der Repräsentation verschiedener Begriffe zu beteiligen. Während bei »Verlust eines Knotens« im semantischen Netz die gesamte Begriffsinformation verloren geht, ermöglicht die verteilte Repräsentation im konnektionistischen Netz auch dann noch eine Erkennensleistung, wenn nicht mehr alle begrifflichen Merkmale Eingang finden. Mit der verteilten Repräsentation ist demnach der Vorteil verbunden, fehlende, lückenhafte und bis zu einem gewissen Grad auch falsche Informationen kompensieren zu können.

Ein weiteres Unterscheidungsmerkmal von semantischen und neuronalen Netzwerken besteht in der *Trainierbarkeit* von letzteren. Neuronale Netzwerkmodelle sind als lernende Systeme konzipiert, mit Hilfe derer der Erwerb von Wissen und Wissensstrukturen in der Computer-Studie simuliert werden kann. Während die Überprüfung der in den vorausgehenden (und auch nachfolgenden) Kapiteln behandelten Repräsentationsformen immer ex-

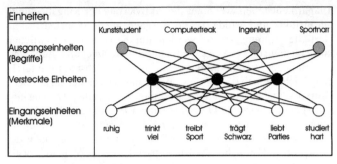

Abb. 13: Angeleitetes Lernen im neuronalen Netzwerk: dreischichtiges Netzwerk (mod. nach Thagard 1999, S. 153)

perimentell – z. B. über die Verifikationsaufgabe erfolgt –, sind die neuronalen Netzwerktheoretiker ausschließlich auf das Verfahren der Computer-Simulation angewiesen. Dabei beobachten sie, wie ein von ihnen konstruiertes Netzwerk mit bestimmten Aufgaben umgeht. Zwei Vorgehensweisen – nämlich das angeleitete Lernen und das selbstgesteuerte Lernen – haben dabei besondere Aufmerksamkeit erfahren.

Beim Trainieren neuronaler Netzwerke im Rahmen des *angeleiteten Lernens* erhält das untrainierte Netzwerk über die Eingabeeinheiten Informationen zugeführt, die eine Aktivierung der Ausgabeeinheiten bewirken. Thagard (1999, S. 152–154) illustriert dieses Vorgehen an einem dreischichtigen Netzwerk mit drei versteckten Einheiten. Die sechs Eingabeeinheiten stehen für die Merkmale »ruhig«, »trinkt viel«, »treibt Sport«, »trägt Schwarz«, »liebt Parties« sowie »studiert hart«. Als Ausgabeeinheiten sind vorgesehen: »Kunststudent«, »Computerfreak«, »Ingenieur« und »Sportnarr« (siehe Abbildung 13). Nach Abschluß des Lernprozesses soll z. B. ein Student, der häufig sportlicher Aktivität nachgeht und gerne Parties besucht (Eingabeeinheiten), vom Computer als Sportnarr (Ausgabeeinheiten) identifiziert werden.

In der Simulationsstudie gibt es zu Versuchsbeginn noch keine schwachen oder starken Verbindungen, da die Konnektionen des Netzes vom Untersucher auf niedrige Verbindungsstärken zufallsverteilt voreingestellt sind. Die Aktivierung der Eingabeeinheiten wird den versteckten Einheiten zugeführt und von dort an die Ausgabeeinheiten geleitet. Das Ergebnis (der Output) weicht deshalb im frühen Trainingsstadium von dem korrekten Output (gewünschter Begriff) noch stark ab. Eine derartige Differenz könnte nach

Thagard entstehen, wenn auf die Aktivierung der Eingabeeinheiten »trinkt« und »studiert« die Ausgabeeinheit »Sportnarr« reagierte. Im Trainingsverlauf werden nun die Differenzen zwischen tatsächlichem und gewünschtem Output berechnet und durch Veränderung der Verbindungsgewichte vor dem nächsten Lerndurchgang leicht reduziert. Auf diese Weise nähert sich der tatsächliche Output sehr langsam (häufig sind mehrere hundert Durchgänge nötig) dem erwarteten Output (richtiger Begriff) an. Weil das System über die Rückführung seiner Fehler lernt, nennt man dieses Verfahren *Backpropagation* (zur Beschreibung des Vorgehens der Backpropagation siehe z. B. Rumelhart, Hinton & Williams 1986).

Bei der Trainingsform des *selbstgesteuerten Lernens* unterbleibt die Fehlerkorrektur, d. h. der Computer erhält keine Rückmeldung über das richtige Ausgabemuster, sondern muß selbständig Zusammenhänge aus einer Reihe von Eingabemustern ableiten und erkennen. Die hierzu notwendige Technologie – auf die wir in unserem Zusammenhang nicht näher eingehen können – stammt von dem finnischen Ingenieur Teuvo Kohonen. Unter Anwendung der bereits von Hebb (1949) vorgeschlagenen Lernregel, der zufolge die Konnektion zweier Netzeinheiten immer dann intensiviert wird, wenn diese gleichzeitig aktiv sind, hat Kohonen ein Verfahren entwickelt, das in der Lage ist, sogenannte *selbstorganisierende Eigenschaftskarten* zu bilden (siehe z. B. Spitzer 2000, S. 103–115). Wie man im Rahmen dieser Vorgehensweise die Repräsentation von Begriffsrelationen studieren kann, sei stark verkürzt anhand einer von Ritter und Kohonen (1989) publizierten Arbeit aufgezeigt. Die Autoren verwendeten in ihrer Computersimulation 16 Tierbegriffe (z. B. Taube, Adler, Hund, Zebra…), die sie jeweils mittels 13 Eigenschaften (z. B. ist klein, hat zwei Beine, kann fliegen…) charakterisierten. Das Vorhandensein bzw. Nichtvorhandensein dieser Eigenschaften wurde für jeden Tiernamen mit 1 bzw. 0 in einer Matrix festgehalten, so daß sechzehn aus dreizehn Elementen bestehende Vektoren entstanden. Ritter und Kohonen gaben diese noch um den jeweiligen Tierbegriff erweiterten Vektoren einem sog. Kohonen-Netzwerk als Input ein und erhielten nach etwa 2000 Lerndurchgängen die in Abbildung 14 wiedergegebene topographische Begriffskarte.

Ohne äußeres Dazutun hat das Computersystem die Begriffe spontan sinnvoll in einen Zusammenhang gebracht und begriffliche Beziehungen hergestellt. So erscheinen die Tiernamen nicht zufällig über die Karte verteilt, sondern systematisch geordnet: die Vögel sind im linken, die Paarhufer im oberen und die Raubtiere im rech-

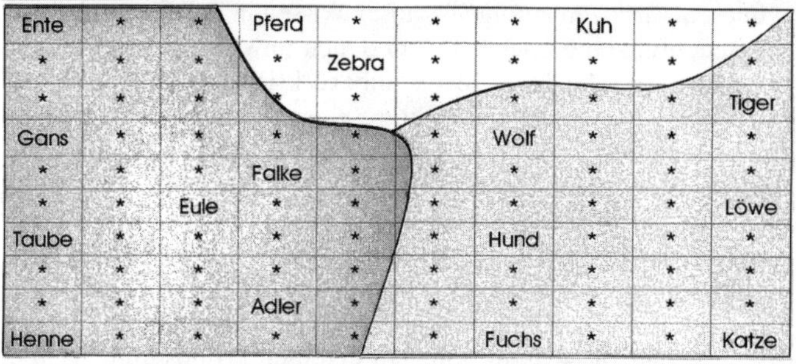

Abb. 14: Selbstgesteuertes Lernen in neuronalen Netzwerken: topographische Begriffskarte (mod. nach Ritter & Kohonen 1989, S. 248)

ten Teil angesiedelt. In der selbstorganisierten Eigenschaftskarte wird demnach begriffliche Ähnlichkeit durch räumliche Nähe repräsentiert sowie häufiger Input auf einer größeren Fläche abgebildet (die durch drei Tiere repräsentierten Paarhufer weisen eine geringere Fläche auf als die durch sieben Tiere vertretenen Vögel).

Die in diesem Abschnitt vorgestellte Betrachtung der Repräsentation von Wissen ohne die Berücksichtigung regelgeleiteter als auch symbolbezogener Aspekte führte zu sehr kontrovers geführten Auseinandersetzungen über den Wert dieses Ansatzes (siehe z. B. Stoffer 1990, Reichgelt 1991, Kapitel 8; Goschke & Koppelberg 1993). Ein grundsätzlicher Kritikpunkt betrifft die Beschränkung der neuronalen Netzwerkmodelle auf die Computersimulation und die damit zwangsläufig verbundene Validitätseinbuße. Bezüglich der im Modell differenzierten Lernmöglichkeiten wird insbesondere an der zur Zielerreichung notwendigen Häufigkeit von Lerndurchgängen (meist mehrere hundert) Kritik geübt. Lernen aufgrund einer einmaligen Lernerfahrung (»one-trial-learning«) läßt sich in diesem Ansatz nicht abbilden.

7.4 Propositionales Wissen

Die Begrenzung auf das Studium einfacher Begriffsrelationen wurde in anderen Theorien zugunsten der Untersuchung komplexerer Einheiten, wie z. B. längerer Sätze oder umfangreicherer Texte aufgegeben. Besondere Bedeutung erlangten dabei die *propositionalen Modelle*.

Diesen Ansätzen zufolge ist unser Wissen in Form von abstrakten Bedeutungen gespeichert, bei denen unwichtige Einzelheiten einer Aussage oder eines Textes unberücksichtigt bleiben. So sind wir beispielsweise nach der Lektüre eines Buches im allgemeinen durchaus in der Lage, dessen Inhalt wiederzugeben, können uns aber an den genauen Wortlaut nicht mehr erinnern. Es scheint also, daß wir abstrakte Beziehungen speichern, die eine Rekonstruktion des Bedeutungsgehaltes eines Textes erlauben. Entsprechend den propositionalen Netzwerktheoretikern erfüllen die *Propositionen* – der Begriff stammt aus der Logik und der Linguistik – genau diese Funktion. Unter einer Proposition versteht man die kleinstmögliche selbständig als wahr bzw. falsch beurteilbare Wisseneinheit. Demnach stellen Begriffe für sich selbst genommen (z. B. der Begriff »Hund«) noch keine Propositionen dar, sondern müssen erst durch eine bestimmte Relation in ihrem Wahrheitsgehalt überprüfbar sein (z. B. in der Aussage: »Hunde können bellen«), um propositional speicherbares Wissen zu repräsentieren. Da sich Propositionen nur auf die hinter den Worten stehenden Bedeutungen beziehen, dürfen sie nicht mit Wörtern bzw. Begriffen gleichgesetzt werden, wenngleich sie in unserem Zusammenhang immer sprachlich, d. h. mit Worten, dargestellt werden. Propositionale Netzwerktheorien versuchen nun, alle Aussagen in Propositionen zu zergliedern und ihre gegenseitigen Bezüge netzwerkartig aufzudecken. Ein Beispiel (nach Best 1986, S. 196 ff) soll das verdeutlichen: Der Satz »Joey küßte das schöne Mädchen, das er jüngst getroffen hatte« besteht aus folgenden Propositionen:

a) Joey küßte das Mädchen;
b) das Mädchen war hübsch;
c) Joey traf jüngst das Mädchen.

Propositionen setzen sich, wie das Beispiel zeigt, wenigstens aus zwei Teilen zusammen, nämlich der *Relation* oder dem Prädikat einerseits und dem bzw. den *Argumenten* andererseits. Relationen stellen die Verbindungen zwischen den Elementen (Argumenten) der Bedeutungseinheit dar und werden in einem Satz normalerweise durch die Verben oder Adjektive gebildet, während sich die Argumente aus den Substantiven zusammensetzen. Während eine Proposition immer nur eine Relation enthält, ist die Anzahl der Argumente variabel.

In unserem Beispielsatz gehören zur Relation »küssen« drei Argumente: der Handlungsträger (Agent), ein Objekt und der Zeitpunkt der Handlung. In der Literatur hat sich eine eigene Schreib-

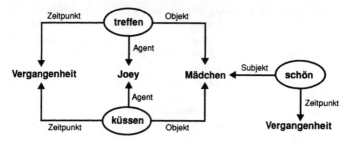

Abb. 15: Propositionale Darstellung des Satzes: »Joey küßte das schöne Mädchen, das er jüngst getroffen hatte« (mod. nach Best 1986, S. 198)

weise für Propositionen eingebürgert: Man beginnt mit der Relation und setzt dahinter in Klammer die Argumente [also: küssen (Joey, Mädchen, Vergangenheit); oder: hübsch (Mädchen)]. Graphisch – und damit in ein Netzwerk übertragbar – können diese Propositionen wie in Abb. 15 dargestellt werden.

Wie leicht zu erkennen ist, handelt es sich bei diesem Beispielsatz um einen episodischen Gedächtnisinhalt, d. h. mit Hilfe von Netzwerkmodellen können sowohl episodische als auch semantische Gedächtnisinhalte repräsentiert werden. Wir haben bereits darauf hingewiesen, daß ein episodischer Inhalt nur dann »verstanden« werden kann, wenn die ihn kennzeichnenden Wörter in ihrer Bedeutung bekannt sind. Der Satz: »Ich habe gestern einen schönen Bluntschli gesehen und gleich mitgenommen« (Herkner 1986, S. 130) ist für uns unverständlich, weil wir nicht wissen, was ein Bluntschli sein soll. Ersetzen wir »Bluntschli« aber durch »Schreibtisch«, erhält der Satz sofort einen Sinn, weil dieser Begriff in unserem semantischen Gedächtnis vorhanden ist.

Zur Unterscheidung von semantischem und episodischem Gedächtnis differenzieren die semantischen und propositionalen Netzwerktheorien meist zwischen primären und sekundären Knoten. *Primäre Knoten* (sog. »type«-Knoten) stehen dabei für die allgemeinen Konzepte (Begriffe) und die sie definierenden Merkmale. Sie stellen über ist- und hat-Relationen die Verbindung zum Wortgedächtnis und zum Lexikon des Individuums her und führen zu einem Verstehen des jeweiligen Konzeptes. Für das Wort »Bluntschli« fehlt in unserem semantischen Netz demnach ein derartiger primärer Knoten im Gegensatz zum Wort »Schreibtisch«, dessen »type« z. B. lauten könnte: ist (Schreibtisch, Möbelstück) und hat (Schreibtisch, Schubladen). Ein bestimmter Schreibtisch (episodischer Inhalt) – z. B. der in dem Beispielsatz gesehene und mitgenommene – wird demgegenüber durch einen *sekundären Knoten* (»token«) repräsentiert, der seine Eigenschaften angibt, die dem Leser nicht bekannt sind, z. B. daß der Schreibtisch aus Eiche gearbeitet ist [ist (Schreibtisch, Eiche)]. Der Einfachheit halber wird meist auf die graphische Darstellung der »type«-Knoten verzichtet und ein Sachverhalt lediglich über die »token«-Knoten abgebildet.

7.5 Schemata und Skripts

Während mit Hilfe von Propositionen kleinere Informations- und Wissenseinheiten gut erfaßt werden können, erweisen sie sich für die Repräsentation größerer Informationsmengen immer noch als wenig geeignet. Dies liegt vor allem daran, daß Propositionen die Informationen lediglich additiv aneinanderreihen, ohne die zwischen ihnen bestehenden Beziehungen zu berücksichtigen bzw. zu klären. Strukturelle Aspekte gehen demnach in eine propositionale Betrachtung nicht mit ein. Von mehreren Autoren wurde vorgeschlagen, mittels des *Schema-Konzepts* strukturelle Gesichtspunkte zu berücksichtigen.

Die Verwendung des Schema-Begriffs geht in der Gedächtnispsychologie auf Bartlett zurück, der darunter »eine aktive Organisation vergangener Reaktionen oder vergangener Erfahrungen« (1932, S. 201) verstand. Bartlett versuchte mit dem Schema-Konzept die Fehler seiner Vpn bei der Reproduktion von Geschichten, z. B. der Indianergeschichte »Krieg der Geister« zu beschreiben. Er fand nämlich bei der Wiedergabe eine Anpassung des Inhalts an die Wissensstrukturen seiner Studenten. So wurde in der Erinnerung z. B. aus einem Kanu häufig ein Boot, und – weit interessanter – gaben viele Vpn nach entsprechend langen Reproduktionszeiten an, die Eingeborenen wären mit Fischen beschäftigt gewesen, während es sich in der Geschichte um eine Seehundjagd handelte. Gerade derartige Fehler bewogen ihn anzunehmen, die Vpn versuchten mit ihren Fehlern, die Geschichten entsprechend ihrem Wissen kohärent und sinnvoll zu gestalten. So verbindet die Tätigkeit des Fischens für einen englischen Studenten am einfachsten die in der Geschichte vorkommenden Fakten »Kanu«, »Meer« und »Nahrungserwerb«. Bartletts Befunde legen nahe, daß die gehörten Geschichten nicht kopieartig im Gedächtnis abgelegt sind, sondern bei der Wiedergabe unter Nutzung des jeweiligen Alltagswissens und einigen grundlegenden Geschichtenelementen Schritt für Schritt durch Aktivierung verschiedener Schemata rekonstruiert werden.

In neueren Modellen versuchen Gedächtnispsychologen den von Bartlett noch weitgehend intuitiv und heuristisch eingesetzten Begriff des »Schemas« zu präzisieren und zu operationalisieren, um so das Konstrukt einer experimentellen Kontrolle zugänglich zu machen. Sie verstehen darunter größere thematisch zusammenhängende Wissensbereiche, die als ein abgrenzbarer Teil eines Netzwerks aufgefaßt werden können, in dem typische Zusammenhänge eines Wirklichkeitsbereiches aufgrund gemachter Erfahrungen repräsentiert sind. Schemata können sich auf Objekte, Sachverhalte, Handlungs- und Ereignisfolgen beziehen und weisen dementsprechend einen unterschiedlichen Komplexitäts- und Abstraktionsgrad auf. Die erfahrungsbedingte – und nicht notwendigerweise logische – Struktur eines Wirklichkeitsbereiches wird durch seine variablen Merkmale, die sog. *Leerstellen* (»slots«) des Schemas bestimmt. Ein Auto-Schema mag u. a. folgende Leerstellen besitzen: »Motorart« (Diesel-, Benzinmotor…), »Farbe« (rot, blau…), »Typ« (Pkw, Lkw…). Einige mögliche Werte für diese Leerstellen sind in der Klammer angegeben. Genauso wie Begriffe sind auch Schemata Oberbegriffen (Obermengen) zugewiesen, deren Merkmale sich auf die untergeordneten Konzepte übertragen. Darüber hinaus weisen Schemata noch die »Hierarchie der Teile« auf, womit zum Ausdruck kommen soll, daß die Teile eines Schemas wiederum eigene Schemadefinitionen besitzen.

Besondere Bedeutung hat innerhalb der Schema-Ansätze die *Skript-Theorie* erlangt, die Schank & Abelson (1977) ausformulierten. Das zentrale Konstrukt ihres Modells definieren sie wie folgt: »Ein Skript ist eine Struktur, die angemessene Abfolgen von Ereignissen in einem bestimmten Kontext beschreibt. Ein Skript besteht aus Leerstellen und Bedingungen darüber, was diese Leerstellen füllen kann. Die Struktur stellt ein miteinander verbundenes Ganzes dar und was in einer Leerstelle enthalten ist, beeinflußt was in einer anderen sein kann« (Schank & Abelson 1977, S. 41).

Ein Skript, das Ähnlichkeit mit dem vom Regisseur verwendeten Drehbuch besitzt, da es in seinen Leerstellen wie dieses Rollen, Szenen, Requisiten etc. aufführt, bezieht sich auf alltägliche, häufig wiederkehrende, in ihrem situativen Kontext und Ablauf relativ stereotypisierte Aktivitäten und Ereignisse. Skripts erleichtern das Verständnis bestimmter Ereignisse (vgl. nachfolgende

Textstelle), sie ermöglichen das Erschließen notwendiger aber nicht explizit mitgeteilter Verhaltensweisen und haben handlungsleitende Funktion, da sie die sinnvolle Aufeinanderfolge von Aktivitäten bestimmen.

Ein kleiner Versuch soll die Bedeutung eines Schemas beim Verstehen eines Textes demonstrieren: Lesen Sie folgenden Text, den Bransford & Johnson (1972; zit. nach Baddeley 1986, S. 90) in ihren Versuchen verwendeten:

»Das Verfahren ist eigentlich sehr einfach. Zuerst sortiert man die Objekte in verschiedenen Gruppen. Natürlich könnte auch ein Haufen genügen, je nachdem, wieviel zu tun ist. Wenn man wegen fehlender Ausrüstung woanders hingehen muß, ist das der nächste Schritt, andernfalls kann es losgehen. Es ist wichtig, nichts zu übertreiben. Das heißt, es ist besser, wenige Dinge auf einmal zu tun als zu viele. Das mag auf kurze Sicht unwichtig erscheinen, aber es können sich leicht Schwierigkeiten ergeben. Ein Fehler kann auch teuer sein. Am Anfang sieht die ganze Prozedur kompliziert aus. Aber bald wird sie zu etwas, das zum Leben gehört. Es ist schwierig zu erkennen, warum diese Arbeit sofort getan werden muß, aber man kann ja nie wissen. Wenn der Vorgang beendet ist, sortiert man die Objekte wieder in verschiedene Gruppen. Dann kann man sie wieder dahin legen, wo sie hingehören. Nach einiger Zeit werden sie wieder benützt, und der ganze Zyklus muß wiederholt werden. Aber das gehört zum Leben.«

Nach dem Lesen werden Sie den Text, genauso wie die Vpn von Bransford & Johnson ziemlich unverständlich finden und nur eine schlechte Erinnerungsleistung zeigen. Wenn Sie aber erfahren, daß der Text vom Wäschewaschen handelt, wird seine Verständlichkeit und Reproduktion deutlich erhöht. Ihre Schwierigkeiten beim erstmaligen Lesen gingen nicht auf begriffliche Unschärfen des Textes, sondern darauf zurück, daß Ihnen der Kontext nicht bekannt war. Ist jedoch das Skript »Wäschewaschen« aktiviert, wird Ihnen die Aufnahme des Textes wesentlich erleichtert, da Sie nun Ihr Wissen über diese Tätigkeit verwenden, um die Textstelle zu strukturieren, indem Sie aus diesem Alltagswissen bestimmte Erwartungen und Schlußfolgerungen ableiten. Eine bessere Textverständlichkeit und Textwiedergabe ist die Folge. Das Verstehen eines Textes ist damit als ein aktiver Interpretationsprozeß aufzufassen, bei dem bekannte Schemata eingesetzt werden.

Die hierarchische Struktur eines Schemas kommt deutlich in dem intensiv erforschten Skript *Restaurant-Besuch* zum Ausdruck. Dieses Ereignis-Schema hat das Verhalten beim Aufsuchen eines

Restaurants zum Inhalt und besteht aus vier Szenen, nämlich »Eintreffen«, »Bestellung«, »Essen« und »Aufbruch«, die entsprechend der Hierarchie der Teile wieder weiter ausdifferenziert werden. So gehört u. a. zur Szene »Eintreffen«, daß der Gast das Restaurant betritt, einen Tisch auswählt und dort Platz nimmt. Die eine Szene bestimmenden Verhaltensweisen können darüber hinaus in weitere Elemente zergliedert werden wie das Lesen der verschiedenen Teile einer Speisekarte (Vorspeisen, Hauptgerichte, Salate ...).

Wie andere Schemata entstehen auch Skripts aus konkreten Erlebnissen und sind deshalb bei verschiedenen Individuen unterschiedlich stark ausdifferenziert. So dürfte das Restaurant-Schema eines Individuums, das primär »fast-food«-Lokale – der Ausdruck Restaurant ist hier wohl unangemessen – aufsucht, weit weniger detailliert ausfallen, als dasjenige eines Gourmets wie Wolfram Siebeck. Dessen ungeachtet werden sich beide im Stammlokal des anderen (einigermaßen) zurechtfinden.

Nachdem ein bestimmtes Schema aktiviert wurde, z. B. durch den äußeren Hinweis auf das Thema des Wäschewaschens in unserem Textbeispiel, können verschiedene Teile desselben bewußt werden und spezifische Erwartungen aufkommen lassen. Im Sprachstil der Schema-Forschung heißt das, daß Leerstellen des aktualisierten Schemas ausgefüllt werden müssen, deren Anzahl nicht zuletzt vom Erfahrungshorizont der betroffenen Person abhängt. Eine wichtige Eigenschaft schemageleiteter Informationsverarbeitung ist in der Ausbildung von Schlußfolgerungen zu sehen. Wenn wir hören, daß ein Bekannter in seinem Stammlokal ein Entrecôte gegessen hat, nehmen wir an, daß er die im Restaurant-Skript enthaltenen Szenen erlebt hat, auch wenn sie im einzelnen nicht explizit genannt wurden. Die Leerstellen eines Schemas können dabei auch mit fiktivem Wissen gefüllt werden. In Abhängigkeit der Differenziertheit des Skripts des Zuhörers kann es dabei aber auch zu falschen Schlußfolgerungen kommen.

Als erfahrungsbedingte Konstrukte sind Skripts flexible, änderungsfähige Einheiten, in denen neue Lernerfahrungen Berücksichtigung finden. Die in einem bestimmten Schema auftretenden Komponenten stehen sich nicht gleichwertig gegenüber, sondern können von zentralerer bzw. peripherer Bedeutung sein, wie u. a. Wippich (1985) anhand von Normierungsstudien zu Skriptinhalten zeigen konnte. So nannten seine Versuchspersonen zum Skript »Zahnarztbesuch« zu 100% die Aktivitäten »Betreten und Verlassen der Praxis«, während weniger als 30% »Abgeben des Krankenscheins« und »Ansehen von Leuten« aufführten.

7.6 Bewertung

Die in diesem Kapitel referierten Vorstellungen beschäftigen sich mit unserem Wissen von der Welt und erweitern damit die erinnerungsorientierte Gedächtnispsychologie klassischer Prägung um ein wesentliches Moment. Als neue Themen werden der Gedächtnispsychologie nun die Erfassung von (Wort-)Bedeutungen, das Verstehen von Zusammenhängen (z. B. größeren Texten) sowie die Planung und Ausführung von Handlungsweisen erschlossen. Dies hat eine weitere Aufgabe der isolierten Betrachtung von Gedächtnisphänomenen und eine noch stärkere Hinwendung zu sowie Mitberücksichtigung von anderen psychischen Funktionsbereichen (Wahrnehmung, Denken, Sprache) zur Folge.

Der aus didaktischen Gründen beibehaltene Terminus technicus »semantisches Gedächtnis« erweist sich dabei, wie die Ausführungen an mehreren Stellen zeigten, nicht immer als ausreichend trennscharf, da in unserem Alltagswissen episodische und semantische Aspekte oft untrennbar miteinander verbunden auftreten. Allen vorgestellten Modellen ist die Annahme gemeinsam, daß Wissenselemente (Begriffe, Propositionen, Schemata) erst durch ihre Beziehungen (Relationen bzw. Konnektionen) zu anderen Elementen und Merkmalen ihre spezifische Bedeutung erhalten. Die Ansätze unterscheiden sich dabei in der jeweils postulierten Beziehungsart. Grundsätzlich können zwei Repräsentationsformen auseinandergehalten werden, für die Hoffmann (1983) die Bezeichnung *faktische* versus *prozessuale* Repräsentation wählte. Während der prozessuale Ansatz – vertreten durch das Merkmalsvergleichsmodell und das neuronale Netzwerkmodell – in der Analyse von Begriffsrelationen eine jeweils neue Ermittlung verlangt, gehen die faktischen Ansätze, d. h. das semantische und propositionale Netzwerkmodell sowie die Schematheorien davon aus, daß die Beziehungen zwischen den Wissenselementen direkt im Netzwerk enthalten sind. Beide Vorstellungen schließen sich nicht aus, sondern dürften in unterschiedlichen Anforderungssituationen zum Einsatz kommen. Nach Hoffmann (1983, S. 109) eignet sich die faktische Speicherung primär für häufig in identischen Zusammenhängen beobachtbare Informationen, während die prozessuale vornehmlich dann realisiert werden soll, wenn die Kontextbedingungen ständig wechseln oder die zu repräsentierenden Relationen nur selten auftreten. Eine Sonderstellung nimmt die später entstandene Vorstellung des neuronalen Netzwerks insofern ein, als hier gänzlich auf die Annahme einer bedeutungshaltigen Speicherung verzichtet wird. Begriffe und Begriffsrelationen werden ausschließlich über die zu einem bestimmten Zeitpunkt parallel verlaufende Verarbeitung bestimmt. In diesem prozessualen Aspekt besteht eine Ähnlichkeit zum Merkmalsvergleichsmodell.

Ein Nachteil der früheren Netzwerkmodelle besteht in ihrem engen Gültigkeitsbereich, der kaum über die Verifikation einfacher Sätze bzw. Wortbedeutungen hinausgeht. In propositionalen Theorien und im Schema-Ansatz wird deshalb versucht, den Analysebereich auf größere Wissens- und Handlungseinheiten auszudehnen. Die meisten dieser Modelle wurden im Rahmen von Computerprogrammen entwickelt und validiert. Derartige Programme können zwar die Logik einer Theorie überprüfen, geben aber nicht unbedingt eine Antwort auf die Frage, inwieweit diese Logik mit der psychologischen Realität übereinstimmt. Die Auswahl und Bestimmung der in den verschiedenen Modellen postulierten Grundrelationen ist von Autor zu Autor sehr verschieden und läßt eine psychologische Begründung vermissen. Als Folge erscheinen bei bedeutungsbezogenen Modellen die berücksichtigten Relationen und bei neuronalen Modellen die unterschiedenen Schichten oft willkürlich.

Dessen ungeachtet behandeln die Ansätze zum semantischen Gedächtnis das gesamte Spektrum der Gedächtnisfunktionen und leisten wertvolle Beiträge in bezug auf die Kodierung, die Speicherung und den Abruf von Information. Dabei wird die Tragfähigkeit des Assoziationsprinzips erneut unter Beweis gestellt. Hier könnten sich auch praktisch umsetzbare Erkenntnisse anbahnen, die zu einer stärkeren empirischen Kontrolle und Überprüfung psychotherapeutischer Vorgehensweisen (wie sie z. B. im Rahmen kognitiv-verhaltenstheoretischer Positionen vorgestellt werden) beitragen. Zumindest liefert auch das Aktivationsausbreitungsmodell Hinweise, daß Assoziationen nicht zufällig erfolgen, sondern über die kognitive Struktur ihres Urhebers Auskunft geben können.

Aus den Befunden kann geschlossen werden, daß die Informationsspeicherung häufig auf der Ebene von Bedeutungen erfolgt und der Informationsabruf einen aktiven (Gestaltungs-)Prozeß darstellt. Die in den Experimenten verwendeten abhängigen Variablen – z. B. Latenzzeit, Genauigkeit der Antwort etc. – gestatten jedoch auch hier keine eindeutige Aussage über die ihnen zugrundeliegenden kognitiven Mechanismen (unabhängige Variablen) und führen zwangsläufig zu einer Vielzahl alternativer Erklärungsversuche. Über die hier besprochenen Forschungsbemühungen urteilen schließlich Johnson & Hasher (1987, S. 640) zusammenfassend: »Untersuchungen zum lexikalischen Zugang, zu semantischen Entscheidungen, zu Schemata und Skripts und zu Begriffen, haben unabhängig voneinander viele wichtige Fakten geschaffen. Bedauerlicherweise sind diese Befunde nicht zusammengetroffen, um ein gemeinsames Bild des semantischen Gedächtnisses hervorzubringen, ausgenommen eines der allgemeinsten Art«.

8 Interpretationen des Vergessens

Das Phänomen des Vergessens ist jedem von uns geläufig und korrespondiert je nach situativem Kontext mit den unterschiedlichsten Befindlichkeiten: Der nicht auffindbare Haustürschlüssel macht uns ärgerlich, der nicht einfallende Name eines Gesprächspartners kann uns in peinliche Verlegenheit versetzen, eine unbeantwortbare Frage mag Prüfungsangst auslösen etc. Waren diese drei Vergessenssituationen für den Betroffenen von unangenehmem Charakter, so kennen wir aber auch Situationen, in denen das Vergessen mit einem Vorteil für uns verbunden ist (z. B. wenn wir einen lästigen Termin »verschwitzen«, eine ausstehende Rechnung nicht bezahlen etc.). Kurzum, Vergessen korreliert nicht nur mit negativen Gefühlszuständen, sondern hat auch seine »angenehmen Seiten«.

Vergessen setzt voraus, daß ein Inhalt einmal bekannt war und zur Verfügung stand, d. h. vorher gelernt und damit im Langzeitgedächtnis festgehalten wurde. Man spricht dabei von einer *Gedächtnisspur* (Synonym: Engramm), die der gelernte Inhalt hinterläßt, und meint die durch den Lernvorgang hervorgerufene Veränderung im anatomisch-physiologischen Substrat des Organismus. Da diese Veränderungen noch weitgehend unbekannt sind, handelt es sich bei der Gedächtnisspur natürlich um ein hypothetisches Konstrukt. Damit wird auch der Unterschied zwischen Vergessen und Nichtwissen deutlich, da bei letzterem ja keine Speicherung eines Inhaltes erfolgt (und somit auch nichts vergessen werden kann). Der Schüler- und Studentenjargon bringt diesen Sachverhalt in der Redewendung »ich bin blank«, d. h. ich weiß nichts, anschaulich zum Ausdruck.

In diesem Kapitel wollen wir nun die wichtigsten psychologischen Erklärungsansätze zum Vergessen genauer betrachten.

8.1 Spurenzerfallstheorie

Im Rahmen der Spurenzerfallstheorie, die vor allem zur Erklärung kurzzeitigen Vergessens entwickelt wurde, gilt die seit dem Lernen *verstrichene Zeit* als bestimmender Faktor für den Vergessensumfang. Die Stärke einer Gedächtnisspur zerfällt dieser Annahme zufolge kontinuierlich mit der Zeit, bis sich die Spur schließlich vollständig aufgelöst hat, vorausgesetzt, zwischenzeitlich wurde kein Versuch unternommen, den Lerninhalt zu festigen (z. B. durch Wiederholung). Vergessen wird somit als ein passiver Prozeß aufgefaßt. Die Vorstellung, daß eine Gedächtnisspur einfach verblaßt, ähnlich wie ein am Strand mit dem Finger in den Sand geschriebenes Wort von den Wellen wieder »gelöscht« wird, klingt plausibel und deckt sich mit mancher Alltagstheorie des Laien. So einsichtig diese Hypothese jedoch erscheint, so schwierig ist ihre experimentelle Überprüfung. Setzt die Spurenzerfallsannahme doch voraus, daß in der seit der Einprägung verstrichenen Zeit überhaupt nichts geschieht, d. h. daß diese Zeit eine vollständig »leere Zeit« ist, in der weder neue Erfahrungen wirksam werden, noch der Gedächtnisinhalt durch Wiederholung gefestigt werden kann. Wie läßt sich eine solche absolut leere Zeitspanne herstellen und experimentell kontrollieren?

Idealtypisch charakterisiert Arbinger (1984, S. 65) die notwendige Situation folgendermaßen: »Einer Vp wird ein Item dargeboten, welches sie behalten soll. Für eine bestimmte kurze Zeitspanne (z. B. 30 sec) lassen wir die Vp ›absolut nichts‹ tun, d. h., während dieser Zeit darf sie weder das Item innerlich wiederholen noch sonst irgendeine (kognitive) Aktivität ausüben. Nach diesem Zeitintervall lassen wir die Vp das Item reproduzieren.« Da es absolutes kognitives Nichtstun nicht gibt, ist ein solches Experiment nicht durchführbar. Man hat aber versucht, dem Ideal der »leeren Zeit« auf Umwegen näherzukommen. So versuchten Gedächtnisforscher dem Problem über die Steuerung von Aufmerksamkeitsprozessen zu Leibe zu rücken. Sie gingen dabei von der Erfahrung aus, daß wir gleichzeitig nicht beliebig viele Dinge unternehmen können, da unsere Informationsverarbeitungskapazität begrenzt ist. Experimente zur *geteilten Aufmerksamkeit* nutzen diese Erfahrung zur Herstellung von Bedingungen, die eine empirische Entscheidung über die Spurenzerfallstheorie erlauben sollen. Hierbei wird der Vp neben der Lernaufgabe gleichzeitig eine weitere Ablenkungsaufgabe zur simultanen Ausführung vorgelegt. Eine ähnliche Versuchsanordnung haben wir bereits in dem geschilderten Experiment von Peterson und Peterson (s. Kap. 6.3) kennengelernt. In diesem Versuch mußte die Vp während des Behaltensintervalls rückwärts zählen und hat damit neue Informationen in den Kurzzeitspeicher eingegeben, wobei sich diese mit derjenigen aus der Lernaufgabe überlagern konnte (Interferenz: s. auch Kap. 8.2). Reitman (1974) hat deshalb für die Distraktion einen anderen Aufgabentyp verwendet. Ihre Vpn mußten nämlich anstatt zu rechnen eine nonverbale Entdeckungsaufgabe (sog. Signalentdeckungsaufgabe) ausführen: Sie hörten ein kontinuierliches Grundrauschen und sollten bei Auftreten von leisen Tönen eine Taste drücken. Da hier dem Kurzzeitspeicher keine neue Information zugeführt wird, die Aufmerksamkeit aber gleichzeitig von der Lernaufgabe abgelenkt ist, läßt sich eine eindeutigere Entscheidung über die Spurenzerfallstheorie herstellen. Mit einer derartigen Versuchsanordnung konnte Reitman (1974) entgegen eigener früherer Befunde die Spurenzerfallstheorie in gewissem Ausmaß bestätigen, vorausgesetzt, Lern- und Signalentdeckungsaufgabe besitzen einen gewissen Komplexitäts- und Schwierigkeitsgrad. Über die Bedeutung der Spurenzerfallsannahme urteilt Baddeley (1979, S. 164 f): »Es existieren wahrscheinlich genügend Beweise dafür, daß Spurenzerfall ein reales Phänomen ist...; für gewöhnlich wird dieser Prozeß jedoch verdeckt.« Damit ist dem Spurenzerfall eine nur begrenzte Bedeutung zugesprochen.

8.2 Interferenztheorie

Von allen Modellvorstellungen des Vergessens hat die Interferenzannahme die größte Beachtung gefunden und intensivste experimentelle Erforschung erfahren. Im Gegensatz zur Spurenzerfallsannahme wird Vergessen dabei als ein *aktiver Prozeß* verstanden, der durch die einer Lernaufgabe vorausgehenden oder nachfolgenden Erfahrungen zustande kommen soll. Demnach ist hier nicht die Zeit an und für sich, sondern das, was in ihr geschieht, für das Vergessen verantwortlich. Auf der Faktenebene nehmen Interferenztheoretiker im wesentlichen auf zwei primär beim Paarassoziationslernen empirisch gesicherte Phänomene Bezug: die proaktive und die retroaktive Interferenz oder Hemmung. Bei der proaktiven Hemmung liegt der einen Lernvorgang beeinträchtigende Lernprozeß vor dessen Ausführung, während er bei der retroaktiven Hemmung erst auf ihn folgt.

Betrachten wir zuerst die *proaktive Hemmung* etwas genauer: Houston (1981, S. 300 f) illustriert sie anhand folgenden fiktiven Beispiels: Stellen Sie sich vor, Sie lernen an 20 Tagen jeweils eine neue Liste von 10 sinnlosen Silben bis zu ihrer korrekten Wiedergabe und werden jeweils am folgenden Tag vor Erlernen der neuen Liste nach derjenigen des Vortages gefragt. Wie gut werden Sie die 20. Liste am 21. Tag dieses fiktiven Experiments wiedergeben können? Auf den ersten Blick mag es vielleicht möglich erscheinen, daß es Ihnen infolge des positiven Transfers (s. Kap. 5.3) gelingt, die 20. Liste nach einem Tag relativ mühelos wiederzugeben. In Wirklichkeit ist das jedoch nicht der Fall. Bestenfalls werden Sie 2–3 Elemente dieser Liste korrekt wiedergeben können und ansonsten wegen der Silben aus den Vorlisten hoffnungslos verwirrt sein. Diese hohe Vergessensrate geht anscheinend auf die vorher gelernten 19 Listen zurück, die mit der 20. interferieren. Natürlich zeigt sich der Effekt der proaktiven Hemmung nicht erst bei der 20. Liste, sondern setzt viel früher ein. In der experimentellen Arbeit erspart man sich deshalb einen so langwierigen Versuch und prüft das hier interessierende Phänomen meist bei Verwendung des Paarlernens (s. Kap. 5.2), z. B. mit folgendem einfachen Versuchsplan:

Tab. 4: Versuchsanordnung zur Prüfung der proaktiven Hemmung mittels Paarlernens

Gruppe	Aufgabe 1	Aufgabe 2	Prüfung von
Experimental	A–B	A–C	Aufgabe 2
Kontroll	–	A–C	Aufgabe 2

Anm.: A: Reizelemente der Liste; B, C: Antwortelemente der Liste; identische Buchstaben bedeuten identische Listenelemente

Die Experimentalgruppe muß also vor der später geprüften Paarliste (A–C) eine andere (A–B) lernen, während sich die Kontrollgruppe nur die geprüfte Lernaufgabe (A–C) einprägt. Unterschiede in der Behaltensleistung beider Gruppen gehen demnach auf Aufgabe 1 (A–B) zurück. Bei Verwendung eines derartigen Versuchsplans schneidet die Kontrollgruppe (fast) immer besser ab als die Experimentalgruppe. Proaktive Interferenz hat sich damit als ein empirischer Sachverhalt erwiesen.

Bei der *retroaktiven Hemmung* wirkt der Störeinfluß rückwärts. Wiederum im experimentellen Paradigma verdeutlicht (vgl. Tabelle 5), lernen Experimental- und Kontrollgruppe nun zuerst die Aufgabe 1 (A–B), und daraufhin wird nur der Experimentalgruppe eine zweite Aufgabe (A–C) vorgelegt, während die Kontrollgruppe zu diesem Zeitpunkt keine Lernaufgabe ausführt. Geprüft wird die Aufgabe 1 (A–B), wobei in der Regel die Kontrollgruppe wieder die besseren Ergebnisse zeigt.

Die eine Interferenz begünstigenden Faktoren haben wir schon bei der Behandlung spezifischer Transfereffekte (s. Kap 5.3) kennengelernt. Daneben sind hier noch die zwischen den drei relevanten Zeitpunkten bestehenden zeitlichen Verhältnisse zu nennen (vgl. z. B. Houston 1981, S. 306 ff).

Tab. 5: Versuchsanordnung zur Prüfung der retroaktiven Hemmung mittels Paarlernens

Gruppe	Aufgabe 1	Aufgabe 2	Prüfung von
Experimental	A–B	A–C	Aufgabe 1
Kontroll	A–B	–	Aufgabe 1

Anm.: A: Reizelemente der Liste; B, C: Antwortelemente der Liste; identische Buchstaben stehen für identische Listenelemente

Wie lassen sich nun die dargestellten Fakten der pro- und retroaktiven Interferenz erklären? Melton und Irwin (1940) haben hierzu die *Zwei-Faktoren-Theorie des Vergessens* entwickelt.

In der ersten Formulierung dieses Modells gehen Melton und Irwin davon aus, daß für Interferenzerscheinungen die Faktoren *Antwortkonkurrenz* und *Verlernen* verantwortlich sind. Betrachten wir dazu noch einmal die übliche Versuchsanordnung: Aufgabe 1 (A–B) und Aufgabe 2 (A–C) unterscheiden sich hinsichtlich des zweiten Listenelementes, d. h. das erste Element (A) ist jeweils in beiden Aufgaben identisch. Daraus soll beim Informationsabruf, also im dritten Stadium des Versuchs, eine Konkurrenz der Antwortreaktionen (B, C) resultieren, bei der sich die stärkere Reaktion durchsetzt. Antwortkonkurrenz ist demnach sowohl bei proaktiver als auch bei retroaktiver Interferenz wirksam.

Mit Verlernen ist gemeint, daß beim Erlernen der zweiten Liste die Assoziationen der ersten Liste geschwächt werden. Demnach tritt der Faktor Verlernen während des zweiten Versuchsstadiums auf. Da bei proaktiver Hemmung nicht nach der ersten Liste gefragt wird, kann Verlernen auch nur für das Phänomen der retroaktiven Hemmung geltend gemacht werden. In diesem Rahmen kommen also proaktive Interferenzen ausschließlich durch Antwortkonkurrenz zustande, während bei retroaktiven Interferenzen sowohl Antwortkonkurrenz als auch Verlernen auftreten.

In der empirischen Überprüfung der Zwei-Faktoren-Theorie konnten diese Annahmen jedoch nicht klar bestätigt werden. So versuchte man, den Einfluß der Antwortkonkurrenz auszuschalten, indem die Vp bei der Reproduktion ohne Zeitdruck beide Antwortreaktionen nennen sollte. Der diesem Vorgehen zugrundeliegende Gedanke ist einfach: Eine Konkurrenz der Antwortreaktionen erscheint in Situationen wahrscheinlich, in denen die Vp unter Entscheidungsdruck steht (z. B. weil sie schnell reagieren muß); läßt man ihr bei der Reproduktion aber Zeit, so daß sie in aller Ruhe ihre Antwort suchen kann, müßte die Antwortkonkurrenz unterbleiben. Entsprechend der Modellannahmen dürften unter dieser Bedingung keine proaktiven Interferenzen mehr auftreten, da diese ja ausschließlich durch den Faktor »Antwortkonkurrenz« zustande kommen sollen. Dennoch ließ sich auch bei der derart geänderten Versuchsanordnung proaktive Interferenz nachweisen. Die Zusammenhänge dürften damit etwas komplexer sein als von der Zwei-Faktoren-Theorie angenommen wird.

Einige Autoren betrachten das »Verlernen« analog der vom klassischen Konditionieren her bekannten Extinktion. Diese Sichtweise erfährt insofern eine gewisse Bestätigung, als das bei der Extinktion beobachtbare Phänomen der Spontanerholung auch in Interferenzexperimenten auftrat: Nach einer längeren Zeitspanne zeigten sich gelegentlich für die »gelöschte« Liste wieder Behaltensverbesserungen, ohne daß diese Liste in der Zwischenzeit erneut gelernt wurde.

Spätere Arbeiten (z. B. Postman, Stark & Fraser 1968) weiteten das Konzept der Antwortkonkurrenz auf die gesamte Liste aus, d. h. den ganzen Satz der Elemente beider Listen. Man spricht in diesem Fall von einer *generalisierten Antwortkonkurrenz*, im Gegensatz zur oben behandelten spezifischen, bzw. einer Interferenz der Reaktionsmengen. Retroaktive Interferenz wird dabei auf die Unterdrückung der gesamten Antwortelemente der ersten Liste zurückgeführt, die sich beim Erlernen der zweiten Liste ausbilden soll. Zwar konnte eine derartige generalisierte Tendenz nachgewiesen werden, jedoch bestehen daneben immer noch reizspezifische Antwortkonkurrenzen, so daß wohl beide Konzepte einen explikativen Wert besitzen.

Underwood (1983) zufolge kommt Interferenz schließlich nicht durch Antwortkonkurrenz zustande, sondern durch die Unfähigkeit der Vp, die Antwortreaktionen eindeutig einer bestimmten Liste zuzuordnen. Diese Annahme einer *unzureichenden Listendifferenzierung* erfährt insofern eine gewisse empirische Unterstützung, als Interferenzen zwischen zwei Listen dann ausbleiben, wenn die Vpn beide Listen unter unterschiedlichen situativen Bedingungen erlernen. Daneben wird eine Listendifferenzierung auch durch unterschiedliche Übungs- und Zeitverteilung erreicht.

Waren die bisherigen Befunde und Erklärungsversuche primär auf einfache Lerninhalte bezogen, wie sie in der Tradition des Verbalen Lernens interessierten, so belegen neuere Untersuchungen die Bedeutung der geschilderten Interferenzerscheinungen auch bei komplexerem Material, wie zum Beispiel sinnvollen Texten. Interferenz ist damit nicht auf die »weltfremde« Laborbedingung beschränkt, sondern auch im Alltag eine wirksame, für das Vergessen verantwortliche Größe.

8.3 Vergessen und Emotion

Der Zusammenhang von Emotion und Vergessen ist wahrscheinlich im Rahmen der psychoanalytischen Tradition am ausführlichsten diskutiert worden. Obwohl außerhalb der akademischen Psychologie und den von ihr verlangten forschungsmethodischen Kriterien entstanden, ist der Beitrag der Psychoanalyse nicht minder relevant. Kebeck (1982, S. 69) führt in diesem Zusammenhang an, daß

a) in der psychoanalytischen Schule den Emotionen eine elementare Bedeutung in bezug auf Gedächtnisphänomene zugesprochen wird;
b) auf das vielfältige Erfahrungsgut der Psychoanalyse – nämlich die in der Analyse geförderte Erinnerung an intensiv affektiv getönte Ereignisse – nicht verzichtet werden sollte;
c) der Prozeß des Vergessens in der Psychoanalyse von zentraler Bedeutung ist.

Freud interessierte sich vor allem für klinische Vergessensphänomene, die er an seinen Patienten beobachtete. In diesen Fällen, »in denen das Vergessen bei uns ein Befremden erweckt, insofern es die Regel verletzt, daß Unwichtiges vergessen, Wichtiges aber vom Gedächtnis bewahrt wird« (Freud, Gesammelte Werke Bd. IV, S. 305), kommt ihm zufolge dem Abwehrmechanismus der Verdrängung eine besondere Bedeutung zu. Stark vereinfacht formuliert handelt es sich dabei um eine unbewußte Informationsunterdrückung, mit Hilfe derer das Individuum Angst vermeidet, die von uneingestandenen Triebansprüchen ausgehen soll. Vergessen wird damit zu einem Schutzmechanismus, mit dem die Person verboten erscheinende Triebansprüche, der klassischen Theorie zufolge insbesondere solche sexueller Art, unterdrückt. Mit Hilfe der psychoanalytischen Therapie versucht Freud, die unterdrückten Triebansprüche bewußt zu machen und so in das Bewußtsein zu integrieren, daß die Neurose aufgehoben wird. Mit dieser Interpretation nimmt er den Gedanken einer mangelnden Verfügbarkeit von Information vorweg, der in der experimentellen Gedächtnisforschung erst viel später ausführlich diskutiert wurde. Vergessen bedeutet hier nämlich keinen generellen Informationsverlust, sondern nur die Unfähigkeit, eine (im Unbewußten) vorhandene Information abzurufen.

Anhand einer von Freud (Gesammelte Werke Bd. IV, S. 13 ff) durchgeführten und mitgeteilten Analyse des Vergessens aus dem Bereich der »Psychopathologie des Alltagslebens« sei der analytische Standpunkt etwas veranschaulicht: In dem Abteil eines Reisezuges entwickelt sich zwischen Freud und einem weiteren Fahrgast ein Gespräch, in dessen Verlauf der Mitreisende den Satz »Exoriar(e) aliquis nostris ex ossibus ultor« aus dem Werk von Horaz zu zitieren versucht, wobei ihm allerdings einige Verwechslungen unterlaufen, die zu dem Resultat »Exoriar(e) ex nostris ossibus ultor« führen. Die unzureichende Wiedergabe ist dem Mitreisenden dabei durchaus bewußt. Freud bittet ihn, zu dem vergessenen Wort »aliquis« frei zu assoziieren, woraus eine längere Kette entsteht. Zuerst wird das Wort aliquis in die Teile a und liquis gespalten, dann folgen Einfälle, die mit Flüssigkeit zu tun haben, bis schließlich immer deutlicher Assoziationen zu Blut eine Rolle spielen (z. B. nennt der Fahrgast das Blutwunder des Hl. Januarius, dessen geronnenes Blut an einem bestimmten Festtag wieder flüssig wird). In diesem Zusammenhang kommt es dann zu dem nach Freud zentralen Einfall. Der Gesprächspartner äußert nämlich die Befürchtung, von einer Dame eine ihm unangenehme Nachricht erhalten zu können, und Freud errät, daß es sich dabei um das Ausbleiben der Periode handelt. Das vergessene Wort aliquis wurde ihm zufolge vom Bewußtsein ferngehalten, weil es mit dem ängstigenden Ereignis (Ausbleiben der Regel) verbunden war.

Die von psychoanalytischer Seite gewonnenen Daten können nicht ohne weiteres in einen allgemeinpsychologischen Rahmen überführt werden, da sie, wie bereits das kleine Beispiel zeigt, sowohl hinsichtlich ihrer Erhebung als auch ihrer Interpretation grundlegenden Anforderungen an erfahrungswissenschaftliches Arbeiten nicht genügen. Es hat jedoch nicht an Versuchen gemangelt, das Phänomen der Verdrängung unter experimentellen Bedingungen zu erforschen.

So mußten in einer Studie von Levinger und Clark (1961) die Vpn zu 60 Wörtern, die teils neutrale (z. B. Fenster), teils emotional getönte (z. B. Angst) Inhalte thematisierten, ihre Assoziationen nennen. Erwartungsgemäß waren Latenzzeiten (Zeit von der Darbietung eines Stimulus bis zur Reaktionsausführung) und PGR (psychogalvanische Reaktion) bei den emotional gefärbten

Wörtern länger bzw. stärker als bei den neutralen. In einem weiteren Teil dieses Versuchs erhielten die Vpn die ursprüngliche Liste der 60 Wörter vorgelegt und wurden nun gebeten, die zuvor darauf gegebenen Assoziationen nochmals zu benennen. Auch hier waren ihre Leistungen bei den neutralen Wörtern besser als bei den emotionalen.

Handelt es sich dabei um einen eindeutigen Beleg für die psychoanalytische Annahme der Unterdrückung angstbesetzter Inhalte, oder sind für diese Befunde auch andere Erklärungsmöglichkeiten denkbar?

Einige Autoren (z. B. Kleinsmith & Kaplan 1963) sind der Meinung, das geschilderte Ergebnis komme nicht durch Verdrängung, sondern durch ein unterschiedliches Wachheitsniveau *(Vigilanz)* zustande. Folgt man ihrer Interpretation, so werden durch die emotional getönten Wörter höhere Wachheitsgrade erzeugt als durch die neutralen. Zwischen Wachheitsgrad und Erinnerungsleistung soll folgende Beziehung bestehen: Im Zustand hoher oder erhöhter Vigilanz gelernte Inhalte werden anfangs schlechter, mit zunehmendem Zeitverlauf aber wieder besser erinnert, während für das Lernen im Zustand niedriger Wachheit eine umgekehrte Relation gelten soll, d. h. anfangs gute, später schlechtere Reproduktion der gelernten Inhalte. Um diese Hypothese zu prüfen, muß das Experiment von Levinger und Clark demnach um eine weitere (später erfolgende) Prüfphase ergänzt werden. Tatsächlich konnte in einem derartigen Versuch die Annahme der Vigilanzabhängigkeit des Vergessens- bzw. Behaltensverlaufes in dem postulierten Sinn bestätigt werden (Parkin, Lewinsohn & Folkard 1982).

Im Rahmen zum Teil recht spektakulärer gerichtlicher Verhandlungen wegen sexuellen Mißbrauchs wurde in den neunziger Jahren insbesondere in den Vereinigten Staaten von Amerika das Verdrängungsprinzip erneut beansprucht. Elisabeth Loftus und Katherine Ketcham (1995) konfrontieren in ihrem Buch »Die therapierte Erinnerung: Vom Mythos der Verdrängung bei Anklagen wegen sexuellen Mißbrauchs« gewisse Auswüchse der klinischen Praxis mit den Befunden der experimentellen Gedächtnispsychologie. Die Autorinnen können für eine Vielzahl als verdrängt angesehener »Erinnerungen« nachweisen, daß es sich hierbei um Erinnerungsfehler bzw. -täuschungen (»false memories«) handelt.

8.4 Vergessen von Prosatexten

Abschließend sei noch ein Interpretationsversuch dargestellt, der vor allem das Vergessen bzw. die Veränderung bei der Wiedergabe komplexerer Prosatexte und Wissensbestände zum Gegenstand hat. Bei der Behandlung des semantischen Gedächtnisses haben wir gesehen, daß Informationen im Langzeitspeicher bedeutungshaltig (propositional) gespeichert sein können, wir uns bei Texten und Geschichten also nicht an spezifische Details erinnern, sondern an den Bedeutungsgehalt. Die Güte und Genauigkeit der Gedächtnisleistung bei der Wiedergabe eines Textes kann relativ eindeutig über die Anzahl richtig wiedergegebener Propositionen (s. Kap. 7.4) des Textes gemessen werden. Die in einem Text enthaltene Information wird dabei in Form einer Propositionsliste, Textbasis genannt, beschrieben. Ein kleines Beispiel (aus Kintsch 1982, S. 305) soll dies verdeutlichen:

Text: »Die Griechen liebten schöne Kunstwerke. Als die Römer die Griechen unterwarfen, ahmten sie sie nach und lernten so, schöne Kunstwerke zu schaffen.«
Textbasis: (die in der Klammer angegebenen Zahlen beziehen sich auf die jeweilige Proposition)
1. lieben (Griechen, Kunstwerke)
2. schön (Kunstwerke)
3. unterwerfen (Römer, Griechen)
4. nachahmen (Römer, Griechen)
5. als (3, 4)
6. lernen (Römer, 8)
7. Konsequenz (3, 6)
8. schaffen (Römer, 2)

Bei einer vollständigen Textwiedergabe müssen alle acht Propositionen und die zwischen ihnen bestehende, hier nicht weiter zu verfolgende Struktur berücksichtigt werden. Der auf diese Weise ermittelte Indikator gibt zwar relativ objektiv die richtig reproduzierten Bedeutungsaspekte wieder, läßt aber die bei der Erinnerung von Prosatexten wichtigen Veränderungen (Vergessen) des Textes außer acht. Wir haben bereits in Zusammenhang mit Bartletts gedächtnispsychologischer Position gesehen, daß bestehende Wissensstrukturen (Schemata) die Reproduktion von Geschichten beeinflussen und beeinträchtigen können. So konnten sich Bartletts Versuchspersonen nach längeren Behaltensintervallen an viele Details gar nicht mehr erinnern, so daß der wiedergegebene Text immer kürzer ausfiel; andere Details hoben sie übertrieben hervor und gelegentlich fügten sie neue Inhalte hinzu, mit Hilfe derer die bei der Wiedergabe entstandenen Ungereimtheiten wieder einen Sinn erhielten. Man spricht bei derartigen Textveränderungen von *rekonstruktiven* Prozessen, da die Vp aufgrund ihres Wissens – und nicht des Textes! – eine Veränderung vornimmt. Daneben sind bei der Textwiedergabe auch sog. *konstruktive* Prozesse beteiligt, die insofern einen Bezug zum Text erkennen lassen, als sie durch richtige Schlußfolgerungen aus der Textbasis zustandekommen, dort aber nicht direkt erwähnt werden.

Nach Kintsch (1982) können bei der Wiedergabe von Prosatexten alle drei Aspekte – korrekte Erinnerung (Reproduktion), Schlußfolgerungen aufgrund der Textbasis (Konstruktion) und »Erfindungen« aufgrund der eigenen Wissensbasis (Rekonstruktion) – beteiligt sein. Hinsichtlich des Vergessens, also der Rekonstruktion und jenes Textanteils, über den bei der Wiedergabe gar keine Aussagen möglich sind, ist festzuhalten, daß dieses um so stärker ausfällt, je länger und unbekannter der Text, je größer die seit der Einprägung verstrichene Zeit und je weniger die Person aufgefordert wird, den Text genau wiederzugeben.

Das Phänomen des Vergessens erfährt demnach bei der Erinnerung an bedeutungshaltiges Material eine etwas andere Auslegung, denn es geht hier neben dem Nicht-Mehr-Erinnern-Können auch um das »Erfinden« logisch in einen Text einfügbarer, aber darin weder enthaltener noch daraus ableitbarer Informationen.

Wiedergabefehler sind nach Spiro (1977) insbesondere dann zu erwarten, wenn eine gelernte Information in bestehendes Wissen (Schemata) eingefügt wird, mit diesem aber in Widerspruch steht, oder wenn sich die Wissensbasis nach dem Lernen verändert.

8.5 Bewertung

Wie dieser Abschnitt zeigte, hat das Vergessen viele Gesichter und ist nicht nur negativ zu bewerten, da wir ohne diese Funktion wohl »vor lauter Bäumen den Wald nicht mehr erkennen könnten«. Die behandelten Erklärungsversuche korrespondieren dabei mehr oder weniger mit den verschiedenen Perspektiven und Epochen der Gedächtnisforschung. Die Interferenzannahme entstammt der Tradition des Verbalen Lernens und stellte für etwa 50 Jahre den dominanten Erklärungsversuch des Vergessens dar. Die

Mehrspeichertheoretiker sahen in ihren ersten Befunden einen eindeutigen Beleg für die Spurenzerfallshypothese und erweiterten auf dieser Grundlage das Einspeichermodell der frühen Gedächtnisforschung. Während diese Interpretationen im Rahmen der Allgemeinen Psychologie, d. h. der Grundlagenforschung, entwickelt wurden, stammen die Anregungen zur Analyse des motivierten Vergessens demgegenüber primär aus dem Feld der Psychotherapie, insbesondere der Psychoanalyse. Sie fanden deshalb erst relativ spät Eingang in die allgemeinpsychologische Diskussion und können den behandelten Forschungspositionen nicht eindeutig zugeordnet werden. Wegen ihrer ausschließlichen Zentrierung auf emotionale Aspekte besitzen sie nur eine begrenzte Aussagekraft. Nach wie vor ist der experimentelle Nachweis eines Verdrängungsmechanismus mit großen Schwierigkeiten verbunden.

Die zuletzt dargestellte Sichtweise stellt das Vergessen in bezug zu bestehenden oder sich ändernden Wissensstrukturen und hat damit besondere Relevanz für den Bereich des semantischen Gedächtnisses.

Welche Vergessensform in einem konkreten Fall wirksam wird, ist von mehreren Faktoren abhängig, wie unter anderem von der Aufgabenart, von dem bestehenden Wissen als auch von motivationalen Aspekten. Es darf wohl angenommen werden, daß die angesprochenen Vergessensformen nicht so deutlich voneinander abgrenzbar sind wie die theoretischen Positionen vermuten lassen, sondern daß zwischen ihnen ein beträchtliches Ausmaß an Überlappung (Konfundierung) besteht.

9 Gedächtnisentwicklung

Wenn wir bisher von Gedächtnis sprachen, hatten wir ausnahmslos das Gedächtnis der Erwachsenen im Sinn. Die meisten der mitgeteilten Befunde stammen nämlich aus Experimenten, die mit Studenten durchgeführt wurden. Inwieweit sind nun diese Ergebnisse auf andere Lebensphasen übertragbar?

Die Frage nach Inhalten und Bedingungen der Entwicklung von Gedächtnisphänomenen wurde erstaunlicherweise – trotz einer fast 100 Jahre andauernden Erforschung dieses Gegenstandes – vergleichsweise spät gestellt, führte dann aber zur Herausbildung eines eigenen Forschungsbereiches, in dem sich allgemein- und entwicklungspsychologische Fragestellungen sinnvoll ergänzen. Von den in diesem Zusammenhang untersuchten Aspekten werden nachfolgend zwei Themen genauer vorgestellt.

9.1 Gedächtnisstrategien

Aus der Sicht der Mehrspeichermodelle (s. Kap. 6) können entwicklungsbezogene Veränderungen in der Gedächtnisfunktion grundsätzlich auf zwei verschiedene Faktoren zurückgeführt werden, und zwar entweder auf Kapazitätsprobleme der Speicherstrukturen oder auf Veränderungen hinsichtlich der eingesetzten Kontrollprozesse, die für die Einprägung und den Abruf von Informationen verantwortlich sind. In die Computersprache übertragen, geht es also um die Unterscheidung von Hard- und Software des Informationsverarbeitungssystems.

Gestützt auf eine breite empirische Datenbasis, besteht heute weitgehende Einigkeit darüber, daß die Kapazitäten des Kurzzeit- und Langzeitspeichers während der Lebensspanne im großen und ganzen unverändert bleiben, altersbezogene Veränderungen also primär kein Hardware-Problem darstellen. Die meisten informationstheoretisch orientierten Forscher gehen von einer Veränderung der Kontrollprozesse aus und verstehen die Entwicklung des Gedächtnisses als eine Entwicklung in den Strategien der Informationsverarbeitung. Von einer Gedächtnisstrategie spricht man dabei, »wenn das ›Ziel‹ des Verhaltens oder einer Handlung gedächtnisbezogen ist, wenn die Handlungen dem Ziel des Erinnerns subordiniert sind« (Wippich 1984, S. 48). Alle geplant, absichtlich und gezielt ausgeführten Versuche des Behaltens und Erinnerns von Informationen sind in diesem Zusammenhang von Interesse. In der experimentellen Standardsituation erhält die Vp Lernmaterialien unterschiedlichster Art mit dem Auftrag, sich diese unter Einsatz aller ihr bekannten Anstrengungen zu merken. Die Befunde zur Entwicklung von Gedächtnisstrategien berücksichtigen damit das absichtliche (intentionale) Lernen und gelten nicht – bzw. nur eingeschränkt – für das vom Modell des »levels of processing« favorisierte beiläufige (inzidentelle) Lernen.

Aus der Vielzahl möglicher Strategien (für eine Übersicht siehe Schneider & Büttner 1995, S. 672–678) seien einige wesentliche Befunde nachfolgend dargestellt. Die übliche Einteilung in Strategien der Kodierung und Strategien des Abrufs erscheint dabei aus didaktischen Gründen sinnvoll.

Die am häufigsten untersuchten Einprägungsstrategien sind das Wiederholen (Memorieren), das Organisieren und das Elaborieren: Die Strategie des *Memorierens* haben wir bereits als einen Mechanismus kennengelernt, mit dessen Hilfe Informationen sowohl beliebig lange im Kurzzeitgedächtnis gehalten werden als auch in den Langzeitspeicher überführt werden können. In ihrer Anwendung beschränken sich jüngere Kinder zunächst auf ein passives Wiederholen der ihnen dargebotenen Lernmaterialien, während ältere Kinder (etwa ab dem 12. Lebensjahr) diese Technik variabler und aktiver gestalten, wie folgendes Beispiel zeigt:

Tab. 6: Beispiele für passive und aktive Formen des Memorierens

vorliegendes Wort	passiv	aktiv
1. Hund	Hund, Hund, Hund, Hund, Hund ...	Hund, Hund, Hund, Hund, Hund ...
2. Stuhl	Stuhl, Stuhl, Stuhl, Stuhl, Stuhl ...	Stuhl, Hund, Hund, Stuhl, Hund ...
3. Buch	Buch, Buch, Buch, Buch, Buch ...	Buch, Stuhl, Buch, Hund, Stuhl ...
4. Glas	Glas, Glas, Glas, Glas, Glas ...	Glas, Buch, Stuhl, Glas, Hund ...

(aus: Wippich 1984, S. 49)

Mit der Strategie des *Organisierens* bemüht sich der Lernende um eine Ordnung und Strukturierung des in zufälliger Reihenfolge vorgelegten Lernstoffes, indem er entweder die bereits im Material enthaltenen Ordnungskriterien gezielt für die Einprägung und den Abruf nützt (siehe nachfolgendes Beispiel) oder einem sinnarmen Material eine solche Struktur aufdrängt. Die Liste: »Auto, Bäcker, Zange, Bus, Metzger, Fahrrad, Säge, Schreiner, Hammer« enthält beispielsweise die für eine Organisation nutzbaren Kategorien »Fahrzeuge«, »Berufe« und »Werkzeuge«. Besteht das Lernmaterial aus sehr vielen Elementen, hat sich eine hierarchische Organisation als besonders vorteilhaft erwiesen. Ob eine Vp die Strategie des Organisierens angewandt hat, wird aus der Itemfolge bei der Wiedergabe ersichtlich. Erinnert die Vp obige Liste z. B. in folgender Reihenfolge: »Auto, Bus, Fahrrad, Bäcker, Metzger, Schreiner, Hammer, Säge, Zange«, also zu den Kategorien zusammengefaßt, so ist der Schluß gerechtfertigt, sie habe das Material entsprechend der drei enthaltenen Kategorien organisiert.

Die Strategie der *Elaboration* findet bei mechanisch zu erwerbendem (z. B. Vokabeln) oder sinnlosem Material (z. B. Paarassoziation von sinnlosen Silben) Anwendung. Derartige Lernanforderungen können leichter bewältigt werden, wenn es gelingt, die Paareelemente mit vertrauten Begriffen oder Bildern zu verknüpfen. Soll eine Vp z. B. das Paarelement »Tasse-Hund« lernen, könnte sie eine Elaboration einsetzen und sich beim Lernen einen Hund vorstellen, der aus einer Tasse trinkt. Elaborative Strategien werden in der Regel erst von Heranwachsenden spontan eingesetzt.

Im Gegensatz zu den Einprägungs-(Kodierungs-)strategien sind Strategien des Informationsabrufs seltener untersucht worden. Experimentelle Befunde liegen für die Verwendung von *Hinweisreizen* bei der Wiedergabe vor. So ließ Kobasigawa (1974) Kinder unterschiedlichen Alters (sechs, acht und elf Jahre) 24 Bilder einprägen, die nach acht Kategorien mit je drei Elementen geordnet waren. Zu jedem der 24 Elemente präsentierte Kobasigawa ein zusätzliches Bild, das die jeweilige Kategorie verdeutlichte (z. B. bei drei Tierbildern das Bild eines Zoos). Bei der Wiedergabe der Liste verglich Kobasigawa die Methode der freien Wiedergabe mit der Reproduktion unter expliziter Verwendung der Hinweisreize. Während beim freien Reproduzieren zwischen den Altersstufen deutliche Reproduktionsunterschiede auftraten, konnten bei Verwendung von Hinweisreizen keine Altersdifferenzen beobachtet werden. Das bedeutet, daß jüngere Kinder Hinweisreize erst nach gezielter Anweisung für die Wiedergabe nutzen.

Die Entwicklung der Gedächtnisstrategien können wir zusammenfassend durch folgende drei Trends charakterisieren (vgl. Arbinger 1984, S. 190):

a) Über den Entwicklungsverlauf tritt eine ständige Verbesserung in den Fähigkeiten ein, die den verschiedenen Strategien zugrunde liegen;
b) Mit zunehmendem Alter setzen Kinder und Jugendliche die verschiedenen Strategien spontan und ohne Hilfestellung ein;
c) Hilfestellungen bei der Auslösung einer bestimmten Strategie sind bis zum Zeitpunkt von deren spontanem Gebrauch zunehmend wirksam und können Altersdifferenzen in der Leistungsgüte aufheben.

Diese Charakterisierung steht in Einklang mit den von Flavell (1979) beschriebenen drei Phasen der Strategieentwicklung. In der ersten Phase ist eine bestimmte Strategie noch nicht verfügbar, da z. B. die für ihren Einsatz notwendigen Fähigkeiten und Fertigkeiten noch fehlen. Damit kann sie zu diesem Zeitpunkt weder spontan eingesetzt noch durch gezielte Hilfestellung ausgelöst werden. Die zweite Phase, von Flavell als *Produktionsdefizit* bezeichnet, stellt den interessantesten Zeitraum der Strategieentwicklung dar. Nun sind die benötigten Fähigkeiten im Repertoire des Individuums vorhanden, aber es kommt noch zu keinem spontanen Einsatz der Strategie, so daß eine Diskrepanz zwischen Fähigkeit und Leistung vorliegt. In dieser Zeit führen Trainingsmaßnahmen und gezielte Hilfen zu einer Leistungsverbesserung, wenngleich diese Ergebnisse meist nur von kurzer Dauer sind und kaum auf andere Anforderungsbereiche generalisieren. In der dritten, »reifen« Phase setzt das Individuum schließlich die Gedächtnisstrategie selbständig (spontan) und erfolgreich ein, so daß es keines äußeren Anstoßes mehr bedarf.

Der hier geschilderte Entwicklungsverlauf gilt im Grunde für die meisten Gedächtnisstrategien. In Abhängigkeit von den kognitiven Voraussetzungen und der Vertrautheit mit den Anforderungen werden bei verschiedenen Strategien die einzelnen Stadien jedoch inter- und intraindividuell zu unterschiedlichen Zeitpunkten erreicht.

9.2 Metagedächtnis

Unter dem Begriff *Metagedächtnis* wird in der Entwicklungspsychologie u. a. »untersucht, was Kinder über Gedächtnisphänomene wissen, wie sich ein solches Wissen entwickelt und welche Zusammenhänge zwischen dem Wissen um Gedächtnisphänomene und Gedächtnisleistungen vorliegen« (Wippich 1984, S. 64).

Ausführlich haben sich Flavell und Mitarbeiter mit dieser Fragestellung befaßt (vgl. z. B. Flavell & Wellmann 1977). Von ihnen stammt auch der Vorschlag, bei dem Wissen über das Gedächtnis zwei verschiedene Aspekte zu unterscheiden, nämlich eine sog. *Sensitivitätskategorie* und eine *Variablenkategorie*. Was ist mit dieser Differenzierung gemeint? In der ersten Kategorie geht es um eine Art von Gespür (Sensitivität), das sich darauf bezieht, ob entweder Gedächtnisinhalte abgerufen werden müssen oder bestimmte Informationen einzuprägen sind. Mit anderen Worten, es geht hier um das Wissen, daß bestimmte Aufgaben gezielte Gedächtnisanstrengungen verlangen, andere dagegen nicht. Um Gedächtnisfunktionen planvoll einsetzen zu können, muß das Individuum wissen, wann diese von der Situation gefordert werden. Daraus leitet sich z. B. die Frage ab, wann eine Sensitivität für die Anforderungen einer Gedächtnissituation nachgewiesen werden kann. Mit Hilfe der *Differenzierungsmethode* versuchten viele Autoren, diese Frage zu beantworten. Hierbei legt man der Vp bestimmte Materialien (z. B. Bilder) unter verschiedenen Anweisungsbedingungen vor. Einmal wird dabei lediglich die genaue Betrachtung der Materialien, ein andermal aber ihre Einprägung verlangt. In beiden Fällen müssen die Vpn jedoch die Materialien nach der Präsentationsphase reproduzieren. Unterstellt man, daß sie ein Gespür für die Behaltensanweisung besitzen, d. h. zwischen den Instruktionen differenzieren können, sollten sie nach der zweiten Instruktion mit den Materialien anders umgehen und eine bessere Gedächtnisleistung erzielen. Während frühe Ergebnisse nahelegten, daß vierjährige Kinder im Gegensatz zu sieben- und elfjährigen beide Anweisungen noch nicht unterscheiden können, erwies sich in späteren Untersuchungen – wie so oft in der experimentellen Literatur – dieses Ergebnis als methodenabhängig. Bei Einsatz anderer, altersangemessenerer Untersuchungsbedingungen (z. B. dem Verdecken eines Spielzeugs) konnten bereits Dreijährige auf die Anweisung, sich etwas zu behalten (z. B. »Merke Dir, wo das Spielzeug versteckt ist«), angemessen reagieren. Allerdings gelingt dies nur in Situationen, die mit Hilfe sehr einfacher Gedächtnisstrategien bewältigbar sind.

Die Variablenfaktoren, der zweite von Flavell und Mitarbeitern unterschiedene Bereich des Metagedächtnisses, beinhalten das Wissen um Faktoren, die für die Lösung gedächtnisbezogener Aufgaben eine Bedeutung erlangen können. Flavell (1979) diskutiert unter der Variablenkategorie drei Einflußgrößen, nämlich die Person, die Aufgabe und die Strategie.

Das Wissen über die eigenen Gedächtnisfähigkeiten *(Personvariable)* beinhaltet sowohl zeitlich relativ stabile, d. h. überdauernde Gedächtniseigenschaften als auch nur aktuell wirksame, (z. B. durch bestimmte motivationale Bedingungen aktivierte) Einflußgrößen. Somit fällt das Wissen um die eigenen Gedächtnisstärken und -schwächen (z. B. ein gutes Personengedächtnis, aber ein schlechtes Zahlengedächtnis zu besitzen) in diese Rubrik. Entwicklungspsychologisch fällt auf, daß insbesondere Vorschulkinder ihre Gedächtnisleistungen deutlich überschätzen, selbst dann, wenn sie mit ihren eigenen niedrigeren Leistungen unmittelbar konfrontiert werden.

Das Wissen um Unterschiede zwischen verschiedenen Anforderungssituationen *(Aufgabenvariable)* bezieht sich auf alle Faktoren, die eine gegebene Gedächtnisaufgabe leichter bzw. schwerer bewältigen lassen. In der Forschung überprüfte man unter anderem, wann Kindern der unterschiedliche Schwierigkeitsgrad von Aufgaben (Wiedererinnern versus Wiedererkennen) oder die leichtere Einprägbarkeit bestimmter Lernmaterialien (sinnvolles versus sinnloses Material) bewußt ist. Kurzum, es wurde geprüft, wann viele der in den vorausgehenden Kapiteln behandelten Befunde den Kindern bekannt sind. Auch bezüglich dieses Bereiches ist festzustellen, daß vor dem Schuleintritt das Wissen der Kinder noch recht unvollständig und mangelhaft ausgeprägt ist.

Über die Variablengruppe *Gedächtnisstrategien* haben wir bereits das Wesentliche berichtet. Auch hier gilt, daß ältere Kinder mehr der aufgeführten Strategien benennen können als jüngere, mit zunehmendem Alter also auch ein Wissenszuwachs über mögliche Strategien einhergeht.

Fassen wir die entwicklungspsychologische Befundlage zum Metagedächtnis zusammen, so lassen sich – bei allem Vorbehalt gegenüber Altersangaben – der Einschulungstermin und die ersten Schuljahre als Zeitspanne ausmachen, in der die weitreichendsten Wissensveränderungen bezüglich des Gedächtnisses stattfinden. Allgemein gilt demnach, daß ältere Kinder über ein größeres Gedächtnis-Wissen verfügen als jüngere.

Die Beschäftigung mit dem Konzept »Meta-Gedächtnis« blieb jedoch nicht auf die Entwicklungspsychologie beschränkt, sondern erwies sich auch in der Allgemeinen Psychologie von Bedeutung. Hier hat man sich u. a. mit dem Grad der subjektiven Sicherheit beschäftigt, der einem bestimmten Wissen bzw. Nichtwissen zugrundeliegt. Überraschenderweise können wir oft auf eine bestimmte Frage mit ziemlicher Genauigkeit angeben, ob uns die Antwort bekannt ist oder nicht. Und dies häufig bereits, *bevor* wir eine Suche nach den erfragten Informationen gestartet haben. Interessant sind vor allem Unsicherheitsgrade bezüglich des Metagedächtnisses (Personvariable), wie sie sich im Phänomen des »Es liegt mir auf der Zunge« zeigen. Man besitzt hier ein Wissensgefühl, kann aber den gesuchten Inhalt (noch) nicht benennen. Bei Verwendung der Prüfmethode des Wiedererkennens fand man z. B. einen deutlichen positiven Zusammenhang zwischen diesem subjektiven Wissensgefühl und der erbrachten Leistung und zwar bei solchen Informationen, die von den Vpn in einem vorausgehenden Versuch nicht beantwortet werden konnten.

Wir haben den Begriff »Metagedächtnis« auf gedächtnisbezogenes Wissen beschränkt, eine Auffassung, die nicht alle Autoren teilen. Einige subsumieren unter diesen Begriff neben dem Wissensaspekt auch Vorgänge der Selbstregulation, d. h. die bewußte Kontrolle der Behaltens- und Erinnerungsvorgänge durch das Individuum. Angesichts der ohnehin bereits bestehenden begrifflichen Unschärfe des Konzepts (z. B. in der Abhebung der Strategien untereinander) und der weitgehend unklaren Beziehungen zwischen Wissen und seiner Umsetzung, scheint mir die Beschränkung auf den Wissensaspekt dem derzeitigen Kenntnisstand angemessener zu sein.

Forschungsmethodisch basieren die gewonnenen Befunde fast ausnahmslos auf introspektiv gewonnenen Angaben und bergen damit die mit diesem Vorgehen verbundenen Unsicherheiten. Ihnen deswegen jedoch ihre Gültigkeit abzusprechen, hieße in der Erforschung psychischer Erscheinungsweisen eine unvertretbare Verkürzung hinzunehmen und kann wohl kaum ernsthaft verfochten werden.

9.3 Bewertung

In diesem Kapitel haben wir einige Befunde aus dem Forschungsbereich der Gedächtnisentwicklung vorgetragen. Entgegen früherer Annahmen gehen die meisten Forscher heute davon aus, daß die Kapazitätsbereiche des Gedächtnisses während der Individualentwicklung etwa ab der frühesten Kindheit keinen großen Veränderungen mehr unterliegen. Unterschiedliche Gedächtnisleistungen werden deshalb auf andere Faktoren zurückgeführt.

Aus der Vielfalt vorliegender Ergebnisse haben wir zwei Themenbereiche näher betrachtet:
a) Die Bedeutung, die der Entwicklung und dem Einsatz von Gedächtnisstrategien für unterschiedliche Leistungsergebnisse zukommt, sowie – damit in engem Zusammenhang stehend –,
b) das Wissen über die eigene Gedächtnistätigkeit und die Gedächtnisfunktionen im allgemeinen (Metagedächtnis).

Die genannten – und sicherlich weitere – Themen und Befunde stammen weitgehend aus selbständig operierender Forschungstätigkeit, müssen aber in gegenseitigem Bezug gesehen werden. Darauf hat Weinert bereits im Jahre 1979 mit folgenden Worten hingewiesen: »Es ist zu vermuten, daß eine umfassende Theorie der Lern- und Gedächtnisentwicklung Veränderungen der Intelligenz, des Wissens, des Automatisierungsgrades von Operationen, der Verfügbarkeit von Strategien und des Wissens über das eigene Wissen berücksichtigen muß« (S. 72). Die Frage, welcher Art derartige Zusammenhänge sind, kann – trotz einer zwischenzeitlich sehr umfangreichen Forschungstätigkeit (siehe im Überblick Weinert & Schneider 1996) – auch heute nur partiell beantwortet werden.

10 Implizites Gedächtnis

Alle Überlegungen zu Einprägung und Erinnerung, die in den vorausgehenden Kapiteln besprochen wurden, haben eines gemeinsam: Sie gehen davon aus, daß die erinnernde Person beim Gedächtnisabruf auf eine Lernsituation bezug nehmen muß, die sie in einen zeitlich-räumlichen Kontext einordnen kann. Unabhängig davon, ob in einem Experiment z. B. über die freie bzw. die gebundene Reproduktion oder das Wiedererkennen geprüft wird, was die Versuchsperson vom Lernmaterial behalten hat, muß sie sich immer erinnern, daß sie sich etwas eingeprägt hat. Dies gilt auch unabhängig davon, ob Inhalte des episodischen (autobiographischen) oder semantischen Gedächtnisses geprüft werden. In jedem Fall wird die Versuchsperson gebeten, sich absichtlich einer eingeprägten Information zu erinnern.

Bis in die Mitte der achtziger Jahre bestimmte diese Sichtweise der Gedächtnisprüfung praktisch konkurrenzlos die Forschung. Da das erinnernde Individuum hierbei absichtlich und bewußt die Stadien der Einprägung und des Informationsabrufes berücksichtigt, haben Graf und Schacter (1985) vorgeschlagen, in diesem Fall von Leistungen des *expliziten Gedächtnisses* zu sprechen. Die zu seiner Prüfung eingesetzten Verfahren (vgl. Kap. 5.2) nennt man seither *explizite (synonym: direkte, intentionale) Gedächtnistests*. Explizite Gedächtnisleistungen stehen also unter der bewußten, intentionalen Kontrolle des Individuums, das sich dabei bemüht, einen früher eingeprägten Inhalt aus dem Gedächtnis abzurufen.

In diesem abschließenden Kapitel gehen wir auf einen aktuellen Forschungsbereich ein, der sich mit dem sog. *impliziten Gedächtnis* beschäftigt. Der Begriff »implizites Gedächtnis« wurde bereits 1985 von Graf und Schacter eingeführt, um darauf hinzuweisen, daß bestimmte Gedächtnisleistungen ohne expliziten, bewußten Erinnerungsbezug zustande kommen. Obwohl erst jetzt zu einem main-stream der Gedächtnispsychologie geworden, hatte schon Hermann Ebbinghaus 1885 das Phänomen der nichtbewußten Erinnerung mit folgenden Worten beschrieben: »Die entschwundenen Zustände geben auch dann noch zweifellose Beweise ihrer dauernden Nachwirkung, wenn sie selbst gar nicht, oder wenigstens gerade jetzt nicht, ins Bewußtsein zurückkehren« (S. 3). In einer der ersten Übersichtsarbeiten gibt Schacter (1987) folgende Definition: »Das implizite Gedächtnis wird dann sichtbar, wenn vorausgehende Erfahrungen die Leistung bei einer Aufgabe erleichtern, die nicht die bewußte oder absichtliche Erinnerung dieser Erfahrungen verlangt« (S. 501). In dieser Definition werden zwei unterschiedliche Phänomene einbezogen, deren Konfundierung Probleme bei der Begriffsverwendung nach sich zieht, worauf Dunn und Kirsner (1989) frühzeitig hingewiesen haben. Zum einen geht es um die beobachtbaren Charakteristika der Gedächtnisaufgabe (z. B. experimentelle Situation, Instruktion, Material etc.), zum anderen um die nicht beobachtbaren kognitiven Prozesse, welche das Leistungsergebnis bewirken. Der Begriff »implizites Gedächtnis« kann sich nach dieser Definition also auf unterschiedliche Sachverhalte beziehen und entweder einen Gedächtnistest oder einen Gedächtnisprozeß bezeichnen.

Daß es sich um eine von den bislang differenzierten Formen des Gedächtnisses (z. B. episodisches oder semantisches) verschiedene und eigenständige Gedächtnisart handeln könnte, leiten Graf und Schacter (1985) vor allem aus folgenden drei Befunden ab:

- Leistungen in expliziten und impliziten Gedächtnistests werden häufig von unterschiedlichen Variablen beeinflußt.
- Leistungen bei impliziter Gedächtnisprüfung erweisen sich gelegentlich als unabhängig von denjenigen bei expliziter Prüfung.
- Patienten mit organisch bedingter Amnesie zeigen häufig normale Leistungen in impliziten Gedächtnistests im Gegensatz zu ihren eingeschränkten Leistungen in expliziten Gedächtnistests.

Forschungsbefunde zum impliziten Gedächtnis zentrieren sich um sehr verschiedene Formen »unbewußter« Informationsverarbeitung, nämlich Priming-Effekte, Fertigkeitserwerb und die klassische sowie operante Konditionierung (vgl. Kap. 2.1 und 3.3). In den nachfolgenden Abschnitten beschränken wir uns auf den am intensivsten untersuchten Aspekt, das sog. *Priming*. Hierunter versteht man »die positiven Auswirkungen, die die Verarbeitung eines Reizes zu einem früheren Zeitpunkt auf die jetzige Verarbeitung hat« (Bredenkamp & Erdfelder 1996, S. 36). Es geht beim Priming also um die Verbesserung von Verarbeitung, Wahrnehmung oder Identifikation in der Prüfphase eines Gedächtnisexperiments aufgrund einer meist kurz vorher erfolgenden Auseinandersetzung mit dem Zielreiz.

Vom Begriff des »impliziten Gedächntisses« ist noch derjenige des »impliziten Lernens« abzugrenzen. Entsprechend der in der Einführung dieses Bandes gegebenen Unterscheidung von »Lernen« und »Gedächtnis« geht es beim Lernen um die anhaltende Veränderung von Verhaltensweisen und kognitiven Strukturen. Beim impliziten Lernen kommt diese Veränderung zustande, »ohne daß eine Einsicht, berichtbare Erkenntnis oder berichtbares Wissen des betreffenden Menschen die Begründung für die Verhaltensänderung liefern kann« (Perrig 1996, S. 212). Aus dieser operationalen Definition folgen von der Erforschung des impliziten Gedächtnisses unterscheidbare Forschungsbemühungen. Zentrale Themen zum Bereich impliziten Lernens sind zum Beispiel Fragen nach dem Erlernen künstlicher Grammatiken, dem Erlernen von Ereignissequenzen oder dem Erwerb von Wissen beim Problemlösen (siehe im Überblick z. B. Perrig 1996, Dienes & Berry 1997, Buchner & Wippich 1998).

10.1 Implizite Gedächtnistests

Betrachten wir die für die Erforschung impliziter Gedächtnisphänomene im Rahmen von Priming-Experimenten typischen Versuchsanordnungen, so ist auch in diesen Fällen zwischen einer Präsentations- und einer Prüfphase zu unterscheiden. Allerdings weichen die gegebenen Instruktionen von den in Kapitel 5.2 behandelten Vorgehensweisen deutlich ab. So fehlt sowohl die Anweisung, sich ein Material einzuprägen, als auch die Instruktion, sich absichtlich an ein vorher dargebotenes Material zu erinnern. Bei der Besprechung des Mehrebenenansatzes (»levels of processing«, vgl. Kap. 6.6) ist uns zur Überprüfung der Verarbeitungstiefe das beiläufige (inzidentelle) Lernen begegnet: Die Versuchsperson bearbeitet das Material ohne bewußte Lernabsicht, weil ihr z. B. die Aufgabe als Wahrnehmungsexperiment vorgestellt wird. Auch bei den impliziten (synonym: indirekten) Gedächtnistests sind die Versuchspersonen über den eigentlichen Zweck der Untersuchung – die Gedächtnisprüfung – nicht informiert. Darüber hinaus werden sie bei einem impliziten Test auch nicht instruiert, sich an ein früheres Ereignis (z. B. die Präsentation eines Items) zu erinnern. Die eigentliche Gedächtnisprüfung besteht wiederum aus einer Aufgabe, welche die Versuchsperson bearbeiten muß. Bei dieser kommen neben neuen Materialien auch die in der Präsentationsphase verwendeten vor. Erzielt die Versuchsperson bei den »bekannten« Items eine höhere Leistung, gilt dies als Hinweis für implizite Gedächtnisleistungen. In Abhängigkeit von der Identität bzw. dem Ausmaß an Ähnlichkeit des in der Präsentationsphase verwendeten Stimulus (sog. »prime«) mit dem in der Prüfphase eingesetzten (sog. »target«) unterscheidet man zwischen Wiederholungs-, direktem und indirektem Priming. Beim *Wiederholungspriming* sind Vorreiz und Zielreiz identisch (z. B. das Wort »Stuhl«), beim *direkten Priming* erfolgt in der Präsentationsphase der Stimulus vollständig (z. B. »Stuhl«), in der Prüfphase dagegen leicht verändert (z. B. S_u_ _) und beim *indirekten Priming* sind »prime« und »target« nur indirekt – z. B. über die begriffliche Nähe – miteinander verbunden (z. B. Vorreiz: »Stuhl«; Zielreiz: »Tisch«). Von Roediger und McDermott (1993) stammt eine viel beachtete Einteilung impliziter Gedächtnistests bei Priming-Untersuchungen, die nachfolgender Darstellung zugrundeliegt. Die Autoren gliedern implizite Gedächtnistests auf einer allgemeinen Ebene in wahrnehmungsbezogene und bedeutungsbezogene Vorgehensweisen und differenzieren auf der Ebene des Wahrnehmungsbezugs weiter in sprachliche und nonverbale Verfahren (siehe Tabelle 7). Betrachten wir zuerst die in der experimentellen Literatur am häufigsten eingesetzten wahrnehmungsgebundenen sprachlichen Tests.

Wie aus der Tabelle hervorgeht, sind bei dem Verfahren der *Wort-Identifikation* Vor- und Zielreiz identisch. Die Versuchsperson muß den Stimulus der Präsentationsphase unter der erschwerten Bedingung einer tachistoskopischen Darbietung erkennen. Im Regelfall ist ihre Reaktionszeit bei den »bekannten« Wörtern kürzer. Bei den Vervollständigungsverfahren unterscheidet man danach, ob von dem zuvor vollständig präsentierten Wort (z. B. Weinflasche) in der Prüfphase der Wortstamm (Wein_ _ _ _ _ _ _; *Wortstamm-Vervollständigung*) oder lediglich einzelne Buchstaben des Wortes (W_in_l_s_ _e; *Wortfragment-Vervollständigung*) angeboten werden. Die Versuchsperson muß in der Prüfphase das ihr zuerst auf den Zielreiz hin einfallende Wort nennen bzw. ein passendes Wort suchen. Dabei treten die »primes« signifikant häufiger auf. In *Anagramm-Aufgaben* sind die Buchstaben des Vorreizes z. B. »Weinflasche« in der Prüfphase durcheinandergewürfelt (z. B. lfwisecnahe) und die Versuchsperson muß das darin verborgene Wort erkennen. Bei der *lexikalischen Entscheidung* geht es darum, ein dargebotenes Wort als lexikalisch existierend oder als unsinnig zu erkennen. Die Zuordnung von bereits dargebotenen Wörtern erfolgt dabei im allgemeinen schneller und korrekter.

Nonverbale Wahrnehmungsaufgaben folgen der gleichen Logik wie verbale, verwenden aber andere Stimulusmaterialien: So muß

Tab. 7: Testverfahren zur Überprüfung impliziter Gedächtnisleistungen in Priming-Experimenten (mod. nach Roediger & McDermott 1993, S. 67)

Wahrnehmungsbezogene Verfahren

sprachliche Tests

Wort-Identifikation:	30ms andauernde Präsentation des prime (z. B. »Weinflasche«)
Wortstamm-Vervollständigung:	Wein _ _ _ _ _ _ _
Wortfragment-Vervollständigung:	W_i_f_a_c_e
Anagramm-Aufgabe:	lfwisecnahe
Lexikalische Entscheidung:	existierendes Wort versus nicht existierendes Wort

nonverbale Tests

Bildfragment-Benennung:	Identifikation aufgrund einer unvollständigen Vorlage
Objekt-Entscheidungs-Aufgaben:	a) wirkliches Objekt versus kein wirkliches Objekt b) mögliches versus unmögliches Objekt

Bedeutungsbezogene Verfahren

Wort-Assoziation:	Stuhl – ?
Kategoriale-Beispiel-Generierung:	Möbel -?
Beantwortung allgemeiner Wissensfragen:	Welches Tier benutzte Hannibal bei der Überquerung der Alpen?

man bei der *Bildfragment-Benennung* statt Wörter unvollständig dargebotene Bilder erkennen, bei den *Objekt-Entscheidungs-Aufgaben* entweder darüber befinden, ob ein dargebotenes Objekt in der physikalischen Welt tatsächlich existiert oder ob ungewöhnliche Zeichnungen mögliche räumliche Verhältnisse darstellen.

Bedeutungsbezogene oder semantische Testverfahren basieren nicht mehr auf perzeptuellen Aspekten, sondern berücksichtigen begriffliche oder wissensbezogene Zusammenhänge. Bei der *Wort-Assoziation* soll zu einem Stimulus eine freie Assoziation erfolgen. Der Stimulus steht in diesem Fall mit dem Reiz der Präsentationsphase in einem Sinnbezug (z. B. Vorreiz: »Stuhl«; Zielreiz: »Tisch«). Die *kategoriale-Beispiel-Generierung* verlangt die Aufzählung von Beispielen einer bestimmten Kategorie (z. B. »Möbel«). Schließlich kann auch über die *Beantwortung allgemeiner*

Wissensfragen der Einfluß impliziter Gedächtnisleistungen bei Priming-Aufgaben gemessen werden. War z. B. unter anderem das Wort »Elefant« in der Liste der »primes« enthalten, wird die Frage »Welches Tier benützte Hannibal, um die Alpen leichter zu überqueren?« schneller beantwortet.

Wie Roediger und McDermott betonen, ist diese Liste von Prüfverfahren keineswegs vollständig, sie erlaubt uns aber einen guten Einblick in die vielfältigen experimentellen Möglichkeiten, die bei der Erforschung impliziter Gedächtnisleistungen genutzt werden können (siehe hierzu auch z. B. Richardson-Klavehn & Bjork 1988, Greene 1992, Kapitel 9).

Man versucht, implizite Gedächtnisleistungen dadurch zu erfassen, daß der Versuchsperson keine ausdrückliche Anweisung gegeben wird, sich zu erinnern. Dem gleichen Ziel dient bei einigen Tests die Instruktion, unmittelbar zu reagieren, also diejenige Antwort zu nennen, die automatisch – ohne zu überlegen – in den Sinn kommt. Aber ist damit tatsächlich gewährleistet, daß die Versuchsperson keinen absichtlichen Erinnerungsversuch unternimmt? Gerade bei bedeutungsbezogenen Verfahren erscheint letzteres möglich, wenn nicht gar wahrscheinlich. Ist in der Liste der Vorreize das Wort »Elefant« enthalten und wird anschließend die Frage gestellt, welcher Tiere sich Hannibal bei der Überquerung der Alpen bediente, ist ein absichtlicher Informationsabruf zumindest nicht auszuschließen. Dieser Sachverhalt ist natürlich auch den Experimentalpsychologen bekannt, weshalb sie zusätzliche Kriterien und Methoden entwickelt haben, um zu gewährleisten, daß implizite Gedächtnisleistungen vorliegen. So empfehlen zur Erschwerung expliziter Erinnerungsversuche Roediger und McDermott (1993) unter anderem die Ausdehnung der Stimuluslisten auf wenigstens 50 Items, die Einfügung von mehreren Füllaufgaben zwischen Präsentations- und Prüfphase und von 10–15 Füllitems am Beginn der Prüfliste, die mit keinem »prime« identisch sind. Neben solchen eher allgemein gehaltenen Empfehlungen entwickelten einige Forschergruppen spezifische Experimentalanordnungen und Verrechnungsmodalitäten, um den Anteil impliziter Leistungen bestimmen zu können.

10.2 Empirische Befunde

Die typische Forschungsstrategie zur Untersuchung der Funktionsmerkmale des impliziten Gedächtnisses stellen Untersuchungen dar, die nach *funktionalen Dissoziationen* zwischen impliziten und expliziten Gedächtnisleistungen suchen. Hierbei geht es darum, differentielle Wirkungen spezifischer Variablen auf implizite und explizite Gedächtnistests zu erkennen. Dabei unterscheidet man zwischen einfachen und doppelten Dissoziationen. Bei der einfachen Dissoziation führt eine unabhängige Variable (z. B. ein spezifisches Lernmaterial) zu einem Effekt in Aufgabe A (z. B. einem expliziten Prüfverfahren wie dem Wiedererkennen) und zu keinem Effekt in Aufgabe B (z. B. einem impliziten Prüfverfahren wie der Wort-Identifikation). Bei der doppelten Dissoziation gehen von zwei unabhängigen Variablen auf die beiden Aufgaben A und B differentielle Wirkungen aus.

Die ersten für unser Thema relevanten empirischen Dissoziations-Befunde stammen von Warrington und Weiskrantz (1968, 1970). Als unabhängige Variable fungierte in ihren Studien die mit Amnesie einhergehende Gehirnschädigung. Die Autoren ließen ihre Patienten Wörterlisten lernen und prüften anschließend über verschiedene Methoden ihre Behaltensleistung. Dabei ergab sich der bekannte Befund, daß amnestische Patienten in ihrer Gedächtnisleistung gegenüber einer Kontrollgruppe nicht hirngestörter Personen dann beeinträchtigt sind, wenn die Gedächtnisprüfung über die Methoden der freien Wiedergabe oder des Wiedererkennens – also explizite Tests – erfolgt. Die Autoren verwendeten darüber hinaus aber auch Testverfahren, die wir heute als implizite Gedächtnistests bezeichnen. So gaben sie u. a. ihren Versuchspersonen jeweils die ersten drei Buchstaben eines Wortes vor und baten um die Ergänzung der fehlenden Buchstaben. Unter dieser Bedingung der Wortstamm-Vervollständigung erhielten Warrington und Weiskrantz den zum damaligen Zeitpunkt erwartungswidrigen Befund, daß sich die Ergebnisse normaler und hirngestörter Versuchspersonen in ihrer Leistung nicht unterschieden. Mit diesen Beobachtungen wurde die experimentelle Erforschung des impliziten Gedächtnisses unter einer neuropsychologischen Perspektive eingeleitet.

Fragt man nach den allgemeinen Funktionsmerkmalen impliziter Gedächtnisleistungen, so ergeben sich im Unterschied zu Leistungen des expliziten Gedächtnisses nach Goschke (1996, S. 403f) wenigstens folgende vier Unterschiede:

- *Modalitäts- und Material-Spezifität:* Während sich Veränderungen in der Darbietungsmodalität oder den Oberflächenmerkmalen des Lernstoffes auf explizite Gedächtnisleistungen kaum

auswirken, erweisen sie sich im Bereich des impliziten Gedächtnisses als äußerst relevant.
- *Semantische Impenetrabilität:* Die Bedeutung semantischer und konzeptueller Faktoren ist zweitens für das implizite Gedächtnis im allgemeinen deutlich niedriger als für das explizite.
- *Reaktions-Spezifität:* Während die Inhalte des expliziten Gedächtnisses tendentiell generell verfügbar sind, also mit hohen Transfermöglichkeiten einhergehen, manifestieren sich implizite Gedächtniseffekte drittens eher starr, unflexibel, begrenzt und sind an spezifische perzeptuelle Systeme gebunden.
- *Informationale Isolation:* Als viertes Funktionsmerkmal führt Goschke noch die Beobachtung an, daß implizite Gedächtnisleistungen im Unterschied zu expliziten nicht in andere Strukturen des Wissens und Inhalte des Gedächtnisses integriert werden, sondern von anderen Inhalten vergleichsweise isoliert bleiben.

Zu den ersten drei Funktionsmerkmalen seien nachfolgend einige empirische Befunde mitgeteilt. Dabei werden nur solche Ergebnisse berücksichtigt, die sich mit dem Phänomen des Priming beschäftigen und die in Tabelle 7 vorgestellten Prüfverfahren einsetzen, aus Untersuchungen mit nicht hirngestörten Versuchspersonen stammen (über die Befundlage bei hirngestörten Patienten informieren ausführlich z. B. Moscovitch, Vriezen & Gottstein 1993) und zwischen impliziten sowie expliziten Gedächtnistests differenzieren (siehe im Überblick Roediger & McDermott 1993, Schacter, Chiu & Ochsner 1993).

Die umfangreichsten empirischen Untersuchungen liegen zum Funktionsmerkmal der Modalitäts- und Material-Spezifiät vor. So hat man sich intensiv mit dem Vergleich von Priming bei Wörtern und Bildern beschäftigt. Bei expliziter Gedächtnisprüfung z. B. durch die Methoden der freien Wiedergabe oder des Wiedererkennens führt eine bildhafte Darstellung des Lerninhaltes – wie wir bei der Behandlung der dualen Kodierungstheorie von Paivio gesehen haben – wegen der referentiellen Vernetzung von imaginalem und verbalem System (vgl. Kap. 6.4) im allgemeinen zu einer Verbesserung der Gedächtnisleistung. Als relativ konsistentes Ergebnis zeigt sich demgegenüber bei der Verwendung verbaler impliziter Tests, wie der Wort-Identifikation oder der Wortfragment-Vervollständigung ein stärkerer Priming-Effekt bei Verwendung von Wörtern und nicht bei Verwendung von Bildern. In wahrnehmungsbezogenen impliziten Gedächtnistests wie der Bildfragment-Benennung finden sich dagegen stärkere Priming-

Effekte bei dem Einsatz von Bildern (über die z. T. widersprüchliche Befundlage informieren Roediger & McDermott 1993).

Der Bedeutung des Einflusses unterschiedlicher Modalitäten der Stimuluspräsentation während der Lernphase wurde ebenfalls in vielen experimentellen Studien nachgegangen. Beim Einsatz verbaler Tests in der Prüfphase finden sich sehr konsistente modalitätsabhängige Ergebnisse. Rajaram und Roediger (1993) ließen beispielsweise ihre Versuchspersonen entweder Wörter lesen, hören oder vermittelten die Wortbedeutung durch eine bildliche Darstellung. In vier impliziten Tests (Wort-Identifikation, Wortstamm-, Wortfragment-Vervollständigung, Anagramm-Aufgabe) prüften sie anschließend die durch die jeweilige Bedingung (visuell, auditiv, bildhaft) erzielten Priming-Effekte. Dabei traten unter jeder Testbedingung die größten Effekte bei der visuellen Präsentation der Wörter (Lesebedingung) auf. Die auditive Präsentation reduzierte das Priming um etwa die Hälfte. Die geringsten Effekte fanden sich in diesem Experiment unter der Bedingung einer bildhaften Stimuluspräsentation. Während Veränderungen in der Modalität spezifische und einheitliche Effekte in Priming-Studien nach sich ziehen, erweisen sich demgegenüber Veränderungen in der Typographie der verwendeten Materialien (z. B. bezüglich von Lage und Art der Schrift) in ihrer Auswirkung als uneinheitlich.

Zum Merkmal der semantischen Impenetrabilität liegt eine Fülle von Studien vor, die sich um den differentiellen Beitrag verschiedenster Variablen bemühen. So konnte unter anderem gezeigt werden, daß die Lernabsicht (inzidentell versus absichtlich) keinen Einfluß auf das Priming ausübt. Ebenfalls ohne Auswirkung auf implizite Tests war zumeist die in expliziten Prüfverfahren relevante Verteilung der Aufmerksamkeit auf eine oder zwei Aufgaben (fokussiert versus verteilt). Besondere Beachtung schenkte man der Verarbeitungstiefe (levels-of-processing). Wie wir gesehen haben, geht bei expliziten Tests meist eine bessere Behaltensleistung mit einer semantischen Verarbeitung einher. In einer der ersten Studien zu diesem Thema fanden Jacoby und Dallas (1981) keinerlei Auswirkungen der experimentellen Variation der Verarbeitungstiefe auf das Ausmaß des Priming. Durch die Befunde späterer Studien mußte diese Einschätzung jedoch etwas relativiert werden. Heute gelten Effekte der Verarbeitungstiefe im Bereich des impliziten Gedächtnisses als nachgewiesen, jedoch ist ihr Einfluß deutlich geringer als in expliziten Verfahren. Eine weitere im Zusammenhang mit der semantischen Impenetrabilität untersuchte Variable stellt der Generierungseffekt dar, der im Sinne eines konzeptuellen Elaborationseffektes interpretiert werden kann. Die hierzu erhaltenen Befunde belegen die gegenteilige Wirkung in expliziten und impliziten Verfahren. Bei der üblichen Versuchsanordnung zum Generierungseffekt müssen die Versuchspersonen entweder die zu lernenden Wörter nur lesen oder aber generieren, indem sie z. B. den bildlich dargestellten Begriff benennen, zu einer vorgegebenen Definition den damit angesprochenen Begriff finden oder zu einem Begriff den Gegenbegriff anführen. In expliziten Tests zeigt sich bei derartigen Versuchen eine bessere Erinnerungs- und Wiedererkennungsleistung bei den generierten Wörtern bzw. Begriffen. Im Unterschied dazu sind die Priming-Effekte bei den generierten Wörtern signifikant niedriger als bei den nur gelesenen.

Das Funktionsmerkmal der Reaktions-Spezifität kann mit Experimenten, in denen die physikalischen Oberflächenmerkmale bei Verwendung nonverbaler Tests variiert wurden, verdeutlicht werden. So prüften Warren und Morton (1982) mit einem tachistoskopisch dargebotenen Bild das Ausmaß an Priming, nachdem ihre Versuchspersonen entweder (a) das identische Bild, (b) ein anderes Bild zum gleichen Begriff oder (c) nur die Begriffsbezeichnung gesehen hatten. Der stärkste Priming-Effekt trat erwartungsgemäß bei dem identischen Bild auf und reduzierte sich bei dem konzeptverwandten Bild deutlich. Keinerlei Priming beobachteten die Autoren dagegen, wenn in der Präsentationsbedingung nur die Begriffsbezeichnung gezeigt wurde. Interessanterweise sind beim Objekt-Priming zwei perzeptuelle Aspekte von der Reaktions-Spezifität ausgenommen und führen im allgemeinen zu einer Generalisierung der Priming-Wirkungen: Variationen in der Größe des Zielreizes wie auch seiner Lage im Raum (rechts-links-Orientierung) in der Präsentations- und Prüfphase führen zu keiner Reduktion des Priming.

10.3 Theoretische Modelle: Prozeß versus System

Die Erklärung der vorgestellten Priming- bzw. Dissoziationsbefunde wurde durch die sog. Prozeß-System-Debatte theoretisch und empirisch bestimmt, in der zwei für die Gedächtnispsychologie zentrale Aspekte – die wir in Kapitel 5 vorgestellt haben – erneut diskutiert und gegenübergestellt werden. Vertreter der Prozeßposition versuchen, die Befunde auf unterschiedliche Arten der Verarbeitung zurückzuführen, und greifen damit Überlegungen auf, die in der Tradition des Mehrebenenansatzes (levels-of-processing) stehen. Vertreter des Systemansatzes postulieren demgegenüber unterschiedliche Gedächtnissysteme und stehen somit eher in der Tradition der Speichermodelle (siehe hierzu im Überblick Foster & Jelicic 1999). Während die Prozeßtheoretiker ihre Annahmen primär aus dem Blickwinkel der Allgemeinen und der Kognitiven Psychologie entwickeln, fühlen sich die Systemtheoretiker vornehmlich einer neuropsychologischen und klinischen Betrachtungsweise verbunden.

Nach Sherry und Schacter (1987) müssen für die Bestimmung eines eigenständigen Gedächtnissystems vier Kriterien erfüllt sein, nämlich funktionale und stochastische Unabhängigkeit, unterschiedliche neuronale Grundlagen sowie funktionale Inkompatibilität. *Funktionale Unabhängigkeit* liegt dann vor, wenn eine unabhängige Variable (z. B. Aufmerksamkeit, Alter, Gehirnschädigung etc.) einen unterschiedlichen Einfluß auf implizite und explizite Aufgaben ausübt. *Stochastische Unabhängigkeit* wird dadurch nachgewiesen, daß die Leistungen in impliziten und expliziten Aufgaben miteinander unkorreliert sind. Das kann z. B. folgendermaßen geprüft werden: Zuerst lernen die Versuchspersonen eine Wortliste, danach müssen sie die gelernten Wörter aus einer Liste, in der sich auch ungelernte Wörter befinden, wiedererkennen (expliziter Test). Das Experiment wird mit einem Wort-Identifikations-Test abgeschlossen. Die Versuchsperson hat hierbei die Aufgabe, tachistoskopisch dargebotene Wörter zu erkennen (impliziter Test). Stochastische Unabhängigkeit liegt dann vor, wenn die im expliziten Test erkannten Wörter im impliziten Verfahren nicht schneller erkannt werden.

Von unterschiedlichen Gedächtnissystemen darf nur dann gesprochen werden, wenn es gelingt, Nachweise für *unterschiedliche anatomisch-neuronale Strukturen* zu erbringen. Während man die Bedeutung unterschiedlicher neuronaler Strukturen anfangs vor allem durch den Vergleich von Befunden bei gesunden und hirnerkrankten Versuchspersonen überprüfte, stehen neuerdings differenzierte neuroanatomische Untersuchungsmöglichkeiten wie die bildgebenden Diagnoseverfahren zur Verfügung. So kann mit Hilfe der Technik der Positronen-Emissions-Tomographie (PET) geprüft werden, welche Hirnregionen während der Ausführung impliziter und expliziter Gedächtnistests aktiviert sind. *Funktionale Inkompatibilität* meint schließlich, daß die einem bestimmten Gedächtnissystem zugedachte Funktion nur von ihm ausgeführt und von keinem anderen System übernommen werden kann.

Die zwei wichtigsten Modellvorstellungen der Prozeß-System-Diskussion seien nachfolgend kurz skizziert.

Transfer-erleichternde Verarbeitung
(»transfer-appropriate processing«)

Das Modell der »Transfer-erleichternden Verarbeitung« wurde ursprünglich von Morris, Bransford & Franks (1977) in der Auseinandersetzung mit dem Mehrebenenansatz entwickelt und insbesondere von der Arbeitsgruppe um Roediger (z. B. Roediger 1990, Roediger & Srinivas 1993) später zur Erklärung der hier interessierenden Dissoziationsbefunde adaptiert.

In Übereinstimmung mit einer Vielzahl replizierter Belege der lern- und gedächtnispsychologischen Forschung besagt eine Grundannahme dieses Ansatzes, daß die Leistung in einem Gedächtnistest um so besser ausfällt, je stärker die in der Abrufphase eingesetzten kognitiven Operationen mit den in der Erwerbsphase (Einprägung) eingesetzten übereinstimmen. Wird Einprägung und Abruf von den gleichen oder weitgehend ähnlichen kognitiven Strategien bestimmt, rechnet das Modell der »Transfer-erleichternden Verarbeitung« mit den besten Leistungen, die sich nun als eine Form des positiven Transfer interpretieren lassen. Eine derartige Voraussage ist uns schon im Zusammenhang mit dem Prinzip der Kodierungsspezifität (vgl. Kap. 6.4) begegnet. Auch die klassischen Lerntheorien kennen diesen Sachverhalt und diskutieren ihn unter dem terminus technicus »Generalisation«. Der Ansatz geht desweiteren davon aus, daß implizite und explizite Gedächtnistests von der Versuchsperson im allgemeinen den Einsatz unterschiedlicher Abrufstrategien verlangen. Darüber hinaus soll das Lernen unter beiden Bedingungen durch verschiedene Verarbeitungsformen erleichtert werden. Während explizite Gedächtnistests vor allem auf der Kodierung bedeutungsgeladener Reizaspekte, also einer semantischen Verarbeitung beruhen, verlangen implizite Gedächtnistests primär eine sensorische (wahrnehmungsgebundene) Verarbeitung. Die Leistungen in den üblichen expliziten Tests gelten in diesem Ansatz deshalb als bedeutungs- oder konzeptgesteuert (»conceptually driven«), diejenigen in impliziten Tests dagegen als wahrnehmungsgesteuert (»data driven«). Eine Dissoziation zwischen Tests erwartet dieses Modell demnach dann, wenn die Prüfverfahren den Einsatz unterschiedlicher Verarbeitungsprozesse verlangen.

Als Vorteile des Transfer-erleichternden Verarbeitungsmodells sehen Roediger und McDermott (1993) folgende Punkte: Ihrer Meinung nach hat sich der Ansatz bei der Entwicklung eines Forschungspogramms zum impliziten Gedächtnis und der experimentellen Überprüfung relevanter Variablen als äußerst fruchtbar erwiesen. So sind in experimentellen Studien zunehmend mehrere explizite und implizite Gedächtnistests eingesetzt und operationale Definitionen von wahrnehmungs- und konzeptgebundenen Verfahren entwickelt worden. Das Modell erlaubt auch spezifische Vorhersagen über Leistungsergebnisse unter verschiedenen Bedingungen und fokussiert dabei auf beobachtbare Variablen.

Die gegen dieses Modell vorgebrachte Kritik berücksichtigt sowohl begriffliche als auch empirische Sachverhalte. Tenpenny und Shoben (1992) weisen auf die sehr unscharfe Bestimmung von Charakteristika der als grundlegend erachteten (Verarbeitungs-) Prozesse hin. Daraus leiten sie begriffliche Zirkularität und unzureichende Falsifizierbarkeit ab: So werde einerseits ein hohes Ausmaß an Transfer vorhergesagt, wenn die Verarbeitung in der Aneignungsphase derjenigen der Abrufphase weitgehend entspricht, und andererseits eine Entsprechung der Verarbeitungsprozesse aus einer beobachteten Transferleistung abgeleitet. Ähnliche Interpretationsprobleme haben wir bereits bei der Besprechung des Mehrebenenansatzes kennengelernt (vgl. Kap. 6.6). Aus empirischer Sicht ergeben sich insofern Schwierigkeiten, als die Voraussagen des Modells bei »normalen« Versuchspersonen im allgemeinen bestätigt werden können, sich bei klinischen Untersuchungsgruppen (z. B. Patienten mit Hirnstörungen) empirisch aber meist nicht erhärten.

Perzeptives Repräsentations System
(»perceptual representation system«)

Für das hier skizzierte Modell des »perzeptiven Repäsentations Systems« der Arbeitsgruppe um Schacter (1990, 1994) kommen die Unterschiede in expliziten und impliziten Tests durch die Inanspruchnahme unterschiedlicher Gedächtnissysteme und der für sie typischen Verarbeitungsprozesse zustande. Für die Ergebnisse in Priming-Untersuchungen wird dabei ein multiples Gedächtnissystem postuliert, das neurophysiologisch von dem für das explizite Gedächtnis zuständigen deklarativen Gedächtnis unabhängig sein soll. Das postulierte System soll wahrnehmungsgebundene Information, d. h. Oberflächenmerkmale wie Form und Struktur verarbeiten und damit einer Daten-Steuerung unterliegen. Innerhalb dieses spezifischen Systems differenziert Schacter mehrere bereichsspezifische Subsysteme, denen folgende Merkmale gemeinsam sein sollen: (a) Ihre Arbeitsweise erfolgt auf einer präsemantischen Ebene, d. h. sie verarbeiten das Gedächtnismaterial (Wörter und Objekte) bedeutungsfrei. Diese Annahme ist uns in Zusammenhang mit der Darstellung eines anderen Gedächtnissystems – dem des sensorischen Gedächtnisses oder Registers (vgl. Kap. 6.2) – schon einmal begegnet. (b) Sie berücksichtigen auch automatisierte (unbewußte) Auswirkungen früherer Erfahrungen. (c) Sie basieren auf spezifischen kortikalen Mechanismen.

Betrachten wir ein System – das »visuelle-Wort-Form System« – etwas genauer, das für die Repräsentation und Verarbeitung der visuellen Charakteristika von Wörtern zuständig sein soll. Für seine Existenz sprechen nach Schacter sowohl klinische und neurophysiologische Beobachtungen als auch viele an normalen Versuchsgruppen gewonnene Befunde. In Priming-Studien soll das »visual-word-form system« bei Wortstamm-, Wortfragment- sowie Wortidentifikationsaufgaben zum Einsatz kommen. Die visuelle Darbietung eines Wortes in der Präsentationsphase soll zur Repräsentation seiner Oberflächenmerkmale in dem genannten Subsystem führen. Ist der Zielreiz dem Vorreiz ähnlich, kann die Versuchsperson aufgrund der kurz vorher erfolgten neuronalen Aktivierung und hinterlassenen Gedächtnisspur nun die Merkmale schneller erkennen. Da die Verarbeitung ohne Bedeutungsbezug auskommen soll, dürfte eine semantische Verarbeitung in der Aneignungsphase keine Vorteile bringen. Wie wir gesehen haben, sind die Dissoziationen von impliziten und expliziten Testleistungen normaler Versuchspersonen bei systematischer Variation von semantischen Stimuluscharakteristika empirisch gut bestätigt. Auch die an klinischen Gruppen und mit neurophysiologischen Methoden erhobenen Daten stützen zum Teil das Modell. So kann der Befund uneingeschränkter Priming-Effekte bei Patienten mit Amnesie verständlich gemacht werden, da das perzeptive Repräsentations System von dem bei dieser Gruppe gestörten deklarativen Gedächtnis unabhängig funktionieren soll. In diesem Zusammenhang führt Schacter (1990) auch Ergebnisse an, die bei Patienten mit Lesestörungen ermittelt wurden und zeigen, daß bei ihnen sensorische und semantische Worterkennung dissoziiert sein können. Derartige Patienten sind z. B. in der Lage, Wörter korrekt laut zu lesen, erfassen jedoch ihre Bedeutung nicht. Schließlich stützen auch Ergebnisse aus PET-Studien wenigstens zum Teil die Annahme einer neuronal-anatomischen Unabhängigkeit, da bei Priming gelegentlich eine Aktivierung des Hinterhauptlappens beobachtet wurde und der für das episodische Gedächtnis verantwortlich gemachte Hippocampus nicht betroffen war.

Die an Systemmodellen vorgebrachte generelle Kritik setzt an den vier von Sherry und Schacter aufgestellten Kriterien an. In ihrer Übersichtsarbeit stellen Roediger, Rajaram und Srinivas (1990) fest, daß nicht einmal die als grundlegend angesehene funktionale Unabhängigkeit als gesichert gelten könne, da Dissoziationen nicht nur zwischen expliziten und impliziten Prüfverfahren beobachtet werden, sondern auch innerhalb der impliziten Verfahren auftreten. Letzteres wird auch für das Kriterium der stochastischen Unabhängigkeit gelegentlich beobachtet. Bezüglich des Aspektes der eigenständigen neuronalen Grundlage ist – wohl nicht zuletzt wegen der erheblichen Verbesserungen im Bereich der neurophysiologischen Diagnostik – eine inflationäre »Entdeckung« von Gedächtnissystemen zu befürchten (vgl. Roediger 1990). Aber selbst Sherry und Schacter halten den Nachweis eigenständiger neuronaler Strukturen als einen Beleg für ein Gedächtnissystem alleine nicht für ausreichend, sondern verlangen zusätzlich den Nachweis systemspezifischer Formen der Informationsverarbeitung. Der von Schacter mit dem Modell des perzeptiven Repräsentations Systems eingeschlagene Weg bemüht sich gerade um diesen Aspekt. Gleichwohl macht Schacter (1994) auch deutlich, daß weitere wahrnehmungsgebundene Repräsentationssysteme angenommen werden müssen, um der Vielschichtigkeit impliziter Gedächtnisleistungen gerecht zu werden.

10.4 Bewertung

Am Ende dieses Bandes haben wir als Ausblick einige Befunde aus dem aktuellen Forschungsbereich zum impliziten Gedächtnis vorgestellt. Diese Perspektive erweitert den Gegenstandsbereich der Gedächtnispsychologie sowohl in inhaltlicher als auch in methodischer Hinsicht. Inhaltlich geht es nun um die Untersuchung von Aspekten, die der absichtlichen, bewußten Kontrolle entzogen sind bzw. ohne diese auskommen und zwar sowohl beim Einprägen als auch beim Erinnern. Methodisch wird einerseits das Instrumentarium zur Gedächtnisprüfung erweitert, da die bisherigen Tests die absichtliche Zuwendung bzw. Erinnerung des Testmaterials verlangten und andererseits nach Wegen gesucht, explizite und implizite Erinnerungsleistungen getrennt zu erfassen.

»Die verborgene Welt des impliziten Gedächtnisses« (Schacter 1999, Kapitel 6) wurde auf empirischer Ebene insbesondere über den einfachen und doppelten Dissoziationsversuch systematisch auf ihre Funktionsmerkmale hin untersucht und die dabei gewonnenen Befunde denjenigen aus dem Bereich des expliziten Gedächtnisses gegenübergestellt. Die ebenfalls wichtige Frage nach dem Zusammenhang beider Bereiche blieb in der bisherigen Forschung jedoch noch weitgehend ausgeklammert.

Die Auseinandersetzung mit dem impliziten Gedächtnis steht seit ihrem Beginn unter der Erblast einer unzureichenden bzw. sehr heterogenen begrifflichen Präzisierung des Forschungsgegenstandes. Von Anfang an werden in der Diskussion verschiedene Aspekte miteinander konfundiert. So ist immer neu zu prüfen, ob der Begriff im engeren oder weiteren Sinn verwendet wird und zur Kennzeichnung eines Gedächtnistests, eines Gedächtnisprozesses oder eines Gedächtnissystems dient. Darüber hinaus werden unter der Bezeichnung »implizites Gedächtnis« sehr heterogene Phänomene behandelt. Wir haben uns auf die Darstellung der Befunde zum Priming beschränkt. Diese nehmen innerhalb des Forschungsbereiches zwar einen prominenten Platz ein, daneben beschäftigt sich die implizite Gedächtnisforschung aber auch mit dem Erwerb von Fertigkeiten und Aspekten der klassischen sowie operanten Konditionierung, soweit keine Einprägungs- und Lernabsicht vorliegt.

Die Einführung der Polarität »bewußt-unbewußt«, »absichtlich-unabsichtlich« bzw. »explizit-implizit« führte dazu, ein früher zentrales Thema der Psychologie – das Bewußtsein – wiederum in den Mittelpunkt der Betrachtung zu stellen. Allerdings muß kritisch angemerkt werden, daß es bislang an einer angemessenen psychologischen Theorie des Bewußtseins weitgehend mangelt und die hierzu von gedächtnispsychologischer Seite vorgebrachten Überlegungen bestenfalls Anregungsgehalt für die Hypothesenfindung und -bildung besitzen (vgl. z. B. Baddeley 1997, Kapitel 18). Da das der expliziten Gedächtnisforschung zugrundeliegende Modell der Informationsverarbeitung bislang primär auf den bewußt und absichtlich zugänglichen Teil des Bewußtseins ausgerichtet ist, muß dessen Validität für den Bereich der impliziten Gedächtnisforschung hinterfragt werden.

Literaturverzeichnis

Einführende (*) und vertiefende deutschsprachige Literatur

Albert, D. & Stapf, K. H. (Eds.), *Gedächtnis*. Enzyklopädie der Psychologie, Themenbereich C Theorie und Forschung, Serie II Kognition Band 4. Göttingen: Hogrefe.
Angermeier, W. F., Bednorz, P. & Hursh, S. R. (1994). *Operantes Lernen: Methoden, Ergebnisse, Anwendung*. München: Reinhardt.
Angermeier, W. F., Bednorz, P. & Schuster, M. (1984). *Lernpsychologie*. München: Reinhardt.
*Arbinger, R. (1984). *Gedächtnis*. Darmstadt: Wissenschaftliche Buchgesellschaft.
Baddeley, A. (1979). *Die Psychologie des Gedächtnisses*. Stuttgart: Klett-Cotta.
*Baddeley, A. (1986 a). *So denkt der Mensch*. (Unser Gedächtnis und wie es funktioniert). München: Droemer Knaur.
Bandura, A. (1979). *Sozial-kognitive Lerntheorie*. Stuttgart: Klett-Cotta.
Bower, G. H. & Hilgard, E. R. (1983). *Theorien des Lernens I*. Stuttgart: Klett-Cotta.
Bower, G. H. & Hilgard, E. R. (1984). *Theorien des Lernens II*. Stuttgart: Klett-Cotta.
*Bredenkamp, J. L (1998). *Lernen, Erinnern, Vergessen*. München: Beck.
Dörner, D. & van der Meer, E. (1995). *Das Gedächtnis*. (Probleme-Trends-Perspektiven). Göttingen: Hogrefe.
*Edelmann, W. (1996). *Lernpsychologie*. Weinheim: Psychologie Verlags Union.
Engelkamp, J. (1990). *Das menschliche Gedächtnis*. Göttingen: Hogrefe.
*Fuchs, R. (1980). *Einführung in die Lernpsychologie*. Darmstadt: Wissenschaftliche Buchgesellschaft.
Hoffmann, J. (1983). *Das aktive Gedächtnis*. Berlin: Springer.
Kintsch, W. (1982). *Gedächtnis und Kognition*. Berlin: Springer.
Lefrançois, G. R. (1986). *Psychologie des Lernens*. Berlin: Springer.
Mielke, R. (1984). *Lernen und Erwartung*. Bern: Huber.
*Mielke, R. (2001). *Psychologie des Lernens*. Stuttgart: Kohlhammer.
*Parkin, A. J. (1996). *Gedächtnis*. (Ein einführendes Lehrbuch). Weinheim: Psychologie Verlags Union.
*Parkin, A. J. (2000). *Erinnern und Vergessen*. Bern: Huber.

Perrez, M. & Zbinden, M. (1996). *Lernen*. In: A. Ehlers & K. Hahlweg (Eds.), Grundlagen der Klinischen Psychologie. Enzyklopädie der Psychologie, Themenbereich D Praxisgebiete, Serie II Klinische Psycholgie (Band 1, pp. 301–349). Göttingen: Hogrefe

*Schacter, D. L. (1999). *Wir sind Erinnerung* (Gedächtnis und Persönlichkeit). Reinbek bei Hamburg: Rowohlt.

*Steiner, G. (1988). *Lernen*. Bern: Huber.

Wender, K. F., Colonius, H. & Schulze, H.-H. (1980). *Modelle des menschlichen Gedächtnisses*. Stuttgart: Kohlhammer.

Wippich, W. (1984). *Lehrbuch der angewandten Gedächtnispsychologie* (Band 1). Stuttgart: Kohlhammer.

Wippich, W. (1985). *Lehrbuch der angewandten Gedächtnispsychologie* (Band 2). Stuttgart: Kohlhammer.

Weiterführende Literatur

Alloy, L. B. & Tabachnik, N. (1984). *Assessment of covariation by humans and animals: the joint influence of prior expectations and current situational information*. Psychological Review 91, 112–149.

Anderson, J. R. (1988). *Kognitive Psychologie*. Heidelberg: Spektrum der Wissenschaft.

Angermeier, W. F. & Peters, M. (1973). *Bedingte Reaktionen*. Berlin: Springer.

Atkinson, R. C. & Shiffrin, R. M. (1968). *Human memory: a proposed system and its control processes*. In: K. W. Spence & J. T. Spence (Eds.), The psychology of learning and motivation (Advances in research and theory Vol. 2, pp. 89–195). New York: Academic Press.

Azrin, N. H. & Holz, W. C. (1966). *Punishment*. In: W. K. Honig (Ed.), Operant behavior: areas of research and application (pp. 380–447). New York: Appleton-Century-Crofts.

Baddeley, A. D. (1986 b). *Working memory*. Oxford: Oxford University Press.

Baddeley, A. D. (1992). *Working memory*. Science 255, 556–559.

Baddeley, A. D. (1997). *Human memory. Theory and Practice*. Hove: Psychology Press.

Baddeley, A. D. & Hitch, G. (1974). *Working memory*. In: G. A. Bower (Ed.), Recent advances in learning and motivation (Vol. 8, pp. 47–89). New York: Academic Press.

Bandura, A. (1965). *Influence of models' reinforcement contingencies on the acquisition of imitative responses*. Journal of Personality and Social Psychology 1, 589–595.

Bandura, A. (1973). *Aggression: a social learning analysis*. Englewood Cliffs, N. J.: Prentice-Hall.

Bandura, A. (1986). *Social foundations of thought and action: A social cognitive theory*. Englewood Cliffs, N. J.: Prentice-Hall.

Bandura, A. (1997). *Self-efficacy: the exercise of control*. New York: Freeman and Company.

Bandura, A. & Adams, N. E. (1977). *Analysis of self-efficacy theory of behavioral change.* Cognitive Therapy and Research 1, 287–308.

Bandura, A., Adams, N. E. & Beyer, J. (1977). *Cognitive processes mediating behavioral change.* Journal of Personality and Social Psychology 35, 125–139.

Bandura, A. & Walters, R. H. (1963). *Social learning and personality development.* New York: Holt, Rinehart & Winston.

Bartlett, F. C. (1932). *Remembering.* Cambridge: Cambridge University Press.

Bauer, M. (1979). *Verhaltensmodifikation durch Modellernen.* Stuttgart: Kohlhammer.

Bauer, M. (1999). *Modellierungsmethoden in der Verhaltenstherapie* (Eine kritische Analyse des Modell-Konzepts und der zugehörigen Forschung). Regensburg: Roderer.

Best, J. B. (1986). *Cognitive psychology.* St. Paul, MN: West Publishing Company.

Bransford, J. D. & Johnson, M. K. (1972). *Contextual prerequisites for understanding: Some investigations of comprehension and recall.* Journal of Verbal Learning and Verbal Behavior 11, 717–726.

Bredenkamp, J. & Erdfelder, E. (1996). *Methoden der Gedächtnispsychologie.* In: D. Albert & K. H. Stapf (Eds.), Gedächtnis. Enzyklopädie der Psychologie, Themenbereich C Theorie und Forschung, Serie II Kognition (Band 4, pp. 1–94). Göttingen: Hogrefe.

Brooks, C. I. (1980). *Effect of prior nonreward on subsequent incentive growth during brief acquisition.* Animal Learning and Behavior 8, 143–151.

Brown, J. (1958). *Some tests of the decay theory of immediate memory.* Quarterly Journal of Experimental Psychology 10, 12–21.

Buchner, A. & Wippich, W. (1998). *Differences and commonalities between implicit learning and implicit memory.* In: M. A. Stadler & P. A. Frensch (Eds.), Handbook of implicit learning (pp. 3–46). Thousand Oaks: Sage.

Chase, W. G. & Simon, H. A. (1973). *Perception in chess.* Cognitive Psychology 4, 55–81.

Collins, A. M. & Loftus, E. F. (1975). *A spreading-activation theory of semantic processing.* Psychological Review 82, 407–428.

Collins, A. M. & Quillian, M. R. (1969). *Retrieval time from semantic memory.* Journal of Verbal Learning and Verbal Behavior 8, 240–247.

Conrad, R. (1964). *Acoustic confusion in immediate memory.* British Journal of Psychology 55, 75–84.

Conrad, R. (1970). *Short-term memory processes in the deaf.* British Journal of Psychology 61, 179–195.

Craik, F. I. M. & Lockhart, R. S. (1972). *Levels of processing: a framework for memory research.* Journal of Verbal Learning and Verbal Behavior 11, 671–684.

Craik, F. I. M. & Simon, E. (1980). *Age differences in memory: the roles of attention and depth of processing.* In: L. W. Poon, J. L. Fozard, L. S. Cermak, D. Arenberg & L. W. Thompson (Eds.), New directions in memory and aging (pp. 95–112). Hillsdale, N. J.: Erlbaum.

Craik, F. I. M. & Tulving, E. (1975). *Depth of processing and the retention of words in episodic memory.* Journal of Experimental Psychology: General 104, 268–294.

Davey, G. C. L. (1992). *Classical conditioning and the acquisition of human fears and phobias: a review and synthesis of the literature.* Advances in Behaviour Research and Therapy 14, 29–66.

Dienes, Z. & Berry, D. (1997). *Implicit learning: below the subjective threshold.* Psychonomic Bulletin & Review, 4, 3–23.

Dörner, D. (1996). *Gedächtnis.* In: D. Dörner & H. Selg (Eds.), Psychologie (Eine Einführung in ihre Grundlagen und Anwendungsfelder, pp. 161–176). Stuttgart: Kohlhammer.

Dunn, J. C. & Kirsner, K. (1989). *Implicit memory: task or process?* In: S. Lewandowsky, J. C. Dunn & K. Kirsner (Eds), Implicit memory theoretical issues (pp. 17–31). Hillsdale, N. J.: Erlbaum.

Ebbinghaus, H. (1885). *Über das Gedächtnis* (Untersuchungen zur experimentellen Psychologie). Leipzig: Duncker & Humblot.

Edelmann, W. (1994). *Suggestopädie/Superlearning. Ganzheitliches Lernen – das Lernen der Zukunft?* Heidelberg: Asanger.

Estes, W. K. (1950). *Toward a statistical theory of learning.* Psychological Review 57, 94–107.

Estes, W. K. (1959). *The statistical approach to learning theory.* In: S. Koch (Ed.), Psychology: A study of science (Vol. 2, pp. 380–491). New York: McGraw-Hill.

Eysenck, H.-J. & Rachman, S. (1971). *Neurosen – Ursachen und Heilmethoden.* Berlin: VEB Deutscher Verlag der Wissenschaften.

Ferster, C. B. & Skinner, B. F. (1957). *Schedules of reinforcement.* New York: Appleton-Century-Crofts.

Fiegenbaum, W. & Tuschen, B. (2000). *Reizkonfrontation.* In: J. Margraf (Ed.), Lehrbuch der Verhaltenstherapie Band 1: Grundlagen-Diagnostik-Verfahren- Rahmenbedingungen (pp. 413–425). Berlin: Springer.

Flavell, J. H. (1979). *Kognitive Entwicklung.* Stuttgart: Klett.

Flavell, J. H. & Wellman, H. M. (1977). *Metamemory.* In: R. V. Kail Jr. & J. W. Hagen (Eds.), Perspectives on the development of memory and cognition (pp. 3–33). Hillsdale, N. J.: Erlbaum.

Foppa, K. (1968). *Lernen, Gedächtnis, Verhalten.* Köln: Kiepenheuer & Witsch.

Foppa, K. (2000). *Gedächtnis und Lernen: Über die komplizierte Beziehung zweier Verwandter.* Zeitschrift für Psychologie, 208, 271–283.

Foster, J. K. & Jelicic, M. (Eds.). (1999). *Memory: systems, process, or function.* Oxford: Oxford University Press.

Freud, S. (1941). *Gesammelte Werke, Band IV* (Zur Psychopathologie des Alltagslebens (1904)). London: Imago.

Gage, N. L. & Berliner, D. C. (1986). *Pädagogische Psychologie.* Weinheim: Beltz.

Goethe, J. W. (1975). *Dichtung und Wahrheit II.* Frankfurt: Insel.

Goschke, T. (1996). *Gedächtnis und Emotion: Affektive Bedingungen des Einprägens, Erinnerns und Vergessens.* In: D. Albert & K. H. Stapf

(Eds.), Gedächtnis. Enzyklopädie der Psychologie, Themenbereich C Theorie und Forschung, Serie II Kognition (Band 4, pp. 603–692). Göttingen: Hogrefe.

Goschke, T. & Koppelberg, D. (1993). *Konnektionistische Repräsentation, semantische Kompositionalität und die Kontextabhängigkeit von Konzepten.* In: H. Hildebrandt & E. Scheerer (Eds.), Interdisziplinäre Perspektiven der Kognitionsforschung (pp. 65–108). Frankfurt am Main: Peter Lang.

Graf, P. & Schacter, D. L. (1985). *Implicit and explicit memory for new associations in normal and amnesic subjects.* Journal of Experimental Psychology: Learning, Memory, and Cognition, 11, 501–518.

Greene, R. L. (1992). *Human memory* (Paradigms and paradoxes). Hillsdale, N. J.: Erlbaum.

Gustavson, C. R., Garcia, J., Hankins, W. G. & Rusiniak, K. W. (1974). *Coyote predation control by aversive conditioning.* Science 184, 581–583.

Guthrie, E. R. (1960). *The psychology of learning.* Gloucester, Mass.: Peter Smith.

Healy, A. F. & McNamara, D. S. (1996). *Verbal learning and memory: Does the modal model still work?* In: J. T. Spence, J. M. Darley & D. J. Foss (Eds.), Annual Review of Psychology (47, pp. 143–172). Palo Alto, Cal.: Annual Reviews.

Hebb, D. O. (1949). *The organization of behavior.* New York: Wiley & Sons.

Heckhausen, H. (1974). *Faktoren des Entwicklungsprozesses.* In: F. E. Weinert, C. F. Graumann, H. Heckhausen & M. Hofer (Eds.), Funk-Kolleg, Pädagogische Psychologie (Band 1, pp. 101–132). Frankfurt a. M.: Fischer.

Hergenhahn, B. R. (1982). *An introduction to theories of learning.* Englewood Cliffs, N. J.: Prentice-Hall.

Herkner, W. (1986). *Psychologie.* Wien: Springer.

Herrmann, T. (1972). *Sprache.* Frankfurt a. M.: Akademische Verlagsgesellschaft.

Herrnstein, R. J. (1969). *Method and theory in the study of avoidance.* Psychological Review 76, 46–69.

Hoffmann, J. (1993). *Vorhersage und Erkenntnis.* Göttingen: Hogrefe.

Holland, J. G. & Skinner, B. F. (1971). *Analyse des Verhaltens.* München: Urban & Schwarzenberg.

Houston, J. P. (1981). *Fundamentals of learning and memory.* New York: Academic Press.

Hull, C. L. (1943). *Principles of behavior.* New York: Appleton-Century-Crofts.

Hull, C. L. (1952). *A behavior system.* New Haven, Conn.: Yale University Press.

Hussy, W. (1984). *Denkpsychologie* (Ein Lehrbuch). Stuttgart: Kohlhammer. (Band 1)

Jacoby, L. L. & Dallas, M. (1981). *On the relationship between autobiographical memory and perceptual learning.* Journal of Experimental Psychology: General, 110, 306–340.

James, W. (1890). *The principles of psychology* (In two volumes). New York: Holt.

Jehle, P. (1978). *Trainingskurs: Verhaltenstheorie I*. Düsseldorf: Schwann.

Johnson, M. K. & Hasher, L. (1987). *Human learning and memory*. In: M. R. Rosenzweig & L. W. Porter (Eds.), Annual Review of Psychology (38, pp. 631–668). Palo Alto, Cal.: Annual Reviews.

Jones, M. C. (1924). *A laboratory study of fear: the case of Peter*. Pedagogical Seminary 31, 308–315.

Kebeck, G. (1982). *Emotion und Vergessen*. Münster: Aschendorff.

Klein, S. B. (1987). *Learning: principles and applications*. New York: McGraw-Hill.

Kleinsmith, L. J. & Kaplan, S. (1963). *Paired associated learning as a function of arousal and interpolated interval*. Journal of Experimental Psychology 65, 190–193.

Klix, F. (1980). *Strukturelle und funktionelle Komponenten des Gedächtnisses*. In: F. Klix & H. Sydow (Eds.), Zur Psychologie des Gedächtnisses (pp. 59–80). Bern: Huber.

Kobasigawa, A. (1974). *Utilization of retrieval cues by children in recall*. Child Development 45, 127–134.

Köhler, W. (1917). *Intelligenzprüfungen an Anthropoiden. I*. Abhandlungen der Königlich Preußischen Akademie der Wissenschaften, Physikalisch-mathematische Klasse, Nr. 1.

Kolers, P. A. (1979). *A pattern-analyzing basis of recognition*. In: L. S. Cermak & F. I. M. Craik (Eds.), Levels of processing in human memory (pp. 363–384). Hillsdale, N. J.: Erlbaum.

Kuhn, T. S. (1970). *The structure of scientific revolutions*. Chicago: University of Chigaco Press.

Kussmann, T. (1977). *Pawlow und das klassische Konditionieren*. In: H. Zeier (Ed.), Die Psychology des 20. Jahrhunderts, Band IV (Pawlow und die Folgen, pp. 20–56). Zürich: Kindler.

Lachman, R., Lachman, J. L. & Butterfield, E. C. (1979). *Cognitive psychology and information processing: an introduction*. Hillsdale, N. J.: Erlbaum.

Lachnit, H. (1993). *Assoziatives Lernen und Kognition*. Heidelberg: Spektrum.

Laucken, U. & Schick, A. (1978). *Einführung in das Studium der Psychologie*. Stuttgart: Klett-Cotta.

Leitner, S. (1972). *So lernt man lernen*. Freiburg: Herder.

Levinger, G. & Clark, J. (1961). *Emotional factors in the forgetting of word associations*. Journal of Abnormal and Social Psychology 62, 99–105.

Loftus, E. & Ketcham, K. (1995). *Die therapierte Erinnerung* (Vom Mythos der Verdrängung bei Anklagen wegen sexuellen Missbrauchs). Hamburg: Ingrid Klein.

Mackintosh, N. J. (1975). *A theory of attention: Variations in the associability of stimuli with reinforcement*. Psychological Review 82, 276–298.

Mackintosh, N. J. (1983). *Conditioning and associative learning*. Oxford: Clarendon.

Maercker, A. (2000). *Operante Verfahren*. In: J. Margraf (Ed.), Lehrbuch der Verhaltenstherapie Band 1: Grundlagen-Diagnostik-Verfahren-Rahmenbedingungen (pp. 541–550). Berlin: Springer.

McClelland, J. L. (2000). *Connectionist models of memory*. In: E. Tulving & F. I. M. Craik (Eds.), The Oxford handbook of memory (pp. 583–596). New York: Oxford University Press.

McGeoch, J. A. (1932). *Forgetting and the law of disuse*. Psychological Review 39, 352–370.

Melton, A. W. & Irwin, J. M. (1940). *The influence of degree of interpolated learning on retroactive inhibition and the overt transfer of specific responses*. American Journal of Psychology 53, 173–203.

Metzger, R. (1996). *Die Skinner'sche Analyse des Verhaltens* (Ein integrativer Ansatz für die klinische Psychologie). Pfaffenweiler: Centaurus-Verlagsgesellschaft.

Meyer, D. E. & Schwaneveldt, R. W. (1971). *Facilitation in recognizing pairs of words: Evidence of a dependence between retrieval operations*. Journal of Experimental Psychology 90, 227–234.

Miller, G. A. (1956). *The magical number seven, plus or minus two: some limits on our capacity for processing information*. Psychological Review 63, 81–97.

Miller, G. A. & Selfridge, J. A. (1950). *Verbal context and the recall of meaningful material*. American Journal of Psychology 63, 176–185.

Miller, N. E. & Dollard, J. C. (1941). *Social learning and imitation*. New Haven, Conn.: Yale University Press.

Milner, B. (1966). *Amnesia following operation on the temporal lobes*. In: C. W. M. Whitty & O. L. Zangwill (Eds.), Amnesia (pp. 109–133). London: Butterworths.

Morris, C. D., Bransford, J. D. & Franks, J. J. (1977). *Levels of processing versus transfer appropriate processing*. Journal of Verbal Learning and Verbal Behavior,16, 519–533.

Moscovitch, M. (1984). *The sufficient conditions for demonstrating preserved memory in amnesia: a task analysis approach*. In: L. R. Squire & N. Butters (Eds.), Neuropsychology of memory (pp. 104–114). New York: Guildford.

Moscovitch, M., Vriezen, E. & Gottstein, J. (1993). *Implicit tests of memory in patients with focal lesions or degenerative brain disorders*. In: H. Spinnler & F. Boller (Eds.), Handbook of Neuropsychology (Vol. 8, pp 133–173). Amsterdam: Elsevier.

Mowrer, O. H. (1940). *Anxiety-reduction and learning*. Journal of Experimental Psychology 27, 497–516.

Mowrer, O. H. (1960). *Learning theory and the symbolic processes*. New York: Wiley.

Neisser, U. (1967). *Cognitive psychology*. New York: Appleton-Century-Crofts.

Paivio, A. (1971). *Imagery and verbal processes*. New York: Holt, Rinehart & Winston.

Paivio, A. (1978). *Dual coding: Theoretical issues and empirical evidence*. In: J. M. Scandura & C. J. Brainerd (Eds.), Structural/process models of complex human behavior (pp. 527–549). Alphen aan den Rijn: Sijthoff & Noordhoff.

Paivio, A. (1986). *Mental representations*. New York: Oxford University Press.

Parkin, A. J. (1987). *Memory and amnesia* (An introduction). Oxford: Basil Blackwell.

Parkin, A. J., Lewinsohn, J. & Folkard, S. (1982). *The influence of emotion on immediate and delayed retention: Levinger & Clark reconsidered.* British Journal of Psychology 73, 389–393.

Pawlow, I. P. (1953). *Ausgewählte Werke*. Berlin: Akademie-Verlag.

Perrig, W. J. (1996). *Implizites Lernen*. In: J. Hoffmann & W. Kintsch (Eds.), *Lernen*. Enzyklopädie der Psychologie, Themenbereich C Theorie und Forschung, Serie II Kognition (Band 7, pp. 203–234). Göttingen: Hogrefe.

Peterson, L. R. & Peterson, M. J. (1959). *Short-term retention of individual verbal items*. Journal of Experimental Psychology 58, 193–198.

Pielmaier, H., Wetzstein, H., Blumenberg, F.-J. & Kury, H. (1980). *Die Trainingseinheiten*. In: H. Pielmaier (Ed.), Training sozialer Verhaltensweisen (pp. 72–180). München: Kösel.

Pongratz, L. (1984). *Problemgeschichte der Psychologie*. München: Francke.

Popper, K. P. (1973). *Logik der Forschung*. Tübingen: Mohr.

Porter, D. & Neuringer, A. (1984). *Music discrimination by pigeons*. Journal of Experimental Psychology: Animal Behavior Processes 10, 138–148.

Postman, L., Stark, K. & Fraser, J. (1968). *Temporal changes in interference*. Journal of Verbal Learning and Verbal Behavior 7, 672–694.

Premack, D. (1959). *Toward empirical behavior laws: I. Positive reinforcement*. Psychological Review 66, 219–233.

Prinz, W. (1983). *Wahrnehmung und Tätigkeitssteuerung*. Berlin: Springer.

Pylyshyn, Z. W. (1973). *What the mind's eye tells the mind's brain: A critique of mental imagery*. Psychological Bulletin 80, 1–24.

Rachman, S. & Bergold, J. B. (1976). *Verhaltenstherapie bei Phobien*. München: Urban & Schwarzenberg.

Rajaram, S. & Roediger, H. L. (1993). *Direct comparison of four implicit memory tests*. Journal of Experimental Psychology: Learning, Memory, and Cognition, 19, 765–776.

Reichgelt, H. (1991). *Knowledge representation: an AI perspective*. Norwood, N. J.: Ablex Publishing Corporation.

Reinecker, H. (1978). *Selbstkontrolle*. Salzburg: Otto Müller.

Reinecker, H. (1986). *Methoden der Verhaltenstherapie*. In: Deutsche Gesellschaft für Verhaltenstherapie, Verhaltenstherapie – Theorien und Methoden – (pp. 64–178). Tübingen: Deutsche Gesellschaft für Verhaltenstherapie.

Reitman, J. S. (1974). *Without surreptitious rehearsal, information in short-term memory decays*. Journal of Verbal Learning and Verbal Behavior 13, 365–377.

Rescorla, R. A. (1973). *Second-order conditioning: implications for theories of learning*. In: F. J. McGuigan & D. B. Lumsden (Eds.), Contemporary approaches to conditioning and learning (pp. 127–150). Washington, D. C.: Winston.

Rescorla, R. A. (1980). *Pavlovian second-order conditioning*. Hillsdale, N. J.: Erlbaum.

Rescorla, R. A. & Wagner, A. R. (1972). *The theory of Pavlovian conditioning: variations in the effectiveness of reinforcement and nonreinforcement*. In: A. H. Black & W. F. Prokasy (Eds.), Classical conditioning II: current research and theory (pp. 64–99). New York: Appleton-Century-Crofts.

Richardson-Klavehn, A. & Bjork, R. A. (1988). *Measures of memory*. Annual Review of Psychology, 39, 475–543.

Rilling, M. (1977). *Stimulus control and inhibitory processes*. In: W. K. Honig & J. E. R. Staddon (Eds.), Handbook of operant behavior (pp. 432–480). Englewood Cliffs, N. J.: Prentice-Hall.

Ritter, H. & Kohonen, T. (1989). *Self-organizing semantic maps*. Biological Cybernetics, 61, 241–254.

Rizley, R. C. & Rescorla, R. A. (1972). *Associations in second-order conditioning and sensory preconditioning*. Journal of Comparative and Physiological Psychology 81, 1–11.

Roediger, H. L. (1990). *Implicit memory. Retention without remembering*. American Psychologist, 45, 1043–1056.

Roediger, H. L. & McDermott, K. B. (1993). *Implicit memory in normal human subjects*. In: H. Spinnler & F. Boller (Eds.), Handbook of Neuropsychology (Vol. 8, pp. 63–131). Amsterdam: Elsevier.

Roediger, H. L., Rajaram, S. & Srinivas, K. (1990). *Specifying criteria for postulating memory systems*. In: A. Diamond (Ed.), The development and neural bases of higher cognitive functions. Annals of the New York Academy of Sciences, 608, 572–595.

Roediger, H. L. & Srinivas, K. (1993). *Specificity of operations in perceptual priming*. In: P. Graf & M. E. J. Masson (Eds.), Implicit memory. New directions in cognition, development, and neuropsychology (pp. 17- 48). Hillsdale, N. J.: Erlbaum.

Rosch, E. (1978). *Principles of categorization*. In: E. Rosch & B. B. Lloyd (Eds.), Cognition and categorization (pp. 27–48). Hillsdale, N. J.: Erlbaum.

Rost, D. H. (1982). *Pädagogische Verhaltensmodifikation in der (Grund-) Schule*. In: D. H. Rost (Ed.), Erziehungspsychologie für die Grundschule (pp. 165–246). Bad Heilbrunn: Klinkhardt.

Rotter, J. B. (1966). *Generalized expectancies for internal versus external control of reinforcement*. Psychological Monographs 80, Whole No. 609.

Rumelhart, D. E., Hinton, G. E. & Williams, R. J. (1986). *Learning internal representations by error propagation*. In: D. E. Rumelhart, J. L. McClelland & the PDP Research Group, Parallel distributed processing: explorations in the microstructure of cognition (Vol 1, pp. 318–362). Cambridge, MA: MIT Press.

Rumelhart, D. E. & McClelland, J. L., and the PDP Research Group (1986). *Parallel distributed processing: explorations in the microstructures of cognition Vol 1: foundations.* Cambridge MA: MIT Press.

Sakitt, B. (1976). *Iconic memory.* Psychological Review 83, 257–276.

Schacter, D. L. (1987). *Implicit memory: history and current status.* Journal of Experimental Psychology: Learning, Memory, and Cognition, 13, 501–518.

Schacter, D. L. (1990). *Perceptual systems and implicit memory. Toward a resolution of the multiple memory system debate.* In: A. Diamond (Ed.),The development and neural bases of higher cognitve functions. Annals of the New York Academy of Sciences, 608, 543–571.

Schacter, D. L. (1992). *Understanding implicit memory.* American Psychologist 47, 559–569.

Schacter, D. L. (1994). *Priming and multiple memory systems: perceptual mechanisms of implicit memory.* In: D. L. Schacter & E. Tulving (Eds), Memory systems 1994 (pp. 233–268). Cambridge, MA: MIT Press.

Schacter, D. L., Chiu, C.-Y. P. & Ochsner, K. N. (1993). *Implicit memory: a selective review.* Annual Review of Neuroscience, 16, 159–182.

Schank, R. C. & Abelson, R. P. (1977). *Scripts, plans, goals, and understanding.* Hillsdale, N. J.: Erlbaum.

Scheerer, E. (1983). *Die Verhaltensanalyse.* Berlin: Springer.

Schneider, W. & Büttner, G. (1995). *Entwicklung des Gedächtnisses.* In: R. Oerter & L. Montada (Eds.), Entwicklungspsychologie (Ein Lehrbuch, pp. 654–704). Weinheim: Psychologie Verlags Union.

Schneider, W. & Shiffrin, R. M. (1977). *Controlled and automatic human information processing: I. Detection, search, and attention.* Psychological Review 84, 1–66.

Schulte, D. (1986). *Verhaltenstherapeutische Diagnostik.* In: Deutsche Gesellschaft für Verhaltenstherapie, Verhaltenstherapie – Theorien und Methoden – (pp. 16–42). Tübingen: Deutsche Gesellschaft für Verhaltenstherapie.

Selg, H. (1996). *Lernen.* In: D. Dörner & H. Selg (Eds.), Psychologie. Eine Einführung in ihre Grundlagen und Anwendungsfelder (pp. 176–193). Stuttgart: Kohlhammer.

Seligman, M. E. P. (1972). *Phobias and preparedness.* In: M. E. P. Seligman & J. L. Hager (Eds.), Biological boundaries of learning (pp. 451–462). Englewood Cliffs, N. J.: Prentice-Hall.

Seligman, M. E. P. (1975). *Helplessness. On depression, development, and death.* San Francisco: Freeman.

Sherry, D. F. & Schacter. D. L. (1987). *The evolution of multiple memory systems.* Psychological Review, 94, 439–454.

Shiffrin, R. M. & Schneider, W. (1977). *Controlled and automatic human information processing: II. Perceptual learning, automatic attending, and a general theory.* Psychological Review 84, 127–190.

Shuell, T. J. (1986). *Cognitive conceptions of learning.* Review of Educational Research 56, 411–436.

Sidman, M. (1953). *Avoidance conditioning with brief shock and no exteroceptive warning signal.* Science 118, 157–158.

Sinz, R. (1980). *Neurophysiologische und biochemische Grundlagen des Gedächtnisses.* In: F. Klix & H. Sydow (Eds.), Zur Psychologie des Gedächtnisses (pp. 207–243). Bern: Huber.

Skinner, B. F. (1954). *The science of learning and the art of teaching.* Harvard Educational Review 24, 86–97.

Skinner, B. F. (1960). *Teaching machines.* In: A. A. Lumsdaine & R. Glaser (Eds.), Teaching machines and programmed learning: A source book (pp. 137–158). Washington, D. C.: National Education Association.

Skinner, B. F. (1966). *The behavior of organisms.* New York: Appleton-Century-Crofts.

Smith, E. E., Shoben, E. J. & Rips, L. J. (1974). *Structure and process in semantic memory: A featural model for semantic decisions.* Psychological Review 81, 214–241.

Smith, L. M. & Hudgins, B. B. (1972). *Pädagogische Psychologie II.* Stuttgart: Klett.

Solomon, R. L. & Wynne, L. C. (1953). *Traumatic avoidance learning: acquisition in normal dogs.* Psychological Monographs 67, Whole No. 354.

Sperling, G. (1960). *The information available in brief visual presentations.* Psychological Monographs 74, Whole No. 498.

Sperling, G. (1967). *Successive approximations to a model for short-term memory.* Acta Psychologica 27, 285–292.

Spiro, R. J. (1977). *Remembering information from text: the »state of schema« approach.* In: R. C. Anderson, R. J. Spiro & W. E. Montague (Eds.), Schooling and the acquisition of knowledge (pp. 137–165). Hillsdale, N. J.: Erlbaum.

Spitzer, M. (2000). *Geist im Netz* (Modelle für Lernen, Denken und Handeln). Spektrum: Heidelberg.

Squire, L. R. (1987). *Memory and brain.* New York: Oxford University Press.

Squire, L. R., Knowlton, B. & Musen, G. (1993). *The structure and organization of memory.* In: L. W. Porter & M. R. Rosenzweig (Eds.), Annual Review of Psychology (44, pp. 453–495). Palo Alto, Cal.: Annual Reviews.

Stalder, J. (1985). *Die soziale Lerntheorie von Bandura.* In: D. Frey & M. Irle (Eds.), Theorien der Sozialpsychologie Band II (Gruppen- und Lerntheorien, pp. 241–271). Bern: Huber.

Sternberg, S. (1966). *High-speed scanning in human memory.* Science 153, 652–654.

Stoffer, T. H. (1990). *Perspektiven konnektionistischer Modelle: Das Neuronale Netzwerk als Metapher im Rahmen der kognitionspsychologischen Modellbildung.* In: C. Meinecke & L. Kehrer (Eds.), Bielefelder Beiträge zur Kognitionspsychologie (pp. 275–304). Göttingen: Hogrefe.

Sulzer-Azaroff, B. & Mayer, G. R. (1977). Applying behavior-analysis procedures with children and youth. New York: Holt, Rinehart & Winston.

Tenpenny, P. L. & Shoben, E. J. (1992). *Component processes and the utility of the conceptually-driven/data-driven distinction.* Journal of Experimental Psychology: Learning, Memory, and Cognition, 18, 25–42.

Thagard, P. (1999). *Kognitionswissenschaft* (Ein Lehrbuch). Stuttgart: Klett-Cotta.

Thorndike, E. L. (1898). *Animal intelligence; An experimental study of the associative processes in animals.* Psychological Review, Monograph Supplements 2, Whole No. 8.

Thorndike, E. L. (1911). *Animal intelligence: Experimental studies.* New York: Macmillan.

Thorndike, E. L. (1932). *The fundamentals of learning.* New York: Teachers College.

Tolman, E. (1932). *Purposive behavior in animals and men.* New York: Century.

Treisman, A., Russell, R. & Green, J. (1975). *Brief visual storage of shape and movement.* In: P. M. A. Rabbitt & S. Dornic (Eds.), Attention and performance V (pp. 699–721). London: Academic Press.

Tulving, E. (1972). *Episodic and semantic memory.* In: E. Tulving & W. Donaldson (Eds.), Organization of memory (pp. 381–403). New York: Academic Press.

Tulving, E. (1985). *How many memory systems are there?* American Psychologist 40, 385–398.

Tulving, E. & Osler, S. (1968). *Effectiveness of retrieval cues in memory for words.* Journal of Experimental Psychology 77, 593–601.

Underwood, B. J. (1983). *Attributes of memory.* Glenview, Ill.: Scott, Foresman.

Walker, S. (1987). *Animal learning.* (An introduction). London: Routledge & Kegan Paul.

Warren, C. & Morton, J (1982). *The effects of priming on picture recognition.* British Journal of Psychology, 73, 117–129.

Warrington, E. K. & Weiskrantz, L. (1968). *New method of testing longterm retention with special reference to amnesic patients.* Nature, 217, 972–974.

Warrington, E. K. & Weiskrantz, L. (1970). *Amnesic syndrome: consolidation or retrieval?* Nature, 228, 628–630.

Wasserman, E. A. & Miller, R. R. (1997). *What's elementary about associative learning?* In: J. T. Spence, J. M. Darley & D. J. Foss (Eds.), Annual Review of Psychology (48, pp. 573–607). Palo Alto, Cal.: Annual Reviews.

Watson, J. B. (1908). *Imitation in monkeys.* Psychological Bulletin 5, 169–178.

Watson, J. B. (1913). *Psychology as the behaviorist views it.* Psychological Review 20, 158–177.

Watson, J. B. & Rayner, R. (1920). *Conditioned emotional reactions.* Journal of Experimental Psychology 3, 1–14.

Waugh, N. C. & Norman, D. A. (1965). *Primary memory.* Psychological Review 72, 89–104.

Weinert, F. E. (1979). *Entwicklungsabhängigkeit des Lernens und des Gedächtnisses.* In: L. Montada (Ed.), Brennpunkte der Entwicklungspsychologie (pp 61–76). Stuttgart: Kohlhammer.

Weinert, F. & Schneider, W. (1996). *Entwicklung des Gedächtnisses*. In: D. Albert & K. H. Stapf (Eds.), Gedächtnis. Enzyklopädie der Psychologie, Themenbereich C Theorie und Forschung, Serie II Kognition (Band 4, pp. 433–487). Göttingen: Hogrefe.

Wessells, M. G. (1984). *Kognitive Psychologie*. New York: Harper & Row.

Westmeyer, H. (1976). *Grundlagenprobleme psychologischer Diagnostik*. In: K. Pawlik (Ed.), Diagnose der Diagnostik. (Beiträge zur Diskussion der psychologischen Diagnostik in der Verhaltensmodifikation, pp. 71–101). Stuttgart: Klett.

Wetzstein, H. (1980). *Einführung in das Training sozialer Verhaltensweisen bei dissozialen Jugendlichen*. In: H. Pielmaier (Ed.), Training sozialer Verhaltensweisen (pp. 53–71). München: Kösel.

Williams, J. L. (1973). *Operant learning: procedures for changing behavior*. Monterey, Cal.: Brooks/Cole.

Yates, A. J. (1958). *The application of learning theory to the treatment of tics*. Journal of Abnormal and Social Psychology 56, 175–182.

Sachregister

Abrufstrategie 180, 181, 198
abstrakte Modellierung 85, 86
Aktivationsausbreitungsmodell 149–151, 153, 165
Alles-oder-Nichts-Prinzip 39, 40
Amnesie 133, 134, 188, 193, 200
- posttraumatische 133
- reine 133
- retrograde 133
- traumatische 133
angewandte Verhaltensanalyse 54, 58, 74, 76
Angst 35–39, 70, 73, 75, 90, 91, 173
Antwortkonkurrenz 171, 172
Approximation
- sukzessive/Verhaltensformung 66
- von Wortfolgen 104, 105
Arbeitsgedächtnis (working memory) 126, 127, 134
Argumente 158, 159
aversive Verhaltenskontrolle 67–76
aversiver Reiz 36, 67–75
- primärer 67, 68, 70
- sekundärer/konditionierter 67–70

Backpropagation 156
bedeutungs-, konzeptgesteuert (conceptually driven) 198
Bedeutungshaltigkeit 104, 105
bedingte Reaktion (CR) 26–33, 35–38, 40, 70
bedingter Reiz (CS) 26–35, 38–40, 70, 73
Begriffsbildung 142, 143
- hierarchische Struktur 142, 144
- Kreuzklassifikation 142, 144
- Typikalität 143, 145
Behaltensintervall 14, 121, 122
Behaviorismus 17, 18, 20, 39, 96, 101
Beobachtungslernen: s. Modellernen
Bereitschaft (preparedness) 37
Bestrafung (punishment) 56, 57, 68, 71–76
- durch aversiven Reiz 56, 57, 71–74
- durch Verstärkerentzug 56, 57, 71, 74–76
Bildhaftigkeit 104
bildhaft-räumlicher Notizblock 127
Blockierungsphänomen 34, 35
Bewertungsprozeß 94, 95

chaining: s. Verhaltenskettung
chunk 123
conceptually-driven: s. bedeutungs-, konzeptgesteuert
coping model 91
CR: s. bedingte Reaktion
CS: s. bedingter Reiz
CS preexposure effect 34, 35

data-driven: s. wahrnehmungsgesteuert
deklaratives Gedächtnis 128, 199, 200
Differenzierungsmethode 183
Diskrimination 27–29, 33, 44, 64, 70
diskriminativer Stimulus/S^D 55, 64–67, 70, 82
Dissoziation, funktionale 193, 198, 200, 201
- einfache 193, 201
- doppelte 193, 201

duale Kodierungstheorie 129, 130, 194
- assoziative Ebene 130
- imaginales System 129, 194
- referentielle Ebene 129, 130, 194
- repräsentationale Ebene 129, 130
- verbales System 129, 194
Durchmusterung (s) 143
- prozeß 119, 125

Effektgesetz 46, 47, 56
effektives Reaktionspotential 50–51
Einheiten (Neurone, units) 152
- Ausgangs-/Ausgabe- 153, 155, 156
- Eingangs-/Eingabe- 153, 155, 156
- versteckte (hidden units) 153, 155
Einprägungsstrategie 180, 181
Einsicht 93
Einspeichermodell 22, 178
Empirismus 15, 16
Enkodierung: s. Kodierung
episodisches Gedächtnis 23, 114, 115, 128, 134, 140, 141, 159, 187, 188, 200
Ersparnismethode 108, 109
Erwartung
- Ergebnis- 99
- generalisierte 98
- Kompetenz-/Wirksamkeits- 93, 99–101
- und Lernen 96–98
Evolutionstheorie 16
experimentelle Neurose 29
experimentelle Verhaltensanalyse 54
explizite Gedächtnisprüfung/Gedächtnistests 187, 188, 193–201
explizites Gedächtnis 187, 193, 194, 199, 201
Extinktion: s. Löschung
Extraversion 38

Formen bedingter Reaktionen 31–32
- rückwärts bedingt 32
- simultan bedingt 31
- Spurenkonditionierung 31
- verzögert 31
Flucht (strategie) 68–70
funktionale Inkompatibilität 197
funktionale Unabhängigkeit 197, 201
Funktionalismus 17, 46

Ganzberichtsverfahren 118, 119
Garcia-Effekt 32, 37
Gedächtnisentwicklung 24, 173–186
Gedächtnisspanne 122, 123, 126, 133
Gedächtnisspeicher: s. Gedächtnissysteme
Gedächtnisspur 135, 167, 168, 200
Gedächtnisstrategie 179–182, 186
Gedächtnissysteme (Gedächtnisspeicher) 116–134, 137–139, 197, 199–201
Generalisation 27, 28, 31, 33, 43, 64, 198
Generalisationsgradient 28
Generierungseffekt 195, 196

Haltezeit 117
Häufigkeit in der Sprachbenutzung 104
Hemmung
- innere 33
- konditionierte 51, 52
- proaktive 169–172
- reaktive 51, 52
- retroaktive 169–172
Hemmungspotential 51, 52
hidden units: s. Einheiten

Ikonisches Gedächtnis 118–120
implizite Gedächtnistests 24, 188, 189–201
- Anagramm-Aufgabe 190, 191, 195
- Bildfragment-Benennung 191, 194

- lexikalische Entscheidung 190, 191
- Objekt-Entscheidungs-Aufgaben 191
- kategoriale Beispiel-Generierung 191
- Wissensfragen-Beantwortung 191, 192
- Wort-Assoziation 191
- Wort-Identifikation 190, 191, 193–195, 197, 200
- Wortfragment-Vervollständigung 190, 191, 193–195, 200
- Wortstamm-Vervollständigung 190, 191, 195, 200

implizites Gedächtnis 24, 128, 187–202
informationale Isolation 194
Informationsabruf 116, 117, 124, 125, 128, 130, 131, 165, 179, 181
intermittierende Verstärkungspläne 61–64
- fixierter Intervallplan 62
- fixierter Quotenplan 62
- variabler Intervallplan 63
- variabler Quotenplan 63
Interferenz(theorie) 169–173
Introversion 38
Irradiation 33

Kapazität 117, 122, 123, 126, 179
klassische Konditionierung 25–39, 70, 97, 188, 202
Kodierung 13, 88, 116, 117, 119, 124, 130, 131, 134, 138, 151, 198, 202
- analoge 129
- diskrete 129
- propositionale 130
- verbale 88
Kodierungsspezifität 130, 131, 198
kognitive Landkarte 97
kognitive Ökonomie 148
Kognitive Psychologie 19, 20, 138, 151, 197
kognitives Erklärungsmodell der klassischen Konditionierung 34
Konditionierung höherer Ordnung 29, 30

konnektionistische Netzwerke: s. neuronale Netzwerkmodelle
Kontiguität 20, 21, 97
- Lernen durch 25–45
Kontiguitätsgesetz 39
Kontingenz 55, 77
- management 77, 78
- schema 56, 57
Kontrollprozesse 117, 127, 179
Kontrollüberzeugung 98
kreative Modellierung 85, 86
kritischer Rationalismus 16
Kurzzeitgedächtnis/KZG 116, 117, 121–127, 132, 133, 138

Langzeitgedächtnis/LZG 116, 121–123, 125, 127, 128–132, 134, 138
Leerstelle (slot) 161, 163
Leitzentrale 126, 127, 134
Lernen
- absichtliches/intentionales 180
- angeleitetes 155
- beiläufiges/inzidentelles 135, 180, 189
- durch Beobachtung 82–102
- durch Einsicht 93
- und Erwartung 96–98
- durch Kontiguität 25–45
- durch Verstärkung 46–81
- implizites 189
- latentes 97
- selbstgesteuertes 155–157
levels of processing: s. Mehrebenenansatz
Listenlernen/Serielles Lernen/SL 106, 107
Löschung (Extinktion) 30, 31, 33, 38, 40, 44, 56, 61, 66, 74–76, 172
Löschungsgeneralisation 31
Löschungsresistenz 55, 61, 63, 69

mastery model 91
Mehrebenenansatz (levels of processing) 23, 116, 134–138, 180, 189, 195–197, 199
Mehrspeichermodell 23, 116, 135, 138, 179

Mengenrepräsentation 143–145
Merkmalsrepräsentation 145, 146
Merkmalsvergleichsmodell 146–148, 165
Metagedächtnis 24, 182–186
Modalitäts- und Materialspezifität 193, 194
Modellernen (Beobachtungslernen) 82, 84–92
- Aufmerksamkeitsprozesse 86–88, 92
- Behaltensprozesse 86, 88, 92
- Effekte 85
- Motivationsprozesse 86, 89, 90, 92
- motorische Reproduktionsprozesse 86, 88, 89, 92
- Prozessvariablen 86–90
- partizipierendes 90, 91
- symbolisches 91

Neobehaviorismus 18
neuronale Netzwerkmodelle 151–157
Neurone: s. Einheiten
Neurotizismus 38
neutraler Reiz/NS 26, 27, 29, 35, 36, 58
nicht-deklaratives Gedächtnis 128

operantes Konditionieren 53–81, 188, 202
operante Lernprinzipien 54–57
Orientierungsaufgabe 135

Paarlernen/Paarassoziationslernen/PAL 106, 107, 111, 131, 169–171, 181
parallel-verteilte Verarbeitung (parallel-distributed-processing) 151
perzeptives Repräsentations System (perceptual representation system) 199–201
Phobie 36, 90, 100, 101
phonologische Schleife 127
Phrenologie 16
positive Verhaltenskontrolle/ positive Verstärkung 57–67

positiver Verstärker 56–60, 74, 96
- Aktivitäts- 58, 59
- generalisierter 58, 59, 76
- informativer 58, 60
- materieller 58, 59
- primärer 57, 58, 69
- sekundärer/konditionierter 57, 58, 67, 69
- sozialer 58, 59
- verdeckter 58, 60
Positronen-Emissions-Tomographie (PET) 197, 200
postreinforcement pause 62, 63
Präsentationsphase 14, 142, 183, 189–192, 196, 200
preparedness: s. Bereitschaft
primacy-effect 132, 133
primärer Knoten (type-Knoten) 159, 160
primäres Gedächtnis 121
prime: s. Vorreiz
Priming 128, 188–190, 194–196, 199, 200, 202
- direktes 190
- indirektes 190
- Wiederholungs- 190
Produktionsdefizit 182
programmierter Unterricht 78–80
Proposition 157–160, 164, 176
Protokollgedächtnis 127
Prototypenansatz 143–145
prozedurales Gedächtnis 128, 134
Prozess-System-Debatte 196–201
Prüfphase 14, 106, 142, 175, 188–190, 192, 195, 196
punishment: s. Bestrafung

Rationalismus 15
Reaktionspotential 50–52
Reaktions-Spezifität 194, 196
recency-effect 132, 133
rehearsal: s. Wiederholungsmechanismus
Reifung 11
Reizkonfrontation 38, 39
Relation 148, 158, 159, 164, 165
- ist-ein-Relation 149, 150, 159
- ist-kein-Relation 149, 150

- hat-Relation 149, 150, 159
Repräsentation 88, 89, 98, 99, 200
- von Begriffen 142–145, 153
- von Begriffsrelationen 146–157
Reproduktion 107, 108, 119, 120, 124, 131, 132, 162, 171, 172, 175, 177
- freie 107, 110, 181, 193, 194
- gebundene 107, 181
Rescorla-Wagner-Modell 33–35
response cost 76
reziproker Determinismus 84

Sättigung 58, 59
Schema(ta) 160–166, 176
sekundärer Knoten (token-Knoten) 159, 160
sekundäres Gedächtnis 121
Selbstbeobachtung 94
selbstorganisierende Eigenschaftskarten 156, 157
Selbstreaktion 94–96
Selbstregulation 84, 92–96, 185
Selbstsicherheitstraining 90–92
Selbstverstärkung 90
Selbstwirksamkeit/self-efficacy 93, 98–101
semantische Impenetrabilität 194, 195
semantische Netzwerkmodelle 143, 147–154, 159, 164
semantischer Instruktionseffekt/ semantic priming effect 150
semantisches Ähnlichkeitskonzept 149
semantisches Gedächtnis 23, 114, 115, 134, 140–166, 176, 178, 187, 188
Sensitivitätskategorie 183
sensorisches Gedächtnis/Register 117–121, 138, 200
serialer Positionseffekt 110, 132
shaping: s. Verhaltensformung
sinnlose Silbe 103, 111, 114, 181
Skript 160–163, 166
slot: s. Leerstelle
Spontanerholung 30, 31, 43, 75, 172

Spurenzerfall(stheorie) 167–169
Stimulus-Auswahl-Theorie 41–44
Stimuluskontrolle 64–66
Stimulus-Selektion 65
stochastische Unabhängigkeit 197, 201
Strukturalismus 17
strukturelles Gedächtnis 141
systematische Verhaltenstheorie 49–52

Tachistoskop 118
tachistoskopisch 190, 196, 197
target: s. Zielreiz
teachable language comprehender/TLC 148, 149
Teilberichtsverfahren 118, 119
time-out 76
token-Knoten: s. sekundärer Knoten
Transfer 111, 112, 115, 170, 198, 199
Transfer-erleichternde Verarbeitung (transfer-appropriate processing) 198, 199
Treffermethode 107
trial and error: s. Versuch und Irrtum
type-Knoten: s. primärer Knoten

UCS preexposure effect 34
unbedingte Reaktion/UCR 26, 36, 37, 70
unbedingter Reiz/UCS 26–38, 40, 57, 70
units: s. Einheiten
unzureichende Listendifferenzierung 172

Variablenkategorie 183, 184
Verbales Lernen 14, 103, 104, 111, 114, 128, 138, 172, 177
Verdrängung 173–175
Vergessen 167–178
- und Emotion 173–175
- von Prosatexten 176, 177
Vergessenskurve 109
Verhaltensaneignung 85, 86, 97, 101

Verhaltensausführung 85, 86, 89, 97, 101
Verhaltensformung (shaping) 66, 67
Verhaltenskettung (chaining) 67
Verifikationsaufgabe 142, 149, 150, 155
Verlernen 171, 172
Vermeidung(s)
- diskriminative 69
- nicht-diskriminative 69
- strategie 68–70
Verstärkung
- externe 89, 96, 100
- kontinuierliche 61, 62
- Lernen durch 46–81
- negative 57, 68
- positive: s. positive Verhaltenskontrolle
- stellvertretende 89, 100
Verstärkungsplan 55, 60–64, 75
Verstärkungstechnologie 64–67
Versuch und Irrtum (trial and error) 47

Vigilanz 175
visuelles-Wort-Form System 200
Vorreiz (prime) 190–192, 200

wahrnehmungsgesteuert (data-driven) 198
Wiedererkennen 107, 108, 131, 136, 184, 185, 193, 194
Wiederholung(s) 88, 113, 122, 127, 132, 168, 180
- elaborierende 122
- erhaltende 122
- mechanismus (rehearsal) 116, 117
Wissensgedächtnis: s. semantisches Gedächtnis

zentraler Prozessor: s. Leitzentrale
Zielreiz (target) 190, 191, 200
Zwei-Faktoren-Theorie
- des Vergessens 171, 172
- des Vermeidungslernens 70
Zweitaufgabenbearbeitung 126

Falko Rheinberg

Motivation
4., überarb. u. erw. Auflage 2002
235 Seiten mit 17 Abb. und 9 Tab. Kart. € 14,70
ISBN 3-17-017445-2
Urban-Taschenbücher, Band 555
Grundriss der Psychologie, Band 6

„In diesem Buch zu lesen macht Spaß. Das sich rasch einstellende Flow-Erlebnis (...) trägt den Leser durch die verschiedenen theoretischen Konzeptionen der Motivationsforschung der letzten 50 Jahre. (...) Zusammengefasst kann ich jedem, der sich eine solide Wissensgrundlage über den aktuellen Stand der Motivationspsychologie aneignen möchte, die Lektüre dieses Lehrbuchs uneingeschränkt empfehlen."

Psychologie in Erziehung und Unterricht

W. Kohlhammer GmbH
70549 Stuttgart

Helmut E. Lück
Geschichte der Psychologie
Strömungen, Schulen, Entwicklungen
3., überarb. u. erw. Auflage 2002
195 Seiten. Kart. € 16,–
ISBN 3-17-016987-4
Urban-Taschenbücher, Band 550
Grundriss der Psychologie, Band 1

www.kohlhammer-katalog.de

Diese Einführung erschließt die historische Entwicklung der Psychologie. Leserinnen und Leser werden schnell den Wert dieser Geschichte der Psychologie erkennen: Namen, Fachausdrücke und psychologische Grundlagen werden begreifbar. – Das für die 3. Auflage aktualisierte und erweiterte Buch ist heute die verbreitetste Einführung in die Geschichte der Psychologie in deutscher Sprache. Es zählt an vielen Universitäten zur Standardlektüre.

W. Kohlhammer GmbH
70549 Stuttgart